21세기 지식 정보화 시대
대한민국의 IT 인재로 만드는 비결!

Information **T**echnology **Q**ualification

한쇼 NEO(2016)

발 행 일 : 2022년 11월 01일(1판 1쇄)
개 정 일 : 2024년 04월 01일(1판 5쇄)
I S B N : 978-89-8455-096-4(13000)
정 　 가 : 17,000원

집 　 필 : KIE 기획연구실
진 　 행 : 김동주
본문디자인 : 앤미디어

발 행 처 : (주)아카데미소프트
발 행 인 : 유성천
주 　 소 : 경기도 파주시 정문로 588번길 24
홈페이지 : www.aso.co.kr / www.asotup.co.kr

MEMO

CONTENTS

PART 01 ITQ 시험 안내 및 자료 사용 방법

시험안내 01 ITQ 시험 안내 04

시험안내 02 ITQ 회원 가입 및 시험 접수 안내 06

시험안내 03 ITQ 자료 사용 방법 17

PART 02 출제유형 완전정복

출제유형 01 [전체구성]
페이지 설정/슬라이드 마스터 24

출제유형 02 [슬라이드 1]《표지 디자인》 38

출제유형 03 [슬라이드 2]《목차 슬라이드》 48

출제유형 04 [슬라이드 3]
《텍스트/동영상 슬라이드》 60

출제유형 05 [슬라이드 4]《표 슬라이드》 72

출제유형 06 [슬라이드 5]《차트 슬라이드》 86

출제유형 07 [슬라이드 6]《도형 슬라이드》 104

PART 03 출제예상 모의고사

모의고사 01 제 01 회 출제예상 모의고사 122

모의고사 02 제 02 회 출제예상 모의고사 126

모의고사 03 제 03 회 출제예상 모의고사 130

모의고사 04 제 04 회 출제예상 모의고사 134

모의고사 05 제 05 회 출제예상 모의고사 138

모의고사 06 제 06 회 출제예상 모의고사 142

모의고사 07 제 07 회 출제예상 모의고사 146

모의고사 08 제 08 회 출제예상 모의고사 150

모의고사 09 제 09 회 출제예상 모의고사 154

모의고사 10 제 10 회 출제예상 모의고사 158

모의고사 11 제 11 회 출제예상 모의고사 162

모의고사 12 제 12 회 출제예상 모의고사 166

모의고사 13 제 13 회 출제예상 모의고사 170

모의고사 14 제 14 회 출제예상 모의고사 174

모의고사 15 제 15 회 출제예상 모의고사 178

PART 04 최신유형 기출문제

기출문제 01 제 01 회 최신유형 기출문제 184

기출문제 02 제 02 회 최신유형 기출문제 188

기출문제 03 제 03 회 최신유형 기출문제 192

기출문제 04 제 04 회 최신유형 기출문제 196

기출문제 05 제 05 회 최신유형 기출문제 200

기출문제 06 제 06 회 최신유형 기출문제 204

기출문제 07 제 07 회 최신유형 기출문제 208

기출문제 08 제 08 회 최신유형 기출문제 212

기출문제 09 제 09 회 최신유형 기출문제 216

기출문제 10 제 10 회 최신유형 기출문제 220

※ 부록 : 시험직전 모의고사 3회분 수록

(1) 차트 작성 기능을 이용하여 슬라이드를 작성한다.
(2) 차트 : 유형(표식이 있는 꺾은선형), 글꼴(굴림, 16pt), 외곽선
(3) 표 : 차트 하단에 이미지와 같이 표 그리기

세부조건

※ 차트설명
- 차트제목 : 궁서, 20pt, 진하게, 채우기(하양), 테두리, 그림자(대각선 오른쪽 아래)
- 범례 위치 : 아래쪽
- 전체배경 : 채우기(노랑)
- 값 표시 : 소아기 계열만
① 도형 삽입
- 스타일 : 밝은 계열 - 강조1
- 글꼴 : 맑은 고딕, 18pt

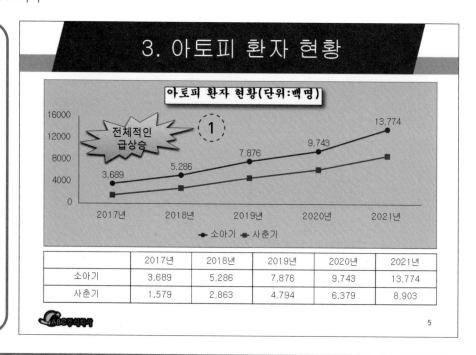

	2017년	2018년	2019년	2020년	2021년
소아기	3,689	5,286	7,876	9,743	13,774
사춘기	1,579	2,863	4,794	6,379	8,903

(1) 슬라이드와 같이 도형을 배치한다(글꼴 : 맑은 고딕, 18pt).
(2) 애니메이션 순서 : ① ⇒ ②

세부조건

① 도형 편집
- 그룹화 후 애니메이션 효과 : 바운드
② 도형 편집
- 그룹화 후 애니메이션 효과 : 닦아내기(왼쪽으로)

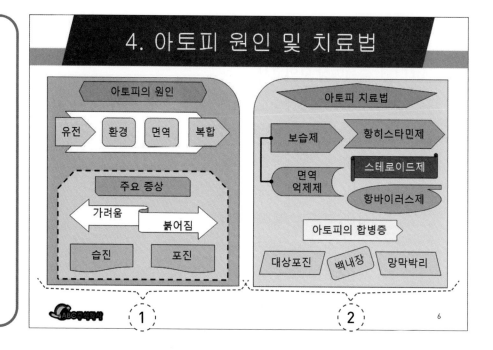

PART 01

ITQ 시험 안내 및 자료 사용 방법

[슬라이드 3] ≪텍스트/동영상 슬라이드≫ 60점

(1) 텍스트 작성 : 글머리 기호 사용(❖, ■)

❖문단(굴림, 24pt, 굵게, 줄간격 : 1.5줄), ■문단(굴림, 20pt, 줄간격 : 1.5줄)

세부조건

① 동영상 삽입 :
- 「내 PC\문서\ITQ\Picture\
  동영상.wmv」
- 자동 실행, 반복 재생 설정

1. 아토피의 개념

❖ **Atopic dermatitis**
- Atopic dermatitis results in itchy, red, swollen, cracked skin and clear fluid may come from the affected areas, which often thickens over time

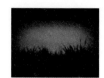

❖ **아토피의 개념**
- 아토피 또는 아토피 증후군은 알레르기 항원에 대한 직접 접촉없이 신체가 극도로 민감해지는 알레르기 반응
- 아토피의 증상으로는 아토피 피부염, 알레르기성 결막염, 알레르기성 비염, 천식이 있음

3

[슬라이드 4] ≪표 슬라이드≫ 80점

(1) 도형과 표 작성 기능을 이용하여 슬라이드를 작성한다(글꼴 : 맑은 고딕, 18pt).

세부조건

① 상단 도형 :
  2개 도형의 조합으로 작성
② 좌측 도형 :
  그라데이션 효과(선형 위쪽)
③ 표 스타일 :
  보통 스타일 4 - 강조 5

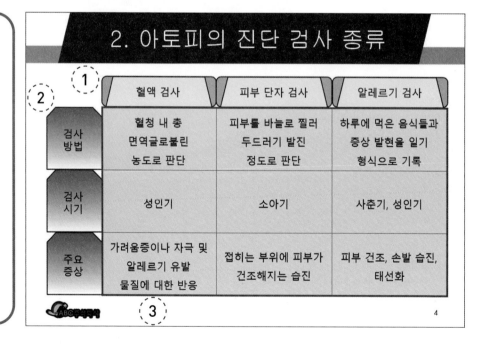

2. 아토피의 진단 검사 종류

	혈액 검사	피부 단자 검사	알레르기 검사
검사 방법	혈청 내 총 면역글로불린 농도로 판단	피부를 바늘로 찔러 두드러기 발진 정도로 판단	하루에 먹은 음식들과 증상 발현을 일기 형식으로 기록
검사 시기	성인기	소아기	사춘기, 성인기
주요 증상	가려움증이나 자극 및 알레르기 유발 물질에 대한 반응	접히는 부위에 피부가 건조해지는 습진	피부 건조, 손발 습진, 태선화

4

ITQ 시험 안내

◉ 정보기술자격(ITQ) 시험의 응시 자격 및 시험 과목
◉ 합격 결정기준 및 시험 시간

1. 정보기술자격(ITQ) 시험이란?

정보화 시대의 기업, 기관, 단체 구성원들에 대한 정보기술능력 또는 정보기술 활용능력을 객관적으로 평가하는 시험입니다. 정보기술 관리 및 실무능력 수준을 지수화, 등급화하여 객관성을 높였으며, 과학기술정보통신부에서 공식 인증하는 국가공인자격 시험입니다.

2. 응시 자격 및 시험 과목

❶ 정보기술자격(ITQ) 시험은 정보기술실무능력을 평가하는 시험으로 국민 누구나 응시가 가능합니다.

❷ ITQ 시험은 동일 회차에 아래한글/MS워드, 한글엑셀/한셀, 한글액세스, 한글파워포인트/한쇼, 인터넷의 5개 과목 중 최대 3과목까지 시험자가 선택하여 신청할 수 있습니다.

※ 단, 한글엑셀/한셀, 한글파워포인트/한쇼, 아래한글/MS워드는 동일 과목군으로 동일 회차에 응시 불가
（자격증에는 "한글엑셀(한셀)", "한글파워포인트(한쇼)"로 표기되며 최상위 등급이 기재됨）

자격종목		등급	ITQ시험 프로그램 버전		
			시험 S/W	공식버전	시험방식
ITQ 정보기술자격	아래한글	A/B/C 등급	한컴오피스	NEO(2016)/2020	PBT
	한셀				
	한쇼				
	MS워드		MS오피스		
	한글엑셀				
	한글액세스				
	한글파워포인트				
	인터넷		내장 브라우저 : IE8.0이상		

※ 한컴오피스 아래한글은 한컴오피스 2020/NEO 중 선택 응시(시험지 2020/NEO 공용), 한셀/한쇼는 한컴오피스 NEO 단일 응시

3. 합격 결정기준

❶ 합격 결정기준

ITQ 시험은 500점 만점을 기준으로 A등급부터 C등급까지 등급별 자격을 부여하며, 낮은 등급을 받은 수험생이 차기시험에 재응시하여 높은 등급을 받으면 등급을 업그레이드 해주는 방법으로 평가를 합니다.

A등급	B등급	C등급
400~500점	300~399점	200~299점

(500점 만점이며 200점 미만은 불합격)

[전체구성]　60점

(1) 슬라이드 크기 및 순서 : 크기를 A4 용지로 설정하고 슬라이드 순서에 맞게 작성한다.
(2) 슬라이드 마스터 : 2~6슬라이드의 제목, 하단 로고, 슬라이드 번호는 슬라이드 마스터를 이용하여 작성한다.
   – 제목 글꼴(굴림, 40pt, 흰색), 가운데 정렬, 도형(선 없음)
   – 하단 로고(「내 PC\문서\ITQ\Picture\로고1.jpg」, 배경(회색) 투명색으로 설정)

[슬라이드 1] ≪표지 디자인≫　40점

(1) 표지 디자인 : 도형, 워드숍 및 그림을 이용하여 작성한다.

세부조건

① 도형 편집
  – 도형에 그림 채우기 :
    「내 PC\문서\ITQ\Picture\
    그림1.jpg」, 투명도 50%
  – 도형 효과 : 옅은 테두리 5pt
② 워드숍
  – 변환 : 역갈매기형 수장
  – 글꼴 : 궁서, 진하게
  – 반사 : 1/3 크기, 4 pt
③ 그림 삽입
  –「내 PC\문서\ITQ\Picture\
    로고1.jpg」
  – 배경(회색) 투명한 색으로 설정

[슬라이드 2] ≪목차 슬라이드≫　60점

(1) 출력형태와 같이 도형을 이용하여 목차를 작성한다(글꼴 : 맑은 고딕, 24pt).
(2) 도형 : 선 없음

세부조건

① 텍스트에 하이퍼링크 적용
  → '슬라이드 4'
② 그림 삽입
  –「내 PC\문서\ITQ\Picture\
    그림5.jpg」
  – 자르기 기능 이용

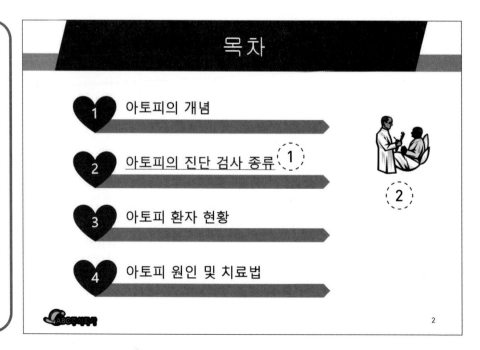

❷ 등급별 수준

등급	수준
A등급	주어진 과제의 80~100%를 정확히 해결할 수 있는 능력
B등급	주어진 과제의 60~79%를 정확히 해결할 수 있는 능력
C등급	주어진 과제의 40~59%를 정확히 해결할 수 있는 능력

4. 시험 배점 및 시험 시간

시험 배점	문항 및 시험방법	시험 시간
과목당 500점	5~10문항 실무작업형 실기시험	과목당 60분

5. 시험출제기준(한글파워포인트/한쇼)

– 괄호( ) 내용은 한쇼에서 사용하는 명칭임.

문항	배점	출제기준
● 전체구성	60점	전체 슬라이드 구성 내용을 평가 • 슬라이드 크기, 슬라이드 개수 및 순서, 슬라이드 번호, 그림 편집, 슬라이드 마스터 등 전체적인 구성 내용을 평가
❶ 표지 디자인	40점	도형과 그림 이용한 제목 슬라이드 작성 능력 평가 • 도형 점편집 및 그림삽입, 도형효과 • 워드아트(워드숍) • 로고삽입(투명한 색 설정 기능 사용)
❷ 목차 슬라이드	60점	목차에 따른 하이퍼링크와 도형, 그림 배치 능력을 평가 • 도형 편집 및 효과 • 하이퍼링크 • 그림 편집
❸ 텍스트/동영상 슬라이드	60점	텍스트 간의 조화로운 배치 능력을 평가 • 텍스트 편집 / 목록수준 조절 / 글머리 기호 / 내어쓰기 • 동영상 삽입
❹ 표 슬라이드	80점	파워포인트 내에서의 표 작성 능력 평가 • 표 삽입 및 편집 • 도형 편집 및 효과
❺ 차트 슬라이드	100점	프리젠테이션을 위한 차트를 작성할 수 있는 종합 능력 평가 • 차트 삽입 및 편집 • 도형 편집 및 효과
❻ 도형 슬라이드	100점	도형을 이용한 슬라이드 작성 능력 평가 • 도형 및 스마트아트 이용 : 실무에 활용되는 다양한 도형 작성 • 그룹화 / 애니메이션 효과

※ 응시료 확인 : https://license.kpc.or.kr 홈페이지 접속 → [자격소개]–[자격소개–정보기술자격(ITQ)]

과목	코드	문제유형	시험시간	수험번호	성명
한쇼	1141	A	60분		

한컴 오피스

·수험자 유의사항·

● 수험자는 문제지를 받는 즉시 문제지와 **수험표상의 시험과목(프로그램)이 동일한지 반드시 확인**하여야 합니다.

● 파일명은 본인의 "수험번호-성명"으로 입력하여 답안폴더(내 PC₩문서₩ITQ)에 하나의 파일로 저장해야하며, 답안 문서 파일명이 "수험번호-성명"과 일치하지 않거나, 답안파일을 전송하지 않아 미제출로 처리될 경우 실격 처리합니다 (예 : 12345678-홍길동.show).

● 답안 작성을 마치면 파일을 저장하고, '답안 전송' 버튼을 선택하여 감독위원 PC로 답안을 전송하십시오. 수험생 정보와 저장한 파일명이 다를 경우 전송되지 않으므로 주의하시기 바랍니다.

● 답안 작성 중에도 **주기적으로 저장하고, '답안 전송'**하여야 문제 발생을 줄일 수 있습니다. 작업한 내용을 저장하지 않고 전송할 경우 이전에 저장된 내용이 전송되오니 이점 유의하시기 바랍니다.

● 답안문서는 지정된 경로 외의 다른 보조기억장치에 저장하는 경우, 지정된 시험 시간 외에 작성된 파일을 활용할 경우, 기타 통신수단(이메일, 메신저, 네트워크 등)을 이용하여 타인에게 전달 또는 외부 반출하는 경우는 부정 처리합니다.

● 시험 중 부주의 또는 고의로 시스템을 파손한 경우는 수험자가 변상해야 하며, 〈수험자 유의사항〉에 기재된 방법대로 이행하지 않아 생기는 불이익은 수험생 당사자의 책임임을 알려 드립니다.

● 문제의 조건은 한컴오피스 NEO(2016) 버전으로 설정되어 있으니 유의하시기 바랍니다.

● 시험을 완료한 수험자는 답안파일이 전송되었는지 확인한 후 감독위원의 지시에 따라 문제지를 제출하고 퇴실합니다.

·답안 작성요령·

● 온라인 답안 작성 절차

　수험자 등록 ⇒ 시험 시작 ⇒ 답안파일 저장 ⇒ 답안 전송 ⇒ 시험 종료

● 슬라이드의 크기는 A4 Paper로 설정하여 작성합니다.

● 슬라이드의 총 개수는 6개로 구성되어 있으며 슬라이드 1부터 순서대로 작업하고 반드시 문제와 세부 조건대로 합니다.

● 별도의 지시사항이 없는 경우 출력형태를 참조하여 글꼴색은 검정 또는 흰색으로 작성하고, 기타사항은 전체적인 균형을 고려하여 작성합니다.

● 슬라이드 도형 및 개체에 출력형태와 다른 스타일(그림자, 외곽선 등)을 적용했을 경우 감점처리 됩니다.

● 슬라이드 번호를 작성합니다(슬라이드 1에는 생략).

● 2~6번 슬라이드 제목 도형과 하단 로고는 슬라이드 마스터를 이용하여 출력형태와 동일하게 작성합니다(슬라이드 1에는 생략).

● 문제와 세부조건, 세부조건 번호 ○(점선원)는 입력하지 않습니다.

● 각 개체의 위치는 오른쪽의 슬라이드와 동일하게 구성합니다.

● 그림 삽입 문제의 경우 반드시 「내 PC₩문서₩ITQ₩Picture」 폴더에서 정확한 파일을 선택하여 삽입하십시오.

● 각 슬라이드를 각각의 파일로 작업해서 저장할 경우 실격 처리됩니다.

kpc 한국생산성본부

ITQ 회원 가입 및 시험 접수 안내

02 시험안내

- 회원 가입하기
- 시험 접수 안내

1. 회원 가입하기

(1) ITQ 자격 검정 사이트 접속하기

❶ ITQ 자격 검정 사이트(license.kpc.or.kr)에 접속한 후 화면 위의 〈회원가입〉 단추를 클릭합니다.

❷ [회원가입]에서 '전체 약관(필수항목)에 동의합니다.' 체크 박스를 클릭합니다.

❸ '개인정보 수집 · 이용 내역 (필수사항)'에 '동의합니다' 체크 박스가 체크되어 있는지 확인한 후 〈개인회원(어린이) 가입 만 14세 미만〉 단추를 클릭합니다.

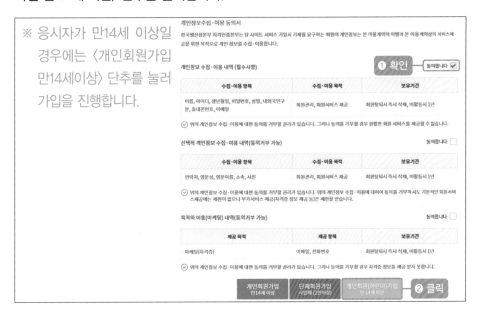

※ 응시자가 만14세 이상일 경우에는 〈개인회원가입 만14세이상〉 단추를 눌러 가입을 진행합니다.

※ 회원 가입 절차는 시험 주관사에 의해 변경될 수도 있습니다.

(1) 차트 작성 기능을 이용하여 슬라이드를 작성한다.
(2) 차트 : 유형(표식이 있는 꺾은선형), 글꼴(굴림, 16pt), 외곽선
(3) 표 : 차트 하단에 이미지와 같이 표 그리기

세부조건

※ 차트설명
- 차트제목 : 궁서, 20pt, 진하게, 채우기(하양), 테두리, 그림자(대각선 오른쪽 아래)
- 범례 위치 : 아래쪽
- 전체배경 : 채우기(노랑)
- 값 표시 : 1인 가구 계열만
① 도형 삽입
 – 스타일 : 밝은 계열 – 강조1
 – 글꼴 : 맑은 고딕, 18pt

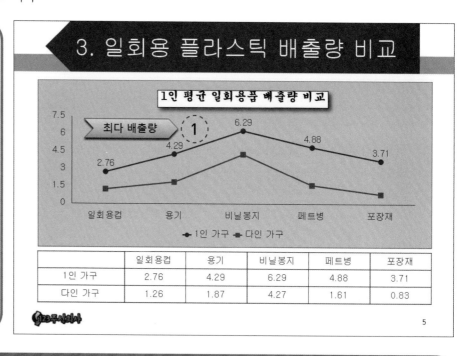

	일회용컵	용기	비닐봉지	페트병	포장재
1인 가구	2.76	4.29	6.29	4.88	3.71
다인 가구	1.26	1.87	4.27	1.61	0.83

(1) 슬라이드와 같이 도형을 배치한다(글꼴 : 맑은 고딕, 18pt).
(2) 애니메이션 순서 : ① ⇒ ②

세부조건

① 도형 편집
 – 그룹화 후 애니메이션 효과 : 바운드
② 도형 편집
 – 그룹화 후 애니메이션 효과 : 닦아내기(왼쪽으로)

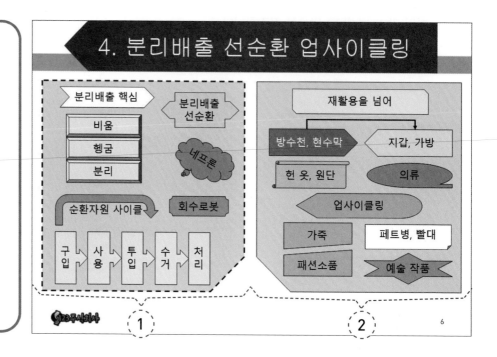

❶ [회원가입 (만14세 미만 개인회원)]의 [보호자(법적대리인) 본인인증]에서 '수집·이용 내역(필수사항)'의 '동의합니다.' 체크 박스를 클릭합니다. 이어서, [보호자(법적대리인) 본인인증]에서 〈휴대폰 본인인증〉 단추를 클릭합니다.

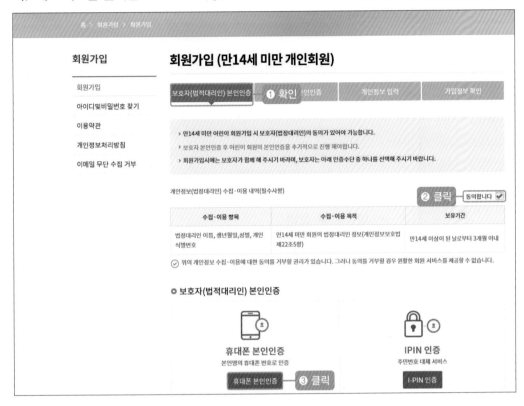

❷ '이용 중이신 통신사를 선택하세요' 창에서 보호자분이 현재 이용 중인 통신사를 선택합니다. 이어서, 각각의 동의 내용을 클릭하여 체크한 후 〈시작하기〉 단추를 클릭합니다.

❸ '문자인증'을 선택하여 필요한 개인 정보와 보안문자를 입력한 후 〈확인〉 단추를 클릭합니다.

❹ 핸드폰 문자로 전송된 '인증번호'를 입력한 후 〈확인〉 단추를 클릭합니다.

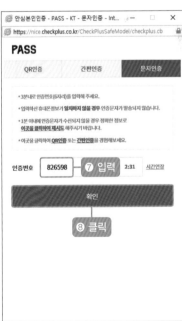

(1) 텍스트 작성 : 글머리 기호 사용(▶, ✓)

   ▶문단(굴림, 24pt, 굵게, 줄간격 : 1.5줄), ✓문단(굴림, 20pt, 줄간격 : 1.5줄)

세부조건	

① 동영상 삽입 :
  – 「내 PC₩문서₩ITQ₩Picture₩
   동영상.wmv」
  – 자동 실행, 반복 재생 설정	

1. 플라스틱 다이어트

> ▶ **Plastic Diet**
> - ✓ The way we use and dispose of plastics must change for the sake of not just the environment but also our economy

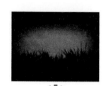

(1)

> ▶ **탄소중립 선언**
> - ✓ 지구 온난화로 폭염, 폭우, 폭설, 태풍, 산불 등 이상기후 현상으로 전 세계는 전례 없는 기후 위기에 처함
> - ✓ 우리 정부는 국제사회와 함께 기후변화에 적극 대응하기 위하여 '2050년 탄소중립'을 선언함

3

(1) 도형과 표 작성 기능을 이용하여 슬라이드를 작성한다(글꼴 : 맑은 고딕, 18pt).

세부조건	

① 상단 도형 :
  2개 도형의 조합으로 작성
② 좌측 도형 :
  그라데이션 효과(선형 위쪽)
③ 표 스타일 :
  보통 스타일 4 – 강조 6	

2. 플라스틱 다이어트 실천

(2) (1)

	기업	NFT 관련 비즈니스
비디오 게임	무분별하게 베어지는 나무를 대체 인류 최고 발명품	포장지 없이 알맹이만 구입 플라스틱 대신 장바구니 사용
	정부, 생산자, 소비자가 다 함께 출발	종이컵, 플라스틱 컵 대신 텀블러 사용
테크	간단한 열과 압력만 있으면 어떠한 형태로든 재사용 가능	환경보호 작은 실천 규약 개인컵 사용

(3)

4

※ 14세미만은 휴대폰(8페이지 참고) 또는 I-PIN(10페이지 참고) 중 하나를 선택하여 인증할 수 있습니다.

(3)-1. 14세미만 본인인증(휴대폰 인증절차)

❶ [14세미만 본인인증]에서 〈휴대폰 본인인증〉 단추를 클릭합니다.

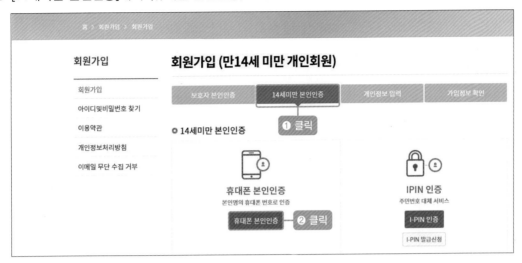

❷ '이용 중이신 통신사를 선택하세요' 창에서 14세미만이 현재 이용 중인 통신사를 선택합니다. 이어서, 각각의 동의 내용을 클릭하여 체크한 후 〈시작하기〉 단추를 클릭합니다.

❸ '문자인증'을 선택하여 필요한 개인 정보와 보안문자를 입력한 후 〈확인〉 단추를 클릭합니다.

❹ 핸드폰 문자로 전송된 '인증번호'를 입력한 후 〈확인〉 단추를 클릭합니다.

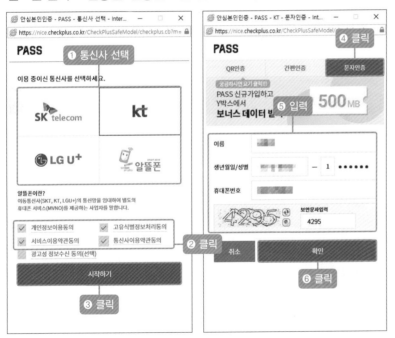

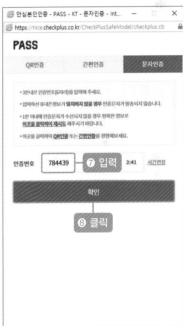

[전체구성]　60점

(1) 슬라이드 크기 및 순서 : 크기를 A4 용지로 설정하고 슬라이드 순서에 맞게 작성한다.

(2) 슬라이드 마스터 : 2~6슬라이드의 제목, 하단 로고, 슬라이드 번호는 슬라이드 마스터를 이용하여 작성한다.
- 제목 글꼴(굴림, 40pt, 흰색), 가운데 정렬, 도형(선 없음)
- 하단 로고(「내 PC\문서\ITQ\Picture\로고2.jpg」, 배경(회색) 투명색으로 설정)

[슬라이드 1] ≪표지 디자인≫　40점

(1) 표지 디자인 : 도형, 워드숍 및 그림을 이용하여 작성한다.

세부조건
① 도형 편집 - 도형에 그림 채우기 : 　「내 PC\문서\ITQ\Picture\ 　그림3.jpg」, 투명도 50% - 도형 효과 : 옅은 테두리 5pt ② 워드숍 - 변환 : 역삼각형 - 글꼴 : 궁서, 진하게 - 반사 : 1/2 크기, 근접 ③ 그림 삽입 -「내 PC\문서\ITQ\Picture\ 　로고2.jpg」 - 배경(회색) 투명한 색으로 설정

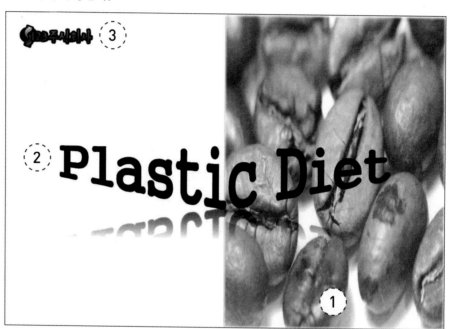

[슬라이드 2] ≪목차 슬라이드≫　60점

(1) 출력형태와 같이 도형을 이용하여 목차를 작성한다(글꼴 : 맑은 고딕, 24pt).

(2) 도형 : 선 없음

세부조건
① 텍스트에 하이퍼링크 적용 　→ '슬라이드 6' ② 그림 삽입 -「내 PC\문서\ITQ\Picture\ 　그림4.jpg」 - 자르기 기능 이용

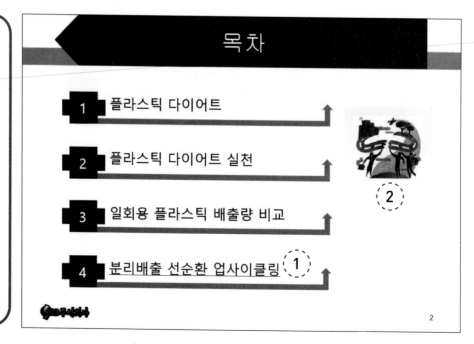

⑤ [개인정보 입력]에서 '이름'과 '아이디'를 입력한 후 〈중복확인〉 단추를 클릭합니다. 이어서, '사용할 수 있는 ID입니다' 메시지 창이 나오면 〈Close〉 단추를 클릭합니다.

※ 아이디를 입력하고 〈중복확인〉 단추를 클릭하여 내가 입력한 아이디를 다른 사용자가 사용하고 있는지 반드시 확인합니다.

⑥ 아이디 입력이 완료되면 '비밀번호'와 '비밀번호 확인'을 입력합니다.

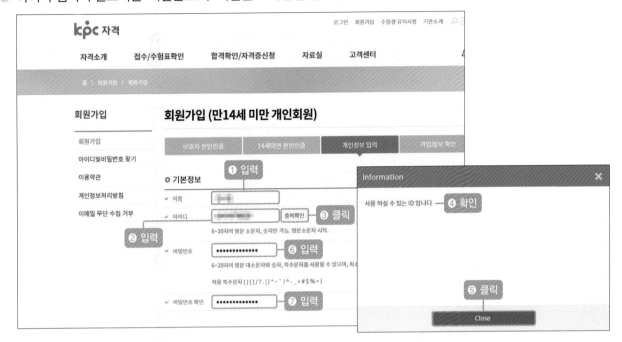

• **이름** : 본인의 이름을 입력합니다.
• **아이디** : 6~20자의 영문 소문자, 숫자만 가능, 영문소문자로 시작합니다.
• **중복확인** : 입력한 아이디를 다른 사용자가 사용하고 있는지 〈중복확인〉 버튼을 클릭해서 반드시 확인합니다.
• **비밀번호** : 6~20자의 영문 대소문자와 숫자, 특수문자를 사용할 수 있으며, 최소 2 종류 이상을 조합해야 합니다.
• **비밀번호 확인** : 입력한 비밀번호를 똑같이 한 번 더 입력합니다.

⑦ 기본정보 입력이 완료되면 [추가정보]에 내용을 입력한 후 〈가입하기〉 단추를 클릭합니다.

※ 휴대전화 및 이메일에 '수신 동의합니다'를 체크 표시할 경우 수험 정보를 받을 수 있으며, 비밀번호 찾기에 사용되므로 체크 박스를 클릭합니다.

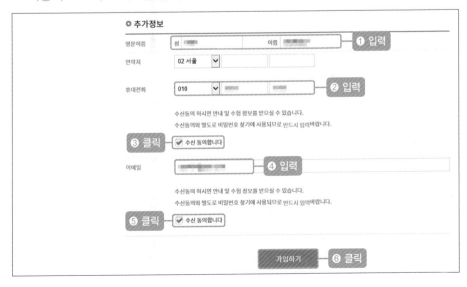

과목	코드	문제유형	시험시간	수험번호	성명
한쇼	1141	A	60분		

한컴 오피스

·수험자 유의사항·

- 수험자는 문제지를 받는 즉시 문제지와 **수험표상의 시험과목(프로그램)이 동일한지 반드시 확인**하여야 합니다.
- 파일명은 본인의 "수험번호–성명"으로 입력하여 답안폴더(내 PC₩문서₩ITQ)에 하나의 파일로 저장해야하며, 답안 문서 파일명이 "수험번호–성명"과 일치하지 않거나, 답안파일을 전송하지 않아 미제출로 처리될 경우 실격 처리합니다 (예 : 12345678–홍길동.show).
- 답안 작성을 마치면 파일을 저장하고, '답안 전송' 버튼을 선택하여 감독위원 PC로 답안을 전송하십시오. 수험생 정보와 저장 한 파일명이 다를 경우 전송되지 않으므로 주의하시기 바랍니다.
- 답안 작성 중에도 **주기적으로 저장하고, '답안 전송'**하여야 문제 발생을 줄일 수 있습니다. 작업한 내용을 저장하지 않고 전송 할 경우 이전에 저장된 내용이 전송되오니 이점 유의하시기 바랍니다.
- 답안문서는 지정된 경로 외의 다른 보조기억장치에 저장하는 경우, 지정된 시험 시간 외에 작성된 파일을 활용할 경우, 기타 통신수단(이메일, 메신저, 네트워크 등)을 이용하여 타인에게 전달 또는 외부 반출하는 경우는 부정 처리합니다.
- 시험 중 부주의 또는 고의로 시스템을 파손한 경우는 수험자가 변상해야 하며, 〈수험자 유의사항〉에 기재된 방법대로 이행하 지 않아 생기는 불이익은 수험생 당사자의 책임임을 알려 드립니다.
- 문제의 조건은 한컴오피스 NEO(2016) 버전으로 설정되어 있으니 유의하시기 바랍니다.
- 시험을 완료한 수험자는 답안파일이 전송되었는지 확인한 후 감독위원의 지시에 따라 문제지를 제출하고 퇴실합니다.

·답안 작성요령·

- 온라인 답안 작성 절차
  수험자 등록 ⇒ 시험 시작 ⇒ 답안파일 저장 ⇒ 답안 전송 ⇒ 시험 종료
- 슬라이드의 크기는 A4 Paper로 설정하여 작성합니다.
- 슬라이드의 총 개수는 6개로 구성되어 있으며 슬라이드 1부터 순서대로 작업하고 반드시 문제와 세부 조건대로 합니다.
- 별도의 지시사항이 없는 경우 출력형태를 참조하여 글꼴색은 검정 또는 흰색으로 작성하고, 기타사항은 전체적인 균형을 고려하여 작성합니다.
- 슬라이드 도형 및 개체에 출력형태와 다른 스타일(그림자, 외곽선 등)을 적용했을 경우 감점처리 됩니다.
- 슬라이드 번호를 작성합니다(슬라이드 1에는 생략).
- 2~6번 슬라이드 제목 도형과 하단 로고는 슬라이드 마스터를 이용하여 출력형태와 동일하게 작성합니다(슬라이드 1에는 생략).
- 문제와 세부조건, 세부조건 번호 ◌(점선원)는 입력하지 않습니다.
- 각 개체의 위치는 오른쪽의 슬라이드와 동일하게 구성합니다.
- 그림 삽입 문제의 경우 반드시 「내 PC₩문서₩ITQ₩Picture」 폴더에서 정확한 파일을 선택하여 삽입하십시오.
- 각 슬라이드를 각각의 파일로 작업해서 저장할 경우 실격 처리됩니다.

kpc 한국생산성본부

⑧ 회원가입이 완료되면 회원가입 정보를 확인한 후 〈확인(홈으로 이동)〉 단추를 클릭합니다.

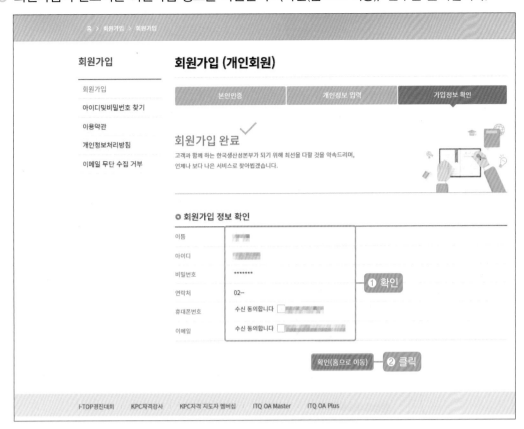

❶ [회원가입 (만 14세 미만 개인회원)]의 [14세미만 본인인증]에서 〈I-PIN 인증〉 단추를 클릭합니다.

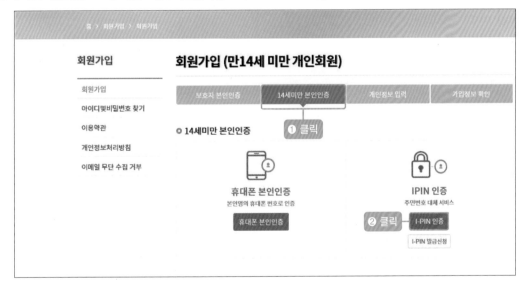

(1) 차트 작성 기능을 이용하여 슬라이드를 작성한다.
(2) 차트 : 유형(표식이 있는 꺾은선형), 글꼴(굴림, 16pt), 외곽선
(3) 표 : 차트 하단에 이미지와 같이 표 그리기

세부조건

※ 차트설명
- 차트제목 : 궁서, 20pt, 진하게, 채우기(하양), 테두리, 그림자(대각선 오른쪽 아래)
- 범례 위치 : 아래쪽
- 전체배경 : 채우기(노랑)
- 값 표시 : NFT 시장 규모 계열만
① 도형 삽입
- 스타일 : 밝은 계열 – 강조1
- 글꼴 : 맑은 고딕, 18pt

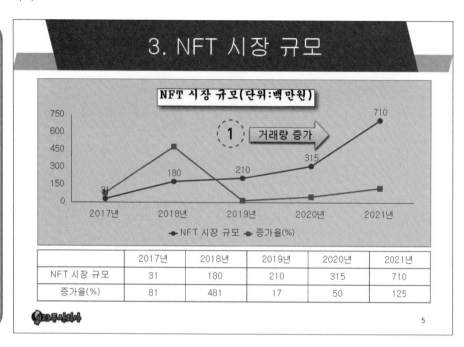

	2017년	2018년	2019년	2020년	2021년
NFT 시장 규모	31	180	210	315	710
증가율(%)	81	481	17	50	125

(1) 슬라이드와 같이 도형을 배치한다(글꼴 : 맑은 고딕, 18pt).
(2) 애니메이션 순서 : ① ⇒ ②

세부조건

① 도형 편집
- 그룹화 후 애니메이션 효과 : 바운드
② 도형 편집
- 그룹화 후 애니메이션 효과 : 닦아내기(왼쪽으로)

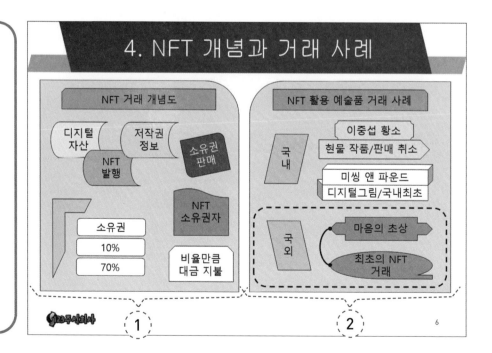

❷ [메인 화면] 창에서 〈신규발급〉 단추를 클릭합니다.

❸ [발급 전 확인사항] 창에서 〈발급하기〉 단추를 클릭합니다.

 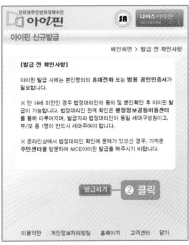

❹ [약관동의] 창에서 모든 항목에 '동의' 체크 박스를 클릭한 후 〈확인〉 단추를 클릭합니다.

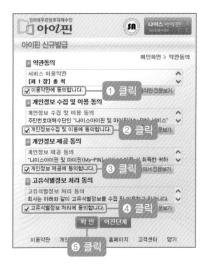

❺ [아이핀 사용자정보] 창에서 발급자 '성명'과 '주민번호', '문자입력'을 입력합니다. 사용할 '아이핀 ID'를 입력한 후 〈ID 중복확인〉 단추를 클릭하여 사용가능한 아이디인지를 확인합니다.

❻ '비밀번호'를 입력한 후 〈비밀번호 검증〉 단추를 클릭하여 비밀번호 사용가능을 확인합니다. 비밀번호 검증이 완료되면 '비밀번호 확인'에 비밀번호를 한 번 더 입력합니다.

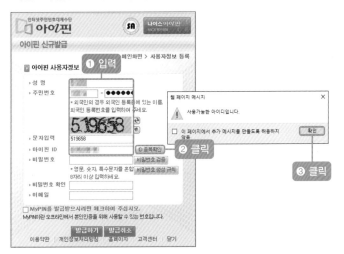 

(1) 텍스트 작성 : 글머리 기호 사용(➤, ■)

　➤문단(굴림, 24pt, 굵게, 줄간격 : 1.5줄), ■ 문단(굴림, 20pt, 줄간격 : 1.5줄)

세부조건
① 동영상 삽입 : 　–「내 PC₩문서₩ITQ₩Picture₩ 　　동영상.wmv」 　– 자동 실행, 반복 재생 설정

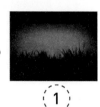

1. NFT란?

➤ Non-fungible Token

■ NFT is a unit of data stored on a digital ledger, called a blockchain, that certifies a digital asset to be unique and therefore not interchangeable

➤ NFT

■ NFT란 대체 불가능 토큰으로써, 토큰마다 고유의 값을 가지고 있어 A 토큰을 B 토큰으로 대체할 수 없는 토큰

■ 각 토큰이 서로 다른 가치를 가지고 있는 고유한 자산을 의미

(1) 도형과 표 작성 기능을 이용하여 슬라이드를 작성한다(글꼴 : 맑은 고딕, 18pt).

세부조건
① 상단 도형 : 　2개 도형의 조합으로 작성 ② 좌측 도형 : 　그라데이션 효과(선형 위쪽) ③ 표 스타일 : 　보통 스타일 4 – 강조 5

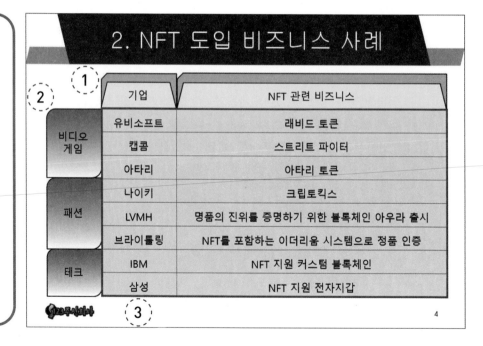

2. NFT 도입 비즈니스 사례

기업		NFT 관련 비즈니스
비디오 게임	유비소프트	래비드 토큰
	캡콤	스트리트 파이터
	아타리	아타리 토큰
패션	나이키	크립토킥스
	LVMH	명품의 진위를 증명하기 위한 블록체인 아우라 출시
	브라이톨링	NFT를 포함하는 이더리움 시스템으로 정품 인증
테크	IBM	NFT 지원 커스텀 블록체인
	삼성	NFT 지원 전자지갑

⑦ '이메일'을 입력한 후 'MyPIN를 발급받으시려면 체크하여 주십시오'에 체크 박스를 클릭하고 〈발급하기〉 단추를 클릭합니다.

⑧ [법정대리인 동의] 창에서 법정대리인 성명과 주민번호를 입력하고 〈실명등록 및 아이핀 발급〉 단추를 클릭합니다.

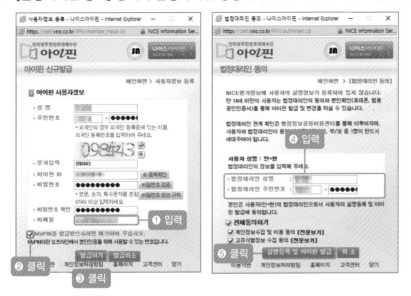

⑨ [아이핀 신원확인] 창에서 '휴대폰'이나 '범용 공인인증서'를 선택한 후 정보를 입력하고 〈인증번호 요청〉 단추를 클릭합니다.

⑩ 휴대폰 문자로 전송된 '인증번호'를 입력한 후 〈확인〉 단추를 클릭합니다.

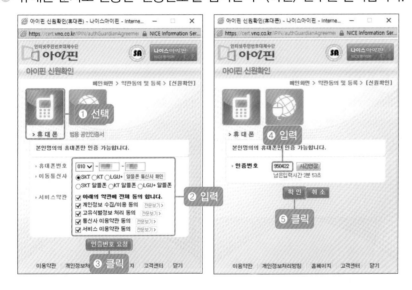

[전체구성] 60점

(1) 슬라이드 크기 및 순서 : 크기를 A4 용지로 설정하고 슬라이드 순서에 맞게 작성한다.
(2) 슬라이드 마스터 : 2~6슬라이드의 제목, 하단 로고, 슬라이드 번호는 슬라이드 마스터를 이용하여 작성한다.
  – 제목 글꼴(굴림, 40pt, 흰색), 가운데 정렬, 도형(선 없음)
  – 하단 로고(「내 PC₩문서₩ITQ₩Picture₩로고2.jpg」, 배경(회색) 투명색으로 설정)

[슬라이드 1] ≪표지 디자인≫ 40점

(1) 표지 디자인 : 도형, 워드숍 및 그림을 이용하여 작성한다.

세부조건

① 도형 편집
  – 도형에 그림 채우기 :
    「내 PC₩문서₩ITQ₩Picture₩
    그림1.jpg」, 투명도 50%
  – 도형 효과 : 옅은 테두리 5pt
② 워드숍
  – 변환 : 삼각형
  – 글꼴 : 궁서, 진하게
  – 반사 : 1/2 크기, 근접
③ 그림 삽입
  –「내 PC₩문서₩ITQ₩Picture₩
    로고2.jpg」
  – 배경(회색) 투명한 색으로 설정

[슬라이드 2] ≪목차 슬라이드≫ 60점

(1) 출력형태와 같이 도형을 이용하여 목차를 작성한다(글꼴 : 맑은 고딕, 24pt).
(2) 도형 : 선 없음

세부조건

① 텍스트에 하이퍼링크 적용
  → '슬라이드 6'
② 그림 삽입
  –「내 PC₩문서₩ITQ₩Picture₩
    그림5.jpg」
  – 자르기 기능 이용

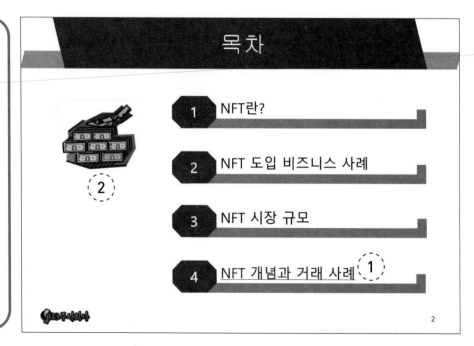

⑪ [2차 비밀번호 설정] 창에서 2차 비밀번호를 두 번 입력한 후 〈확인〉 단추를 클릭합니다.

⑫ [아이핀/My-PIN 발급완료] 창에서 발급 완료를 확인한 후 〈확인〉 단추를 클릭합니다.

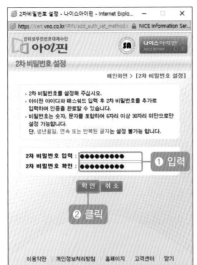

⑬ [메인 화면] 창에서 '아이핀ID', '비밀번호', '문자입력'을 입력한 후 〈확인〉 단추를 클릭합니다.

⑭ [2차 비밀번호 입력] 창에서 2차 비밀번호를 입력한 후 〈확인〉 단추를 클릭합니다.

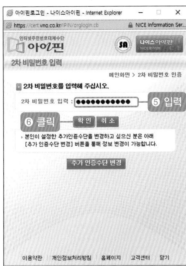

과목	코드	문제유형	시험시간	수험번호	성명
한쇼	1141	A	60분		

한컴 오피스

·수험자 유의사항·

- 수험자는 문제지를 받는 즉시 문제지와 **수험표상의 시험과목(프로그램)이 동일한지 반드시 확인**하여야 합니다.
- 파일명은 본인의 "수험번호-성명"으로 입력하여 답안폴더(내 PC₩문서₩ITQ)에 하나의 파일로 저장해야하며, 답안 문서 파일명이 "수험번호-성명"과 일치하지 않거나, 답안파일을 전송하지 않아 미제출로 처리될 경우 실격 처리합니다 (예 : 12345678-홍길동.show).
- 답안 작성을 마치면 파일을 저장하고, '답안 전송' 버튼을 선택하여 감독위원 PC로 답안을 전송하십시오. 수험생 정보와 저장한 파일명이 다를 경우 전송되지 않으므로 주의하시기 바랍니다.
- 답안 작성 중에도 **주기적으로 저장하고, '답안 전송'**하여야 문제 발생을 줄일 수 있습니다. 작업한 내용을 저장하지 않고 전송할 경우 이전에 저장된 내용이 전송되오니 이점 유의하시기 바랍니다.
- 답안문서는 지정된 경로 외의 다른 보조기억장치에 저장하는 경우, 지정된 시험 시간 외에 작성된 파일을 활용할 경우, 기타 통신수단(이메일, 메신저, 네트워크 등)을 이용하여 타인에게 전달 또는 외부 반출하는 경우는 부정 처리합니다.
- 시험 중 부주의 또는 고의로 시스템을 파손한 경우는 수험자가 변상해야 하며, 〈수험자 유의사항〉에 기재된 방법대로 이행하지 않아 생기는 불이익은 수험생 당사자의 책임임을 알려 드립니다.
- 문제의 조건은 한컴오피스 NEO(2016) 버전으로 설정되어 있으니 유의하시기 바랍니다.
- 시험을 완료한 수험자는 답안파일이 전송되었는지 확인한 후 감독위원의 지시에 따라 문제지를 제출하고 퇴실합니다.

·답안 작성요령·

- 온라인 답안 작성 절차
  수험자 등록 ⇒ 시험 시작 ⇒ 답안파일 저장 ⇒ 답안 전송 ⇒ 시험 종료
- 슬라이드의 크기는 A4 Paper로 설정하여 작성합니다.
- 슬라이드의 총 개수는 6개로 구성되어 있으며 슬라이드 1부터 순서대로 작업하고 반드시 문제와 세부 조건대로 합니다.
- 별도의 지시사항이 없는 경우 출력형태를 참조하여 글꼴색은 검정 또는 흰색으로 작성하고, 기타사항은 전체적인 균형을 고려하여 작성합니다.
- 슬라이드 도형 및 개체에 출력형태와 다른 스타일(그림자, 외곽선 등)을 적용했을 경우 감점처리 됩니다.
- 슬라이드 번호를 작성합니다(슬라이드 1에는 생략).
- 2~6번 슬라이드 제목 도형과 하단 로고는 슬라이드 마스터를 이용하여 출력형태와 동일하게 작성합니다(슬라이드 1에는 생략).
- 문제와 세부조건, 세부조건 번호 ◌(점선원)는 입력하지 않습니다.
- 각 개체의 위치는 오른쪽의 슬라이드와 동일하게 구성합니다.
- 그림 삽입 문제의 경우 반드시 「내 PC₩문서₩ITQ₩Picture」 폴더에서 정확한 파일을 선택하여 삽입하십시오.
- 각 슬라이드를 각각의 파일로 작업해서 저장할 경우 실격 처리됩니다.

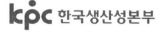

kpc 한국생산성본부

⑮ [메인 화면] 창이 나오면 〈인증 완료〉 단추를 클릭합니다.

⑯ [개인정보 입력]에서 '이름'과 '아이디'를 입력한 후 〈중복확인〉 단추를 클릭합니다. 이어서, '사용할 수 있는 ID입니다' 메시지 창에서 〈Close〉 단추를 클릭합니다.
  ※ 아이디를 입력하고 〈중복확인〉 단추를 클릭하여 내가 입력한 아이디를 다른 사용자가 사용하고 있는지 반드시 확인합니다.

⑰ 아이디 입력이 완료되면 '비밀번호'와 '비밀번호 확인'을 입력합니다.

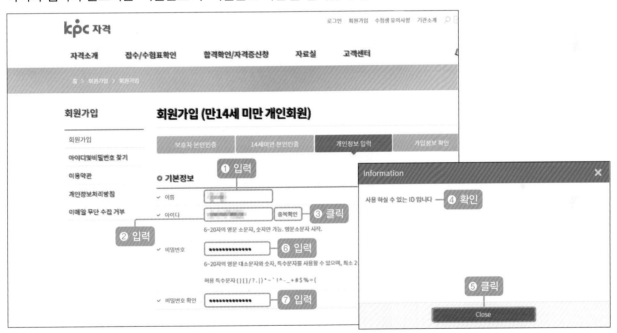

• **이름** : 본인의 이름을 입력합니다.
• **아이디** : 6~20자의 영문 소문자, 숫자만 가능, 영문소문자로 시작합니다.
• **중복확인** : 입력한 아이디를 다른 사용자가 사용하고 있는지 [중복확인] 버튼을 클릭해서 반드시 확인합니다.
• **비밀번호** : 6~20자의 영문 대소문자와 숫자, 특수문자를 사용할 수 있으며, 최소 2 종류이상을 조합해야 합니다.
• **비밀번호 확인** : 입력한 비밀번호를 똑같이 한 번 더 입력합니다.

[슬라이드 5] ≪차트 슬라이드≫   100점

(1) 차트 작성 기능을 이용하여 슬라이드를 작성한다.
(2) 차트 : 유형(표식이 있는 꺾은선형), 글꼴(굴림, 16pt), 외곽선
(3) 표 : 차트 하단에 이미지와 같이 표 그리기

세부조건

※ 차트설명
- 차트제목 : 궁서, 20pt, 진하게, 채우기(하양), 테두리, 그림자(대각선 오른쪽 아래)
- 범례 위치 : 아래쪽
- 전체배경 : 채우기(노랑)
- 값 표시 : 정보량(천건) 계열만
① 도형 삽입
  - 스타일 : 밝은 계열 – 강조1
  - 글꼴 : 맑은 고딕, 18pt

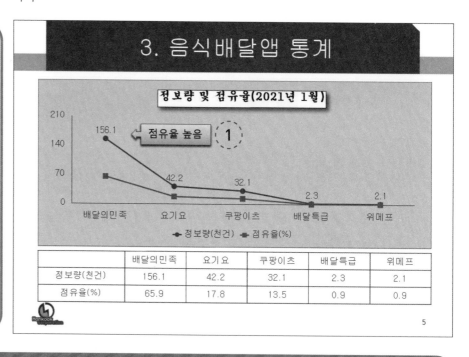

	배달의 민족	요기요	쿠팡이츠	배달특급	위메프
정보량(천건)	156.1	42.2	32.1	2.3	2.1
점유율(%)	65.9	17.8	13.5	0.9	0.9

[슬라이드 6] ≪도형 슬라이드≫   100점

(1) 슬라이드와 같이 도형을 배치한다(글꼴 : 맑은 고딕, 18pt).
(2) 애니메이션 순서 : ① ⇒ ②

세부조건

① 도형 편집
  - 그룹화 후 애니메이션 효과 : 닦아내기(왼쪽으로)
② 도형 편집
  - 그룹화 후 애니메이션 효과 : 바운드

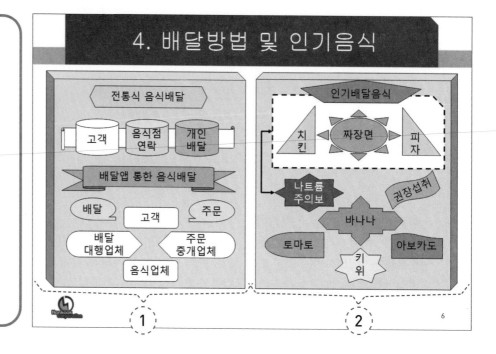

⑱ 기본정보 입력이 완료되면 [추가정보]에 내용을 입력한 후 〈가입하기〉 단추를 클릭합니다.
  ※ '휴대전화', '이메일' 수신 동의합니다를 체크 표시할 경우 수험 정보를 받을 수 있으며, 비밀번호 찾기에 사용되
    므로 체크 박스를 클릭합니다.

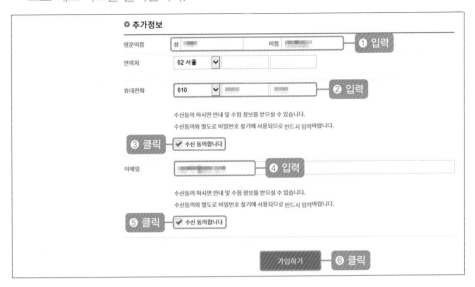

⑲ 회원가입이 완료되면 회원가입 정보를 확인한 후 〈확인(홈으로 이동)〉 단추를 클릭합니다.

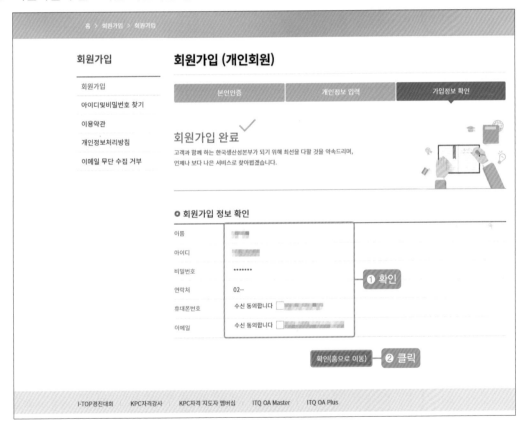

[슬라이드 3] ≪텍스트/동영상 슬라이드≫ 60점

(1) 텍스트 작성 : 글머리 기호 사용(➤, ✓)
➤문단(굴림, 24pt, 굵게, 줄간격 : 1.5줄), ✓문단(굴림, 20pt, 줄간격 : 1.5줄)

세부조건
① 동영상 삽입 :
  – 「내 PC₩문서₩ITQ₩Picture₩
  동영상.wmv」
  – 자동 실행, 반복 재생 설정

1. 음식배달앱이란?

➤ **Food Delivery Apps**
  ✓ Smartphone apps for food delivery and grocery pickup
  ✓ Food delivery aided through smartphone apps has emerged as one of the fast-growing developments in the e-commerce space

➤ **음식배달앱**
  ✓ 스마트폰의 응용프로그램인 앱과 음식 배달이 융합되어 소비자에게 손쉽게 외식 상품을 이용할 수 있도록 등장한 배달 서비스 프로그램으로 생필품 등 배달 상품 범위 확대 중

[슬라이드 4] ≪표 슬라이드≫ 80점

(1) 도형과 표 작성 기능을 이용하여 슬라이드를 작성한다(글꼴 : 맑은 고딕, 18pt).

세부조건
① 상단 도형 :
  2개 도형의 조합으로 작성
② 좌측 도형 :
  그라데이션 효과(선형 위쪽)
③ 표 스타일 :
  보통 스타일 4 – 강조 1

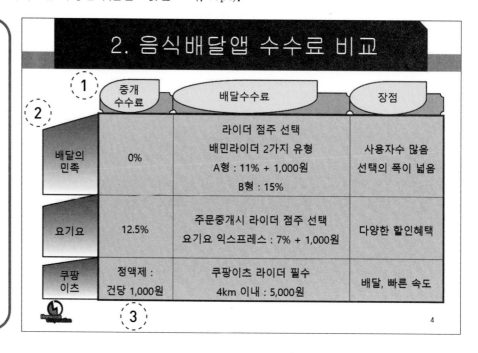

2. 시험 접수 안내

❶ 응시원서의 입력 항목에 따라 지역 및 고사장 선택, 신상명세입력, 본인사진을 등록합니다.
　– 사진 등록을 위한 이미지 파일은 온라인 편집이 가능합니다.

❷ 응시원서 작성이 끝나면 결제화면에서 신용카드 및 온라인 이체로 응시료를 결제합니다.
　– 결제 금액은 응시료+인터넷 접수 건별 소정의 수수료가 산정됩니다.

❸ 응시원서 작성과 온라인 결제가 끝나면 ITQ 시험 접수확인증이 화면에 출력되고 인쇄 기능이 지원됩니다.

인터넷 접수		방문 접수
⇩		⇩
인터넷 원서접수 기간확인		방문접수 기간확인
⇩　　　　⇩		⇩
단체회원 로그인 　 개인회원 가입확인		지역센터 위치확인
⇩　　　　⇩		⇩
접수방법선택 　 개인정보확인		개인회원 가입확인
⇩　　　　⇩		⇩
지역/고사장/응시회원편집 　 지역/고사장/과목선택		지역별 방문접수(원서작성)
⇩　　　　⇩		⇩
결제 　 결제		응시료 입금
⇩　　　　⇩		⇩
접수완료/확인 　 접수증확인(출력)		수험표 확인
⇩		⇩
수험표 확인(시험일 2일전까지 사진등록)		시험응시
⇩		
시험응시		

(1) 슬라이드 크기 및 순서 : 크기를 A4 용지로 설정하고 슬라이드 순서에 맞게 작성한다.
(2) 슬라이드 마스터 : 2~6슬라이드의 제목, 하단 로고, 슬라이드 번호는 슬라이드 마스터를 이용하여 작성한다.
    – 제목 글꼴(굴림, 40pt, 흰색), 가운데 정렬, 도형(선 없음)
    – 하단 로고(「내 PC₩문서₩ITQ₩Picture₩로고3.jpg」, 배경(연보라색) 투명색으로 설정)

[슬라이드 1] ≪표지 디자인≫   40점

(1) 표지 디자인 : 도형, 워드숍 및 그림을 이용하여 작성한다.

세부조건

① 도형 편집
  – 도형에 그림 채우기 :
   「내 PC₩문서₩ITQ₩Picture₩
   그림3.jpg」, 투명도 50%
  – 도형 효과 : 옅은 테두리 5pt

② 워드숍
  – 변환 : 위로 기울기
  – 글꼴 : 궁서, 진하게
  – 반사 : 전체 반사, 8 pt

③ 그림 삽입
  –「내 PC₩문서₩ITQ₩Picture₩
   로고3.jpg」
  – 배경(연보라색) 투명한 색으로 설정

[슬라이드 2] ≪목차 슬라이드≫   60점

(1) 출력형태와 같이 도형을 이용하여 목차를 작성한다(글꼴 : 맑은 고딕, 24pt).
(2) 도형 : 선 없음

세부조건

① 텍스트에 하이퍼링크 적용
  → '슬라이드 4'

② 그림 삽입
  –「내 PC₩문서₩ITQ₩Picture₩
   그림4.jpg」
  – 자르기 기능 이용

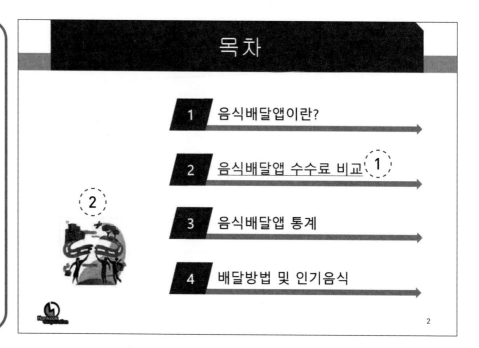

ITQ 자료 사용 방법

시 험 안 내

○ ITQ 자료 다운로드 방법
○ ITQ 온라인 답안 시스템

1. ITQ 자료 다운로드 방법

❶ 크롬 브라우저를 실행하여 아카데미소프트(https://aso.co.kr) 홈페이지에 접속합니다.

❷ 왼쪽 상단에 [컴퓨터 자격증 교재]를 클릭합니다.

❸ [ITQ 자격증]−[2023 이공자 ITQ 한쇼 NEO(상철)] 교재를 클릭합니다.

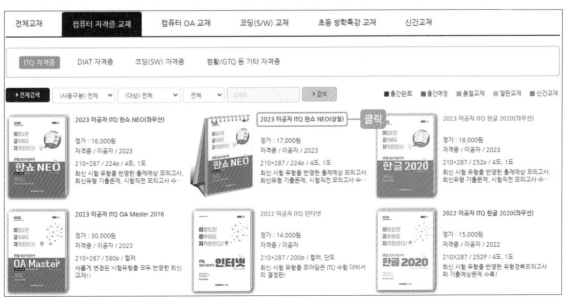

과목	코드	문제유형	시험시간	수험번호	성명
한쇼	1141	A	60분		

한컴 오피스

·수험자 유의사항·

- 수험자는 문제지를 받는 즉시 문제지와 **수험표상의 시험과목(프로그램)이 동일한지 반드시 확인**하여야 합니다.
- 파일명은 본인의 "수험번호-성명"으로 입력하여 답안폴더(내 PC\문서\ITQ)에 하나의 파일로 저장해야하며, 답안 문서 파일명이 "수험번호-성명"과 일치하지 않거나, 답안파일을 전송하지 않아 미제출로 처리될 경우 실격 처리합니다 (예 : 12345678-홍길동.show).
- 답안 작성을 마치면 파일을 저장하고, '답안 전송' 버튼을 선택하여 감독위원 PC로 답안을 전송하십시오. 수험생 정보와 저장한 파일명이 다를 경우 전송되지 않으므로 주의하시기 바랍니다.
- 답안 작성 중에도 **주기적으로 저장하고, '답안 전송'**하여야 문제 발생을 줄일 수 있습니다. 작업한 내용을 저장하지 않고 전송할 경우 이전에 저장된 내용이 전송되오니 이점 유의하시기 바랍니다.
- 답안문서는 지정된 경로 외의 다른 보조기억장치에 저장하는 경우, 지정된 시험 시간 외에 작성된 파일을 활용할 경우, 기타 통신수단(이메일, 메신저, 네트워크 등)을 이용하여 타인에게 전달 또는 외부 반출하는 경우는 부정 처리합니다.
- 시험 중 부주의 또는 고의로 시스템을 파손한 경우는 수험자가 변상해야 하며, 〈수험자 유의사항〉에 기재된 방법대로 이행하지 않아 생기는 불이익은 수험생 당사자의 책임임을 알려 드립니다.
- 문제의 조건은 한컴오피스 NEO(2016) 버전으로 설정되어 있으니 유의하시기 바랍니다.
- 시험을 완료한 수험자는 답안파일이 전송되었는지 확인한 후 감독위원의 지시에 따라 문제지를 제출하고 퇴실합니다.

·답안 작성요령·

- 온라인 답안 작성 절차
  수험자 등록 ⇒ 시험 시작 ⇒ 답안파일 저장 ⇒ 답안 전송 ⇒ 시험 종료
- 슬라이드의 크기는 A4 Paper로 설정하여 작성합니다.
- 슬라이드의 총 개수는 6개로 구성되어 있으며 슬라이드 1부터 순서대로 작업하고 반드시 문제와 세부 조건대로 합니다.
- 별도의 지시사항이 없는 경우 출력형태를 참조하여 글꼴색은 검정 또는 흰색으로 작성하고, 기타사항은 전체적인 균형을 고려하여 작성합니다.
- 슬라이드 도형 및 개체에 출력형태와 다른 스타일(그림자, 외곽선 등)을 적용했을 경우 감점처리 됩니다.
- 슬라이드 번호를 작성합니다(슬라이드 1에는 생략).
- 2~6번 슬라이드 제목 도형과 하단 로고는 슬라이드 마스터를 이용하여 출력형태와 동일하게 작성합니다(슬라이드 1에는 생략).
- 문제와 세부조건, 세부조건 번호 ◌(점선원)는 입력하지 않습니다.
- 각 개체의 위치는 오른쪽의 슬라이드와 동일하게 구성합니다.
- 그림 삽입 문제의 경우 반드시 「내 PC\문서\ITQ\Picture」 폴더에서 정확한 파일을 선택하여 삽입하십시오.
- 각 슬라이드를 각각의 파일로 작업해서 저장할 경우 실격 처리됩니다.

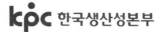

④ 화면 아래에 [커뮤니티]-[자료실]을 클릭합니다.

⑤ [2023 이공자 ITQ 한쇼 NEO(상철)_학습 자료]를 클릭합니다.

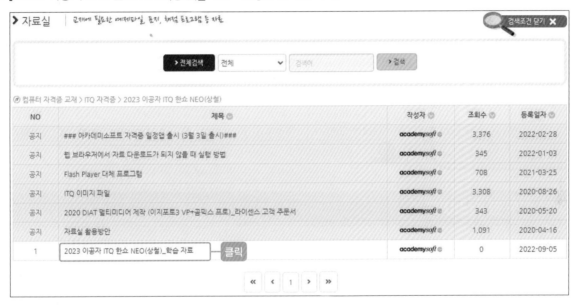

⑥ 다운로드 단추를 클릭하여 자료를 다운로드 받으시면 됩니다.

(1) 차트 작성 기능을 이용하여 슬라이드를 작성한다.
(2) 차트 : 유형(표식이 있는 꺾은선형), 글꼴(굴림, 16pt), 외곽선
(3) 표 : 차트 하단에 이미지와 같이 표 그리기

세부조건

※ 차트설명
- 차트제목 : 궁서, 20pt,
  진하게, 채우기(하양), 테두리,
  그림자(대각선 오른쪽 아래)
- 범례 위치 : 아래쪽
- 전체배경 : 채우기(노랑)
- 값 표시 : 전기차(만원) 계열만
① 도형 삽입
  – 스타일 : 밝은 계열 – 강조1
  – 글꼴 : 맑은 고딕, 18pt

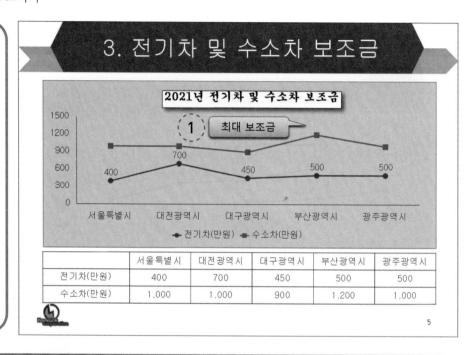

제 06 회 207 최신유형 기출문제

(1) 슬라이드와 같이 도형을 배치한다(글꼴 : 맑은 고딕, 18pt).
(2) 애니메이션 순서 : ① ⇒ ②

세부조건

① 도형 편집
  – 그룹화 후 애니메이션 효과 :
    날아오기(왼쪽으로)
② 도형 편집
  – 그룹화 후 애니메이션 효과 :
    바운드

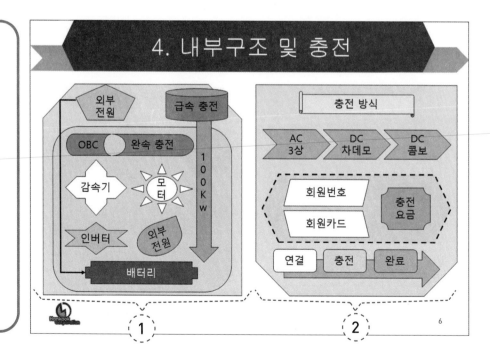

2. ITQ 온라인 답안 시스템

❶ 온라인 답안 시스템

[KOAS–온라인 답안 시스템] 프로그램은 **수험자 연습용 답안 전송 프로그램**이기 때문에 서버에서 제어가 되지 않는 개인용 버전입니다. 실제 시험 환경을 미리 확인하는 차원에서 테스트하시기 바랍니다.

※ 해당 '온라인 답안 시스템'은 변경된 ITQ 시험 버전에 맞추어 수정된 최신 버전의 프로그램입니다.

❷ 필요한 자료를 다운받아 압축을 해제했다면 바탕화면의 [2023 이공자 ITQ 한쇼 NEO_학습 자료]–[온라인 답안 시스템] 폴더에서 **'온라인 답안 시스템(연습용).exe'**을 더블 클릭하여 실행합니다.

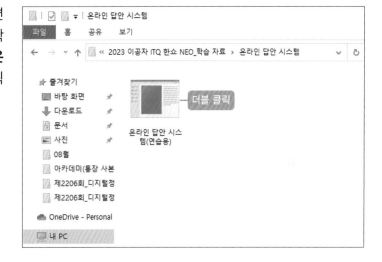

❸ 원하는 **시험 과목**을 선택하고 **수험자 성명**을 입력한 후 〈선택〉 단추를 클릭합니다.

(1) 텍스트 작성 : 글머리 기호 사용(➢, ◆)

    ➢문단(굴림, 24pt, 굵게, 줄간격 : 1.5줄), ◆ 문단(굴림, 20pt, 줄간격 : 1.5줄)

세부조건

① 동영상 삽입 :
- 「내 PC₩문서₩ITQ₩Picture₩동영상.wmv」
- 자동 실행, 반복 재생 설정

---

1. 전기차의 특징

➢ **Advantages of Electric Vehicle**

  ◆ Because electric motors are used, they can be accelerated quick and smoothly, are very quiet, and do not emit any pollutants while driving

①

➢ **전기차 개요**

  ◆ 전기 공급원으로부터 충전 받은 전기에너지를 동력원으로 사용하며 21세기에 들어서면서 자동차의 미래로 주목 받고 있음

  ◆ 하이브리드 자동차, 수소차 등과 함께 환경친화적 자동차 중 하나

3

---

(1) 도형과 표 작성 기능을 이용하여 슬라이드를 작성한다(글꼴 : 맑은 고딕, 18pt).

세부조건

① 상단 도형 :
  2개 도형의 조합으로 작성

② 좌측 도형 :
  그라데이션 효과(선형 위쪽)

③ 표 스타일 :
  보통 스타일 4 - 강조 6

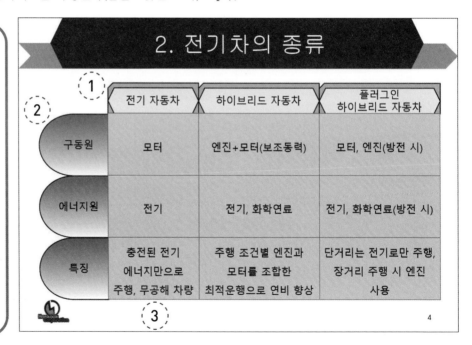

2. 전기차의 종류

	전기 자동차	하이브리드 자동차	플러그인 하이브리드 자동차
구동원	모터	엔진+모터(보조동력)	모터, 엔진(방전 시)
에너지원	전기	전기, 화학연료	전기, 화학연료(방전 시)
특징	충전된 전기 에너지만으로 주행, 무공해 차량	주행 조건별 엔진과 모터를 조합한 최적운행으로 연비 향상	단거리는 전기로만 주행, 장거리 주행 시 엔진 사용

4

④ **수험번호**를 입력하고 정상적인 시험인지 또는 재시험자인지를 선택한 후 〈확인〉 단추를 클릭합니다. 이어서, [수험 번호 확인] 창이 나오면 수험번호와 구분 내용을 확인한 후 〈확인〉 단추를 클릭합니다.

⑤ 다음과 같이 수험자 정보가 맞는지 확인한 후 〈확인〉 단추를 클릭합니다.

※ 새롭게 변경된 ITQ 시험의 답안 폴더 경로는 [내 PC]-[문서]-[ITQ]입니다.

⑥ 온라인 답안 시스템이 실행되면 모니터 오른쪽 상단에 답안 전송 프로그램이 나타납니다.

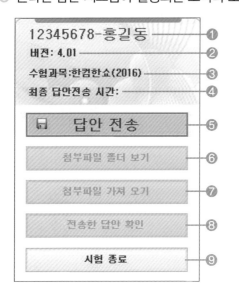

❶ 답안 저장 파일명으로 '수험번호-수험자명'으로 구성

❷ 온라인 답안 시스템 업그레이드 번호

❸ 사용자가 선택한 시험 과목

❹ 답안을 마지막에 전송한 시간

❺ 수험자가 작성한 답안을 감독위원 PC로 전송

❻ 답안 작성시 필요한 그림의 폴더 보기

❼ 답안 작성시 필요한 그림 파일 등을 감독위원 PC에서 수험자PC로 전송

❽ 수험자가 전송한 답안을 다시 불러옴

❾ 시험 종료

[전체구성] 60점

(1) 슬라이드 크기 및 순서 : 크기를 A4 용지로 설정하고 슬라이드 순서에 맞게 작성한다.

(2) 슬라이드 마스터 : 2~6슬라이드의 제목, 하단 로고, 슬라이드 번호는 슬라이드 마스터를 이용하여 작성한다.

  – 제목 글꼴(굴림, 40pt, 흰색), 가운데 정렬, 도형(선 없음)

  – 하단 로고(「내 PC₩문서₩ITQ₩Picture₩로고3.jpg」, 배경(연보라색) 투명색으로 설정)

[슬라이드 1] ≪표지 디자인≫ 40점

(1) 표지 디자인 : 도형, 워드숍 및 그림을 이용하여 작성한다.

세부조건

① 도형 편집
  – 도형에 그림 채우기 :
    「내 PC₩문서₩ITQ₩Picture₩
    그림1.jpg」, 투명도 50%
  – 도형 효과 : 옅은 테두리 5pt

② 워드숍
  – 변환 : 역삼각형
  – 글꼴 : 궁서, 진하게
  – 반사 : 1/2 크기, 근접

③ 그림 삽입
  – 「내 PC₩문서₩ITQ₩Picture₩
    로고3.jpg」
  – 배경(연보라색) 투명한 색으로 설정

[슬라이드 2] ≪목차 슬라이드≫ 60점

(1) 출력형태와 같이 도형을 이용하여 목차를 작성한다(글꼴 : 맑은 고딕, 24pt).

(2) 도형 : 선 없음

세부조건

① 텍스트에 하이퍼링크 적용
  → '슬라이드 3'

② 그림 삽입
  – 「내 PC₩문서₩ITQ₩Picture₩
    그림4.jpg」
  – 자르기 기능 이용

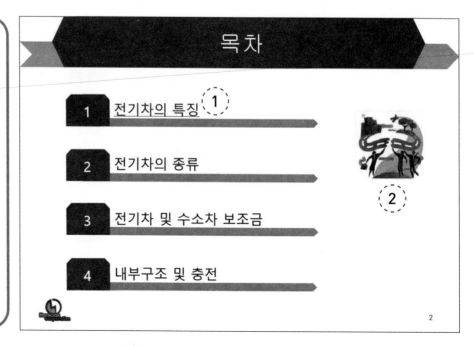

❼ 답안 파일 이름은 수험자 자신의 '**수험번호–성명(12345678–홍길동)**' 형태로 [내 PC]–[문서]–[ITQ] 폴더에 저장합니다.

※ 새롭게 변경된 ITQ 시험의 답안 폴더 경로는 [내 PC]–[문서]–[ITQ]입니다.

❽ 답안 전송 프로그램에서 답안 전송 단추를 클릭한 후 메세지 창이 나오면 〈확인〉 단추를 클릭합니다

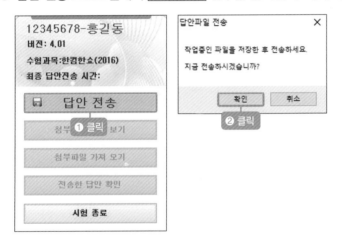

❾ 전송할 답안파일이 맞는지 확인(파일목록과 존재 유무)한 후 답안 전송 단추를 클릭합니다. 이어서, 메시지 창이 나오면 〈확인〉 단추를 클릭합니다.

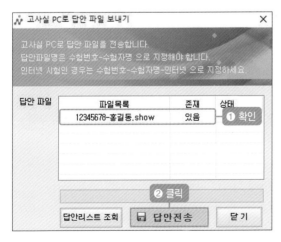

제 06 회 정보기술자격(ITQ) 최신유형 기출문제

과목	코드	문제유형	시험시간	수험번호	성명
한쇼	1141	A	60분		

한컴 오피스

·수험자 유의사항·

● 수험자는 문제지를 받는 즉시 문제지와 **수험표상의 시험과목(프로그램)이 동일한지 반드시 확인**하여야 합니다.
● 파일명은 본인의 "수험번호–성명"으로 입력하여 답안폴더(내 PC₩문서₩ITQ)에 하나의 파일로 저장해야하며, 답안 문서 파일명이 "수험번호–성명"과 일치하지 않거나, 답안파일을 전송하지 않아 미제출로 처리될 경우 실격 처리합니다 (예 : 12345678–홍길동.show).
● 답안 작성을 마치면 파일을 저장하고, '답안 전송' 버튼을 선택하여 감독위원 PC로 답안을 전송하십시오. 수험생 정보와 저장한 파일명이 다를 경우 전송되지 않으므로 주의하시기 바랍니다.
● 답안 작성 중에도 **주기적으로 저장하고, '답안 전송'**하여야 문제 발생을 줄일 수 있습니다. 작업한 내용을 저장하지 않고 전송할 경우 이전에 저장된 내용이 전송되오니 이점 유의하시기 바랍니다.
● 답안문서는 지정된 경로 외의 다른 보조기억장치에 저장하는 경우, 지정된 시험 시간 외에 작성된 파일을 활용할 경우, 기타 통신수단(이메일, 메신저, 네트워크 등)을 이용하여 타인에게 전달 또는 외부 반출하는 경우는 부정 처리합니다.
● 시험 중 부주의 또는 고의로 시스템을 파손한 경우는 수험자가 변상해야 하며, 〈수험자 유의사항〉에 기재된 방법대로 이행하지 않아 생기는 불이익은 수험생 당사자의 책임임을 알려 드립니다.
● 문제의 조건은 한컴오피스 NEO(2016) 버전으로 설정되어 있으니 유의하시기 바랍니다.
● 시험을 완료한 수험자는 답안파일이 전송되었는지 확인한 후 감독위원의 지시에 따라 문제지를 제출하고 퇴실합니다.

·답안 작성요령·

● 온라인 답안 작성 절차
  수험자 등록 ⇒ 시험 시작 ⇒ 답안파일 저장 ⇒ 답안 전송 ⇒ 시험 종료
● 슬라이드의 크기는 A4 Paper로 설정하여 작성합니다.
● 슬라이드의 총 개수는 6개로 구성되어 있으며 슬라이드 1부터 순서대로 작업하고 반드시 문제와 세부 조건대로 합니다.
● 별도의 지시사항이 없는 경우 출력형태를 참조하여 글꼴색은 검정 또는 흰색으로 작성하고, 기타사항은 전체적인 균형을 고려하여 작성합니다.
● 슬라이드 도형 및 개체에 출력형태와 다른 스타일(그림자, 외곽선 등)을 적용했을 경우 감점처리 됩니다.
● 슬라이드 번호를 작성합니다(슬라이드 1에는 생략).
● 2~6번 슬라이드 제목 도형과 하단 로고는 슬라이드 마스터를 이용하여 출력형태와 동일하게 작성합니다(슬라이드 1에는 생략).
● 문제와 세부조건, 세부조건 번호 ⊙(점선원)는 입력하지 않습니다.
● 각 개체의 위치는 오른쪽의 슬라이드와 동일하게 구성합니다.
● 그림 삽입 문제의 경우 반드시 「내 PC₩문서₩ITQ₩Picture」 폴더에서 정확한 파일을 선택하여 삽입하십시오.
● 각 슬라이드를 각각의 파일로 작업해서 저장할 경우 실격 처리됩니다.

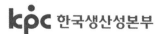
kpc 한국생산성본부

⑩ **'상태'** 항목이 **'성공'**인지 확인한 후 〈닫기〉 단추를 클릭합니다. 이어서, 감독위원의 지시를 따릅니다.

※ 해당 '온라인 답안 시스템'은 개인이 연습할 수 있도록 만들어진 프로그램으로 실제 답안 파일이 전송되지는 않습니다.

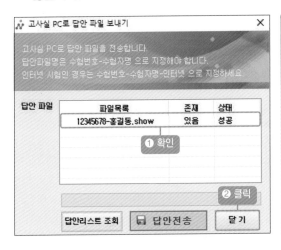
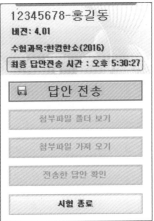

[슬라이드 5] ≪차트 슬라이드≫ 100점

(1) 차트 작성 기능을 이용하여 슬라이드를 작성한다.
(2) 차트 : 유형(표식이 있는 꺾은선형), 글꼴(굴림, 16pt), 외곽선
(3) 표 : 차트 하단에 이미지와 같이 표 그리기

세부조건
※ 차트설명 • 차트제목 : 궁서, 20pt, 　진하게, 채우기(하양), 테두리, 　그림자(대각선 오른쪽 아래) • 범례 위치 : 아래쪽 • 전체배경 : 채우기(노랑) • 값 표시 : 글로벌 계열만 ① 도형 삽입 　– 스타일 : 밝은 계열 – 강조1 　– 글꼴 : 맑은 고딕, 18pt

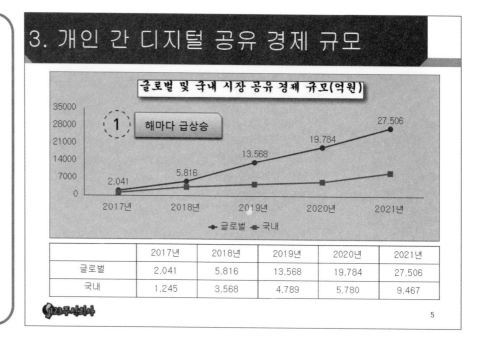

[슬라이드 6] ≪도형 슬라이드≫ 100점

(1) 슬라이드와 같이 도형을 배치한다(글꼴 : 맑은 고딕, 18pt).
(2) 애니메이션 순서 : ① ⇒ ②

세부조건
① 도형 편집 　– 그룹화 후 애니메이션 효과 : 　블라인드(세로) ② 도형 편집 　– 그룹화 후 애니메이션 효과 : 　닦아내기(왼쪽으로)

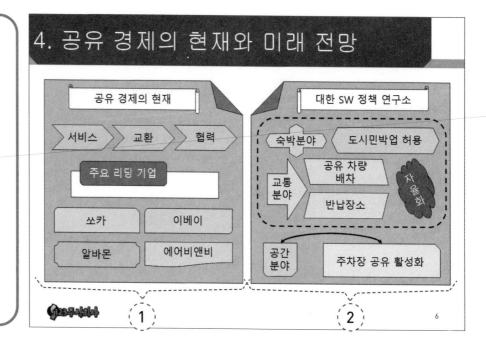

PART 02

출제유형 완전정복

[슬라이드 3] ≪텍스트/동영상 슬라이드≫ 60점

(1) 텍스트 작성 : 글머리 기호 사용(◆, ✓)

◆문단(굴림, 24pt, 굵게, 줄간격 : 1.5줄), ✓문단(굴림, 20pt, 줄간격 : 1.5줄)

세부조건

① 동영상 삽입 :
- 「내 PC₩문서₩ITQ₩Picture₩ 동영상.wmv」
- 자동 실행, 반복 재생 설정

1. 공유 경제의 정의

◆ **Sharing Economy**
  ✓ In the sharing economy, inefficient suppliers are replaced by efficient suppliers, and resource waste can be reduced, contributing to sustainable development

◆ **공유 경제**
  ✓ 물품을 소유의 개념이 아닌 서로 대여해 주고 차용해 쓰는 경제활동
  ✓ 물건이나 공간, 서비스를 빌리고 나눠 쓰는 인터넷과 스마트폰 기반의 사회적 경제모델

3

[슬라이드 4] ≪표 슬라이드≫ 80점

(1) 도형과 표 작성 기능을 이용하여 슬라이드를 작성한다(글꼴 : 맑은 고딕, 18pt).

세부조건

① 상단 도형 :
  2개 도형의 조합으로 작성
② 좌측 도형 :
  그라데이션 효과(선형 위쪽)
③ 표 스타일 :
  보통 스타일 4 - 강조 5

2. 공유 경제의 서비스 분류

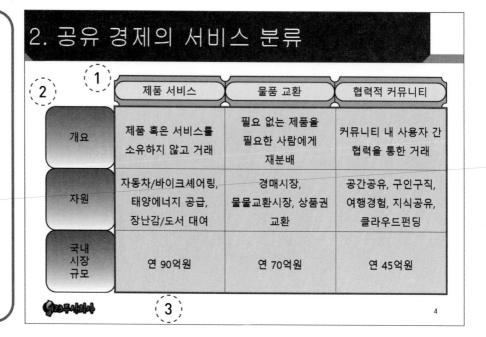

	제품 서비스	물품 교환	협력적 커뮤니티
개요	제품 혹은 서비스를 소유하지 않고 거래	필요 없는 제품을 필요한 사람에게 재분배	커뮤니티 내 사용자 간 협력을 통한 거래
자원	자동차/바이크셰어링, 태양에너지 공급, 장난감/도서 대여	경매시장, 물물교환시장, 상품권 교환	공간공유, 구인구직, 여행경험, 지식공유, 클라우드펀딩
국내 시장 규모	연 90억원	연 70억원	연 45억원

4

[전체구성] 페이지 설정/슬라이드 마스터

출제유형 **01**
출 제 유 형

◎ 슬라이드 크기 지정하기
◎ 슬라이드 마스터 작성하기

· 문제 미리보기 ·

· 소스파일 : 없음   · 정답파일 : [출제유형01]-유형01_완성.show

◆ [전체 구성] (60점)

⑴ 슬라이드 크기 및 순서 : 크기를 A4 용지로 설정하고 슬라이드 순서에 맞게 작성한다.

⑵ 슬라이드 마스터 : 2～6슬라이드의 제목, 하단 로고, 슬라이드 번호는 슬라이드 마스터를 이용하여 작성한다.

　– 제목 글꼴(굴림, 40pt, 흰색), 가운데 정렬, 도형(선 없음)

　– 하단 로고(「내 PC₩문서₩ITQ₩Picture₩로고2.jpg」 배경(회색) 투명색으로 설정)

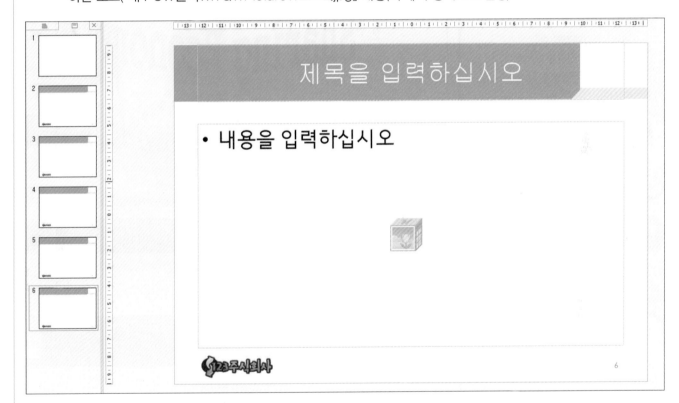

• 새롭게 변경된 시험에서는 도형에 선 없음을 지정하고, 제목 글상자에 글자 색(흰색)과 정렬 방식(왼쪽 정렬, 가운데 정렬)을 지정하는 조건이 제시됩니다.
• 시험 전에 반드시 조건을 확인하고 슬라이드 마스터 작업을 합니다.

(1) 슬라이드 크기 및 순서 : 크기를 A4 용지로 설정하고 슬라이드 순서에 맞게 작성한다.

(2) 슬라이드 마스터 : 2~6슬라이드의 제목, 하단 로고, 슬라이드 번호는 슬라이드 마스터를 이용하여 작성한다.

     – 제목 글꼴(굴림, 40pt, 흰색), 왼쪽 정렬, 도형(선 없음)

     – 하단 로고(「내 PC₩문서₩ITQ₩Picture₩로고2.jpg」, 배경(회색) 투명색으로 설정)

[슬라이드 1] ≪표지 디자인≫   40점

(1) 표지 디자인 : 도형, 워드숍 및 그림을 이용하여 작성한다.

세부조건

① 도형 편집
  – 도형에 그림 채우기 :
    「내 PC₩문서₩ITQ₩Picture₩
    그림1.jpg」, 투명도 50%
  – 도형 효과 : 옅은 테두리 5pt

② 워드숍
  – 변환 : 역갈매기형 수장
  – 글꼴 : 궁서, 진하게
  – 반사 : 1/2 크기, 4 pt

③ 그림 삽입
  –「내 PC₩문서₩ITQ₩Picture₩
    로고2.jpg」
  – 배경(회색) 투명한 색으로 설정

[슬라이드 2] ≪목차 슬라이드≫   60점

(1) 출력형태와 같이 도형을 이용하여 목차를 작성한다(글꼴 : 맑은 고딕, 24pt).

(2) 도형 : 선 없음

세부조건

① 텍스트에 하이퍼링크 적용
  → '슬라이드 4'

② 그림 삽입
  –「내 PC₩문서₩ITQ₩Picture₩
    그림5.jpg」
  – 자르기 기능 이용

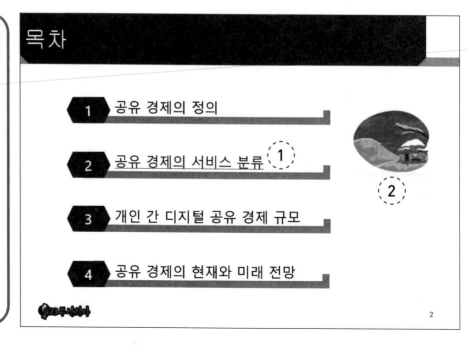

❶ 〈시작(⊞)〉 단추를 클릭하고 앱 목록이 표시되면 [한쇼]를 클릭합니다.

❷ 프로그램이 실행되고 [새 프레젠테이션] 대화상자가 나오면 '새 프레젠테이션 만들기'와 '한컴오피스'가 선택된 것을 확인하고 〈확인〉 단추를 클릭합니다.

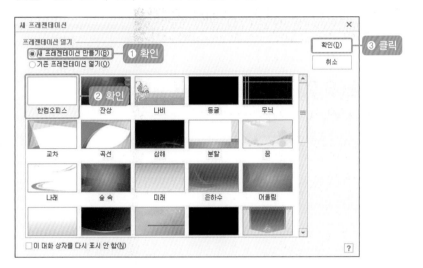

❸ 슬라이드 크기를 A4 용지로 설정하기 위해 [파일]-[쪽 설정(F7)]을 클릭합니다.

❹ [쪽 설정] 대화상자가 나오면 '용지 종류'-'A4 용지(210×297mm)'를 선택한 후 〈확인〉 단추를 클릭합니다.

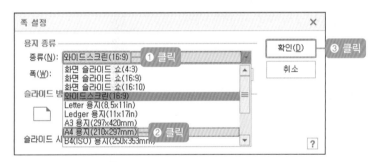

❺ [최대화/맞춤 확인] 대화상자가 나오면 '맞춤 확인'을 선택한 후 〈확인〉 단추를 클릭합니다.

※ 실제 시험에서는 두 가지 중 아무거나 선택해도 상관없습니다.

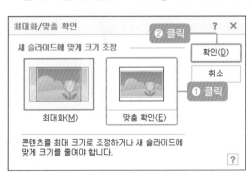

[최대화/맞춤 확인] 대화상자

용지 종류나 슬라이드 방향을 가로에서 세로, 세로에서 가로로 변경하는 경우 배경 이미지, 도형, 그림 등의 크기를 자동으로 조절할 때 사용합니다.

● **최대화** : 큰 슬라이드에 맞게 배경 이미지, 도형, 그림 등의 크기를 확대합니다.

● **맞춤 확인** : 작은 슬라이드에 맞게 배경 이미지, 도형, 그림 등의 크기를 축소합니다.

과목	코드	문제유형	시험시간	수험번호	성명
한쇼	1141	A	60분		

한컴 오피스

·수험자 유의사항·

- 수험자는 문제지를 받는 즉시 문제지와 **수험표상의 시험과목(프로그램)이 동일한지 반드시 확인**하여야 합니다.
- 파일명은 본인의 "수험번호−성명"으로 입력하여 답안폴더(내 PC\문서\ITQ)에 하나의 파일로 저장해야하며, 답안 문서 파일명이 "수험번호−성명"과 일치하지 않거나, 답안파일을 전송하지 않아 미제출로 처리될 경우 실격 처리합니다 (예 : 12345678−홍길동.show).
- 답안 작성을 마치면 파일을 저장하고, '답안 전송' 버튼을 선택하여 감독위원 PC로 답안을 전송하십시오. 수험생 정보와 저장한 파일명이 다를 경우 전송되지 않으므로 주의하시기 바랍니다.
- 답안 작성 중에도 **주기적으로 저장하고, '답안 전송'**하여야 문제 발생을 줄일 수 있습니다. 작업한 내용을 저장하지 않고 전송할 경우 이전에 저장된 내용이 전송되오니 이점 유의하시기 바랍니다.
- 답안문서는 지정된 경로 외의 다른 보조기억장치에 저장하는 경우, 지정된 시험 시간 외에 작성된 파일을 활용할 경우, 기타 통신수단(이메일, 메신저, 네트워크 등)을 이용하여 타인에게 전달 또는 외부 반출하는 경우는 부정 처리합니다.
- 시험 중 부주의 또는 고의로 시스템을 파손한 경우는 수험자가 변상해야 하며, 〈수험자 유의사항〉에 기재된 방법대로 이행하지 않아 생기는 불이익은 수험생 당사자의 책임임을 알려 드립니다.
- 문제의 조건은 한컴오피스 NEO(2016) 버전으로 설정되어 있으니 유의하시기 바랍니다.
- 시험을 완료한 수험자는 답안파일이 전송되었는지 확인한 후 감독위원의 지시에 따라 문제지를 제출하고 퇴실합니다.

·답안 작성요령·

- 온라인 답안 작성 절차
  수험자 등록 ⇒ 시험 시작 ⇒ 답안파일 저장 ⇒ 답안 전송 ⇒ 시험 종료
- 슬라이드의 크기는 A4 Paper로 설정하여 작성합니다.
- 슬라이드의 총 개수는 6개로 구성되어 있으며 슬라이드 1부터 순서대로 작업하고 반드시 문제와 세부 조건대로 합니다.
- 별도의 지시사항이 없는 경우 출력형태를 참조하여 글꼴색은 검정 또는 흰색으로 작성하고, 기타사항은 전체적인 균형을 고려하여 작성합니다.
- 슬라이드 도형 및 개체에 출력형태와 다른 스타일(그림자, 외곽선 등)을 적용했을 경우 감점처리 됩니다.
- 슬라이드 번호를 작성합니다(슬라이드 1에는 생략).
- 2~6번 슬라이드 제목 도형과 하단 로고는 슬라이드 마스터를 이용하여 출력형태와 동일하게 작성합니다(슬라이드 1에는 생략).
- 문제와 세부조건, 세부조건 번호 ⦂(점선원)는 입력하지 않습니다.
- 각 개체의 위치는 오른쪽의 슬라이드와 동일하게 구성합니다.
- 그림 삽입 문제의 경우 반드시 「내 PC\문서\ITQ\Picture」 폴더에서 정확한 파일을 선택하여 삽입하십시오.
- 각 슬라이드를 각각의 파일로 작업해서 저장할 경우 실격 처리됩니다.

kpc 한국생산성본부

⑥ 왼쪽 [슬라이드] 탭의 첫 번째 슬라이드를 클릭한 후 **Enter** 키를 5번 눌러 총 6개의 슬라이드를 만듭니다.

 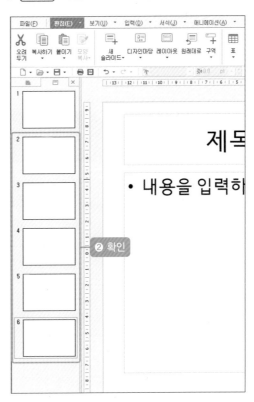

> (2) 슬라이드 마스터 : 2~6슬라이드의 제목, 하단 로고, 슬라이드
> 번호는 슬라이드 마스터를 이용하여 작성한다.
> 제목 글꼴(굴림, 40pt, 흰색), 가운데 정렬, 도형(선 없음)

유형 02　슬라이드 마스터에 제목 도형 작성하기

■ 슬라이드 마스터에 도형 삽입하기-1(기본 도형)

① [보기] 탭에서 '슬라이드 마스터'를 클릭합니다.

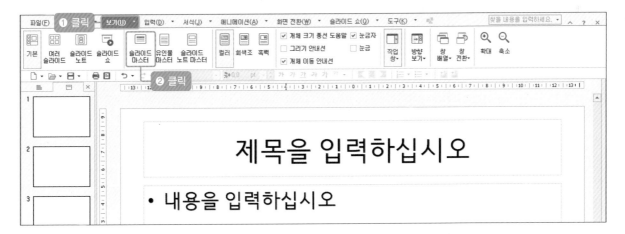

(1) 차트 작성 기능을 이용하여 슬라이드를 작성한다.

(2) 차트 : 유형(표식이 있는 꺾은선형), 글꼴(굴림, 16pt), 외곽선

(3) 표 : 차트 하단에 이미지와 같이 표 그리기

세부조건

※ 차트설명
- 차트제목 : 궁서, 20pt,
  진하게, 채우기(하양), 테두리,
  그림자(대각선 오른쪽 아래)
- 범례 위치 : 아래쪽
- 전체배경 : 채우기(노랑)
- 값 표시 : 영어 계열만
① 도형 삽입
  – 스타일 : 밝은 계열 – 강조1
  – 글꼴 : 맑은 고딕, 18pt

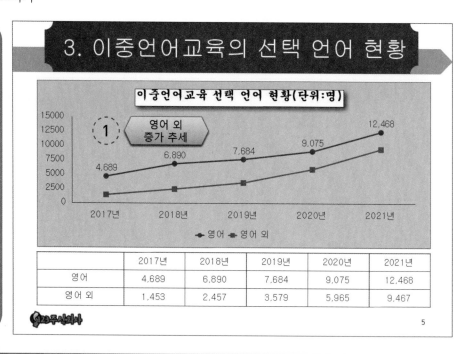

3. 이중언어교육의 선택 언어 현황

이중언어교육 선택 언어 현황(단위:명)

	2017년	2018년	2019년	2020년	2021년
영어	4,689	6,890	7,684	9,075	12,468
영어 외	1,453	2,457	3,579	5,965	9,467

(1) 슬라이드와 같이 도형을 배치한다(글꼴 : 맑은 고딕, 18pt).

(2) 애니메이션 순서 : ① ⇒ ②

세부조건

① 도형 편집
  – 그룹화 후 애니메이션 효과 :
    블라인드(세로)
② 도형 편집
  – 그룹화 후 애니메이션 효과 :
    바운드

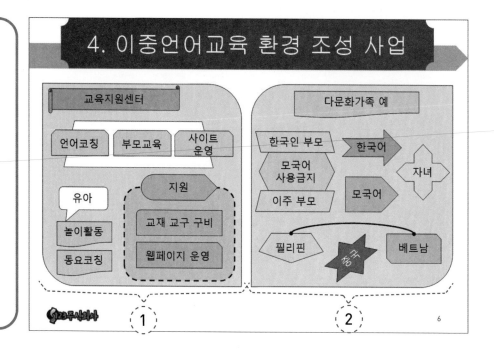

4. 이중언어교육 환경 조성 사업

❷ 슬라이드 마스터 편집 화면의 [마스터 미리보기] 창에서 세 번째 슬라이드 마스터 **[제목 및 내용 레이아웃: 슬라이드 2-6에서 사용]**이 선택된 것을 확인합니다.

※ [슬라이드2-6]에만 마스터를 적용하기 위해 반드시 [제목 및 내용 레이아웃: 슬라이드 2-6에서 사용] 슬라이드에서 작업합니다.

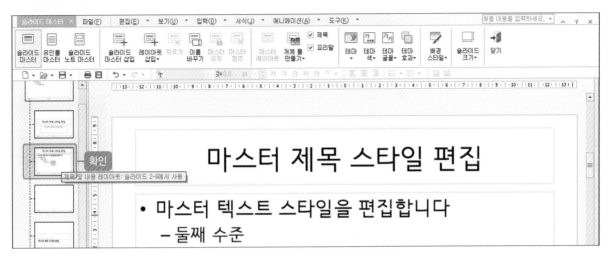

❸ 제목 도형을 작성하기 전에 [마스터 제목 스타일 편집] 글상자의 테두리를 그림과 같이 대각선 아래 방향으로 드래그하여 이동합니다.

※ 슬라이드 마스터의 [마스터 제목 스타일 편집] 글상자는 대각선 방향으로 드래그하여 이동하는 것이 편리합니다.

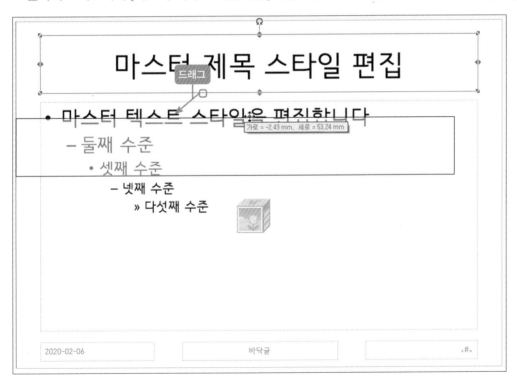

(1) 텍스트 작성 : 글머리 기호 사용(◆, ✓)

    ◆문단(굴림, 24pt, 굵게, 줄간격 : 1.5줄), ✓문단(굴림, 20pt, 줄간격 : 1.5줄)

세부조건

① 동영상 삽입 :
- 「내 PC₩문서₩ITQ₩Picture₩동영상.wmv」
- 자동 실행, 반복 재생 설정

---

1. 이중언어교육의 개념과 필요성

◆ **The need for bilingual education**
- ✓ Bilingual education not only respects the rights of individuals, but also promotes communication
- ✓ It will contribute to a society where diverse cultures coexist

①

◆ 이중언어교육의 개념
- ✓ 이중언어교육은 학습자로 하여금 두 개 이상의 언어를 구사할 수 있는 능력을 길러주는 교육으로 다문화사회를 일찍이 경험한 미국에서 연유함

123무식회사   3

---

(1) 도형과 표 작성 기능을 이용하여 슬라이드를 작성한다(글꼴 : 맑은 고딕, 18pt).

세부조건

① 상단 도형 :
  2개 도형의 조합으로 작성
② 좌측 도형 :
  그라데이션 효과(선형 위쪽)
③ 표 스타일 :
  보통 스타일 4 - 강조 5

---

2. 이중언어교육의 목표와 장단점

① ②

	전환성 교육	유지성 교육	병행성 교육
목표	이중언어를 통한 학업성취 향상	다수자-소수자 집단 간 차이의 이해	이중언어교육을 통한 자아정체성 확립
장점	엄마의 언어로 육아하는 것이 중요	모어는 자녀와 문화적 공감대 형성에 도움	자녀의 지능 발달, 학습 능력 발달에 영향
단점	만족스러운 수준에 도달하기 어려움	사회적 관계를 손상시킬 가능성	두 가지 언어 모두 발달 지연

123무식회사   ③   4

④ [입력] 탭에서 '도형' 이미지 꾸러미의 자세히 단추(↓)를 눌러 '사각형'–'**한쪽 모서리가 잘린 사각형(▱)**'을 클릭합니다.

※ 슬라이드 마스터의 도형 작업은 문제지의 [슬라이드 2]를 참고하여 작업합니다.

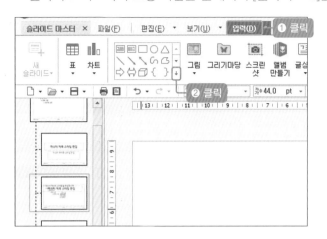
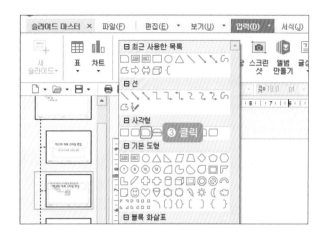

⑤ 마우스 포인터가 ➕ 모양으로 변경되면 드래그하여 도형을 삽입합니다. 이어서, 조절점(◆)을 드래그하여 《출력형태》와 같이 크기를 조절한 후 위치를 변경합니다.

도형의 크기 및 위치

시험에서 도형의 크기와 위치는 문제지의 《출력형태》를 보고 판단하여 작업합니다. 슬라이드 마스터에 사용되는 도형 높이는 [마스터 제목 스타일 편집] 글상자의 높이와 비슷하게 조절합니다.

■ 도형에 선 없음 지정하기

❶ 《출력형태》와 같이 도형을 상하로 뒤집기 위해 [도형(🔲)] 탭에서 '회전'–'**상하 대칭**'을 클릭합니다.

※ 반드시 도형이 선택된 상태에서 작업합니다.

[전체구성] 60점

(1) 슬라이드 크기 및 순서 : 크기를 A4 용지로 설정하고 슬라이드 순서에 맞게 작성한다.

(2) 슬라이드 마스터 : 2~6슬라이드의 제목, 하단 로고, 슬라이드 번호는 슬라이드 마스터를 이용하여 작성한다.

    – 제목 글꼴(굴림, 40pt, 흰색), 가운데 정렬, 도형(선 없음)

    – 하단 로고(「내 PC₩문서₩ITQ₩Picture₩로고2.jpg」, 배경(회색) 투명색으로 설정)

[슬라이드 1] ≪표지 디자인≫ 40점

(1) 표지 디자인 : 도형, 워드숍 및 그림을 이용하여 작성한다.

세부조건

① 도형 편집
  – 도형에 그림 채우기 :
  「내 PC₩문서₩ITQ₩Picture₩
  그림1.jpg」, 투명도 50%
  – 도형 효과 : 옅은 테두리 5pt
 	
② 워드숍
  – 변환 : 수축
  – 글꼴 : 궁서, 진하게
  – 반사 : 1/2 크기, 4 pt
 	
③ 그림 삽입
  「내 PC₩문서₩ITQ₩Picture₩
  로고2.jpg」
  – 배경(회색) 투명한 색으로 설정

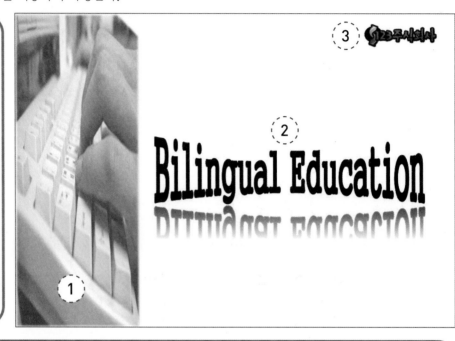

[슬라이드 2] ≪목차 슬라이드≫ 60점

(1) 출력형태와 같이 도형을 이용하여 목차를 작성한다(글꼴 : 맑은 고딕, 24pt).

(2) 도형 : 선 없음

세부조건

① 텍스트에 하이퍼링크 적용
  → '슬라이드 4'
 	
② 그림 삽입
  –「내 PC₩문서₩ITQ₩Picture₩
  그림4.jpg」
  – 자르기 기능 이용

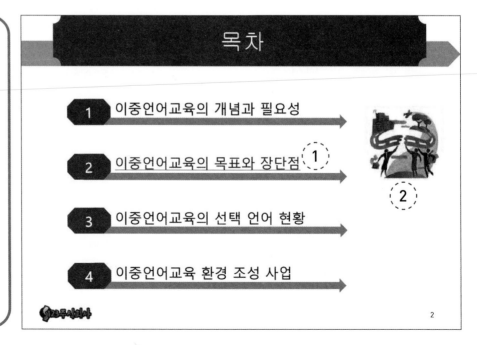

❷ [도형()] 탭에서 '선 스타일'-'선 종류'-'**선 없음(　　　)**'을 클릭합니다.

■ 도형 채우기

❶ [도형(　)] 탭에서 '채우기 색(　)'의 목록 단추(　)를 눌러 '**강조 3 노른자색(RGB: 233, 174,43)**'을 클릭합니다.

※ 도형의 색상은 문제지 조건에 없기 때문에 임의의 색을 선택합니다.

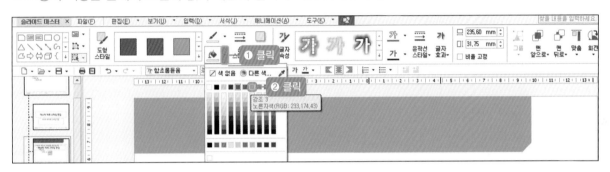

■ 슬라이드 마스터에 도형 삽입하기-2(중첩 도형)

❶ [도형(　)] 탭에서 '도형' 이미지 꾸러미의 자세히 단추(　)를 눌러 '사각형'-'**직사각형(□)**'을 클릭합니다.

▼

과목	코드	문제유형	시험시간	수험번호	성명
한쇼	1141	A	60분		

한컴 오피스

·수험자 유의사항·

- 수험자는 문제지를 받는 즉시 문제지와 **수험표상의 시험과목(프로그램)이 동일한지 반드시 확인**하여야 합니다.
- 파일명은 본인의 "수험번호–성명"으로 입력하여 답안폴더(내 PC₩문서₩ITQ)에 하나의 파일로 저장해야하며, 답안 문서 파일명이 "수험번호–성명"과 일치하지 않거나, 답안파일을 전송하지 않아 미제출로 처리될 경우 실격 처리합니다 (예 : 12345678–홍길동.show).
- 답안 작성을 마치면 파일을 저장하고, '답안 전송' 버튼을 선택하여 감독위원 PC로 답안을 전송하십시오. 수험생 정보와 저장한 파일명이 다를 경우 전송되지 않으므로 주의하시기 바랍니다.
- 답안 작성 중에도 **주기적으로 저장하고, '답안 전송'**하여야 문제 발생을 줄일 수 있습니다. 작업한 내용을 저장하지 않고 전송할 경우 이전에 저장된 내용이 전송되오니 이점 유의하시기 바랍니다.
- 답안문서는 지정된 경로 외의 다른 보조기억장치에 저장하는 경우, 지정된 시험 시간 외에 작성된 파일을 활용할 경우, 기타 통신수단(이메일, 메신저, 네트워크 등)을 이용하여 타인에게 전달 또는 외부 반출하는 경우는 부정 처리합니다.
- 시험 중 부주의 또는 고의로 시스템을 파손한 경우는 수험자가 변상해야 하며, 〈수험자 유의사항〉에 기재된 방법대로 이행하지 않아 생기는 불이익은 수험생 당사자의 책임임을 알려 드립니다.
- 문제의 조건은 한컴오피스 NEO(2016) 버전으로 설정되어 있으니 유의하시기 바랍니다.
- 시험을 완료한 수험자는 답안파일이 전송되었는지 확인한 후 감독위원의 지시에 따라 문제지를 제출하고 퇴실합니다.

·답안 작성요령·

- 온라인 답안 작성 절차
  수험자 등록 ⇒ 시험 시작 ⇒ 답안파일 저장 ⇒ 답안 전송 ⇒ 시험 종료
- 슬라이드의 크기는 A4 Paper로 설정하여 작성합니다.
- 슬라이드의 총 개수는 6개로 구성되어 있으며 슬라이드 1부터 순서대로 작업하고 반드시 문제와 세부 조건대로 합니다.
- 별도의 지시사항이 없는 경우 출력형태를 참조하여 글꼴색은 검정 또는 흰색으로 작성하고, 기타사항은 전체적인 균형을 고려하여 작성합니다.
- 슬라이드 도형 및 개체에 출력형태와 다른 스타일(그림자, 외곽선 등)을 적용했을 경우 감점처리 됩니다.
- 슬라이드 번호를 작성합니다(슬라이드 1에는 생략).
- 2~6번 슬라이드 제목 도형과 하단 로고는 슬라이드 마스터를 이용하여 출력형태와 동일하게 작성합니다(슬라이드 1에는 생략).
- 문제와 세부조건, 세부조건 번호 ◌(점선원)는 입력하지 않습니다.
- 각 개체의 위치는 오른쪽의 슬라이드와 동일하게 구성합니다.
- 그림 삽입 문제의 경우 반드시 「내 PC₩문서₩ITQ₩Picture」 폴더에서 정확한 파일을 선택하여 삽입하십시오.
- 각 슬라이드를 각각의 파일로 작업해서 저장할 경우 실격 처리됩니다.

② 마우스 포인터가 ⊞ 모양으로 변경되면 드래그하여 도형을 삽입합니다. 이어서, 조절점(⬉)을 드래그하여 《출력형태》와 같이 크기를 조절한 후 위치를 변경합니다.

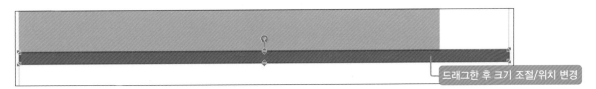

드래그한 후 크기 조절/위치 변경

③ [도형(🔲)] 탭에서 '선 스타일'–'선 종류'–'**선 없음(▱)**'을 클릭합니다.

④ [도형(🔲)] 탭에서 '채우기 색(🎨▾)'의 목록 단추(▾)를 눌러 '**강조 3 노른자색(RGB: 233, 174, 43) 80% 밝게**'를 클릭합니다.

※ 도형의 색상은 문제지 조건에 없기 때문에 임의의 색을 선택합니다.

⑤ 《출력형태》와 같이 도형을 맨 뒤로 보내기 위해 [도형(🔲)] 탭에서 '**맨 뒤로(⬚)**'를 클릭합니다.

※ 《출력형태》와 비교하여 위치와 크기가 같은지 확인합니다.

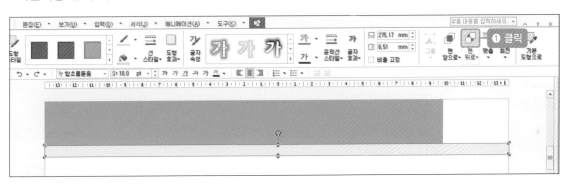

▼

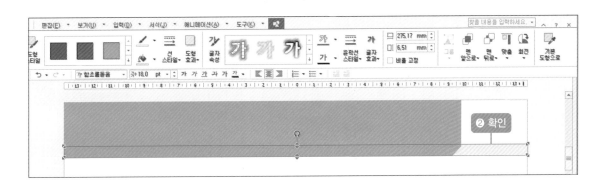

(1) 차트 작성 기능을 이용하여 슬라이드를 작성한다.
(2) 차트 : 유형(표식이 있는 꺾은선형), 글꼴(굴림, 16pt), 외곽선
(3) 표 : 차트 하단에 이미지와 같이 표 그리기

세부조건

※ 차트설명
  • 차트제목 : 궁서, 20pt,
    진하게, 채우기(하양), 테두리,
    그림자(대각선 오른쪽 아래)
  • 범례 위치 : 아래쪽
  • 전체배경 : 채우기(노랑)
  • 값 표시 : 하드웨어(십억원) 계열만
  ① 도형 삽입
    – 스타일 : 밝은 계열 – 강조1
    – 글꼴 : 맑은 고딕, 18pt

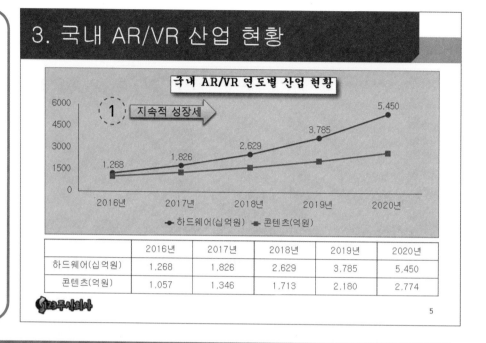

(1) 슬라이드와 같이 도형을 배치한다(글꼴 : 맑은 고딕, 18pt).
(2) 애니메이션 순서 : ① ⇒ ②

세부조건

① 도형 편집
  – 그룹화 후 애니메이션 효과 :
    닦아내기(아래로)
② 도형 편집
  – 그룹화 후 애니메이션 효과 :
    시계 방향 회전

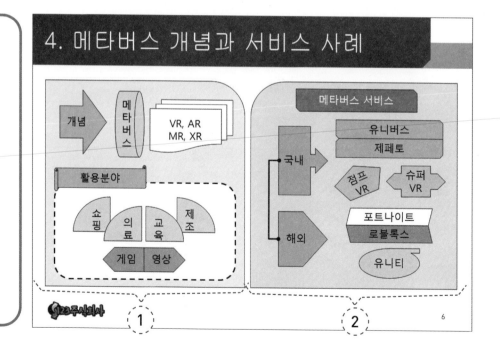

■ 글상자의 글꼴 서식 변경하기

1 [마스터 제목 스타일 편집] 글상자를 클릭한 후 [도형( )] 탭에서 '**맨 앞으로( )**'를 클릭합니다.

※ 만약 [맨 앞으로]를 작업하지 않고 글상자를 이동할 경우 글상자가 도형의 뒤쪽으로 숨겨지기 때문에 반드시 [맨 앞으로]를 지정한 후 이동해야 합니다.

2 [마스터 제목 스타일 편집] 글상자의 테두리를 드래그하여 《출력형태》와 같이 위치를 변경합니다.

※ 위치를 변경할 때 아래쪽 글상자의 좌측/우측의 크기를 기준으로 변경합니다.

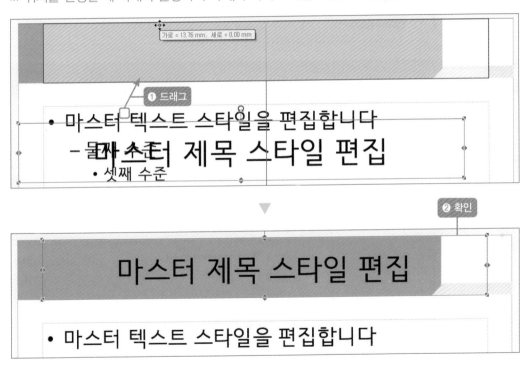

3 서식 도구 상자에서 '글꼴(굴림), 글자 크기(40pt), 글자 색(하양), 가운데 정렬'을 지정합니다.

(1) 텍스트 작성 : 글머리 기호 사용(➤, ■)

　➤문단(굴림, 24pt, 굵게, 줄간격 : 1.5줄), ■문단(굴림, 20pt, 줄간격 : 1.5줄)

세부조건

① 동영상 삽입 :
- 「내 PC₩문서₩ITQ₩Picture₩동영상.wmv」
- 자동 실행, 반복 재생 설정

1. 메타버스란?

➤ **Metaverse**
- A compound word of the Greek word meta, meaning 'transcend or more', and universe, meaning 'the world or the universe'

①

➤ **메타버스란?**
- '초월, 그 이상'을 뜻하는 그리스어 메타와 '세상 또는 우주'를 뜻하는 유니버스의 합성어
- 가상과 실제 현실이 상호작용하는 새로운 사이버 세계를 의미

23문신회사

3

(1) 도형과 표 작성 기능을 이용하여 슬라이드를 작성한다(글꼴 : 맑은 고딕, 18pt).

세부조건

① 상단 도형 :
　2개 도형의 조합으로 작성
② 좌측 도형 :
　그라데이션 효과(선형 위쪽)
③ 표 스타일 :
　보통 스타일 4 - 강조 5

2. 메타버스 관련 서비스 현황

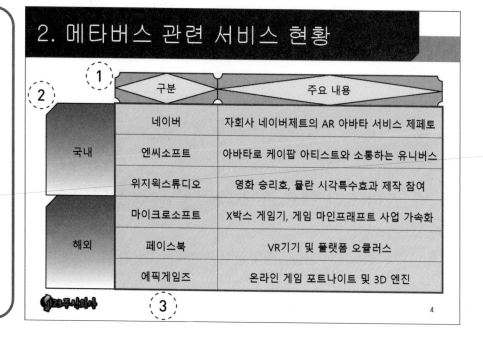

구분		주요 내용
국내	네이버	자회사 네이버제트의 AR 아바타 서비스 제페토
	엔씨소프트	아바타로 케이팝 아티스트와 소통하는 유니버스
	위지웍스튜디오	영화 승리호, 뮬란 시각특수효과 제작 참여
해외	마이크로소프트	X박스 게임기, 게임 마인프래프트 사업 가속화
	페이스북	VR기기 및 플랫폼 오큘러스
	에픽게임즈	온라인 게임 포트나이트 및 3D 엔진

23문신회사

4

① [입력] 탭에서 '그림(🖼)'을 클릭합니다. 이어서 [그림 넣기] 대화상자가 나오면 [소스 및 정답]–[Picture]–'로고 2'를 선택한 후 〈넣기〉 단추를 클릭합니다.

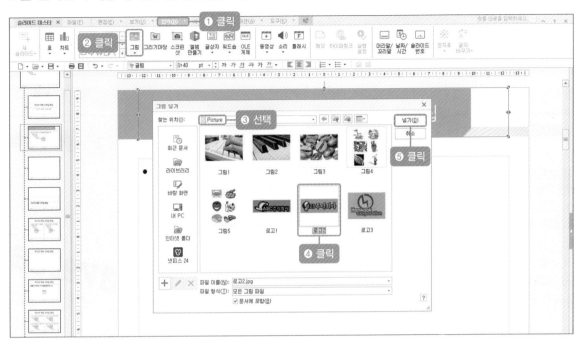

 그림 삽입하기

● 새롭게 변경된 시험에서 문제지 조건 설명이 윈도우 10 환경으로 변경되면서 삽입할 그림을 가져오는 경로가 [내 PC \문서\ITQ\Picture] 폴더로 변경되었습니다.
● 시험장에서는 감독위원의 지시에 따라 그림 삽입 경로를 지정하면 됩니다.

② 그림이 삽입되면 [그림(🖼)] 탭에서 '색조 조정'–'투명한 색 설정'을 클릭합니다.

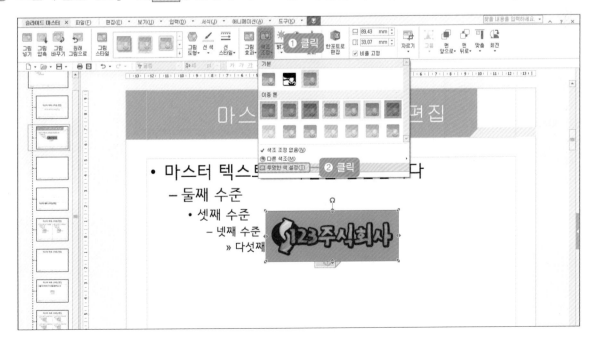

⑴ 슬라이드 크기 및 순서 : 크기를 A4 용지로 설정하고 슬라이드 순서에 맞게 작성한다.

⑵ 슬라이드 마스터 : 2~6슬라이드의 제목, 하단 로고, 슬라이드 번호는 슬라이드 마스터를 이용하여 작성한다.

    – 제목 글꼴(굴림, 40pt, 흰색), 왼쪽 정렬, 도형(선 없음)

    – 하단 로고(「내 PC₩문서₩ITQ₩Picture₩로고2.jpg」, 배경(회색) 투명색으로 설정)

[슬라이드 1] ≪표지 디자인≫   40점

⑴ 표지 디자인 : 도형, 워드숍 및 그림을 이용하여 작성한다.

세부조건

① 도형 편집
  – 도형에 그림 채우기 :
    「내 PC₩문서₩ITQ₩Picture₩
    그림1.jpg」, 투명도 50%
  – 도형 효과 : 옅은 테두리 5pt

② 워드숍
  – 변환 : 위쪽 기울기
  – 글꼴 : 궁서, 진하게
  – 반사 : 1/2 크기, 근접

③ 그림 삽입
  –「내 PC₩문서₩ITQ₩Picture₩
    로고2.jpg」
  – 배경(회색) 투명한 색으로 설정

[슬라이드 2] ≪목차 슬라이드≫   60점

⑴ 출력형태와 같이 도형을 이용하여 목차를 작성한다(글꼴 : 맑은 고딕, 24pt).

⑵ 도형 : 선 없음

세부조건

① 텍스트에 하이퍼링크 적용
  → '슬라이드 4'

② 그림 삽입
  –「내 PC₩문서₩ITQ₩Picture₩
    그림4.jpg」
  – 자르기 기능 이용

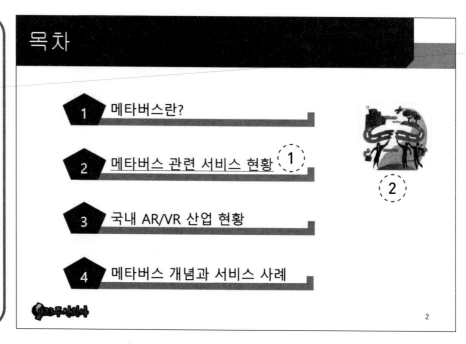

목차

1 메타버스란?

2 메타버스 관련 서비스 현황

3 국내 AR/VR 산업 현황

4 메타버스 개념과 서비스 사례

❸ 마우스 포인터 모양이 [🔨]로 변경되면 삽입된 그림의 회색 부분을 클릭하여 투명하게 처리합니다.

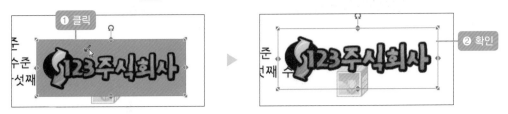

❹ 로고의 배경이 투명하게 변경되면 조절점(◀▶)을 드래그하여 《출력형태》와 같이 크기를 조절한 후 위치를 변경합니다.

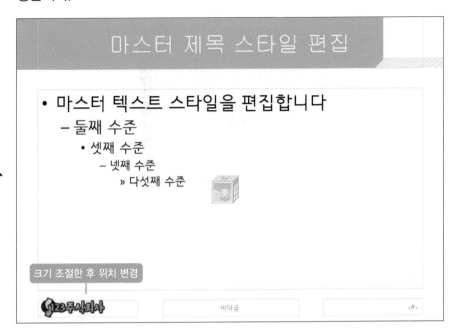

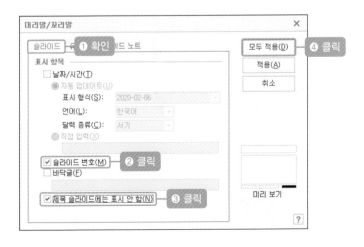

유형 **04** **슬라이드 마스터에 슬라이드 번호 삽입하기**

❶ [입력] 탭에서 '**머리말/꼬리말**'을 클릭합니다.

❷ [머리말/꼬리말] 대화상자가 나오면 [슬라이드] 탭에서 '**슬라이드 번호**'와 '**제목 슬라이드에는 표시 안 함**'에 체크 표시(✔)를 지정한 후 〈모두 적용〉 단추를 클릭합니다.

과목	코드	문제유형	시험시간	수험번호	성명
한쇼	1141	A	60분		

한컴 오피스

·수험자 유의사항·

● 수험자는 문제지를 받는 즉시 문제지와 **수험표상의 시험과목(프로그램)이 동일한지 반드시 확인**하여야 합니다.

● 파일명은 본인의 "수험번호–성명"으로 입력하여 답안폴더(내 PC₩문서₩ITQ)에 하나의 파일로 저장해야하며, 답안 문서 파일명이 "수험번호–성명"과 일치하지 않거나, 답안파일을 전송하지 않아 미제출로 처리될 경우 실격 처리합니다 (예 : 12345678–홍길동.show).

● 답안 작성을 마치면 파일을 저장하고, '답안 전송' 버튼을 선택하여 감독위원 PC로 답안을 전송하십시오. 수험생 정보와 저장 한 파일명이 다를 경우 전송되지 않으므로 주의하시기 바랍니다.

● 답안 작성 중에도 **주기적으로 저장하고, '답안 전송'**하여야 문제 발생을 줄일 수 있습니다. 작업한 내용을 저장하지 않고 전송 할 경우 이전에 저장된 내용이 전송되오니 이점 유의하시기 바랍니다.

● 답안문서는 지정된 경로 외의 다른 보조기억장치에 저장하는 경우, 지정된 시험 시간 외에 작성된 파일을 활용할 경우, 기타 통신수단(이메일, 메신저, 네트워크 등)을 이용하여 타인에게 전달 또는 외부 반출하는 경우는 부정 처리합니다.

● 시험 중 부주의 또는 고의로 시스템을 파손한 경우는 수험자가 변상해야 하며, 〈수험자 유의사항〉에 기재된 방법대로 이행하 지 않아 생기는 불이익은 수험생 당사자의 책임임을 알려 드립니다.

● 문제의 조건은 한컴오피스 NEO(2016) 버전으로 설정되어 있으니 유의하시기 바랍니다.

● 시험을 완료한 수험자는 답안파일이 전송되었는지 확인한 후 감독위원의 지시에 따라 문제지를 제출하고 퇴실합니다.

·답안 작성요령·

● 온라인 답안 작성 절차

수험자 등록 ⇒ 시험 시작 ⇒ 답안파일 저장 ⇒ 답안 전송 ⇒ 시험 종료

● 슬라이드의 크기는 A4 Paper로 설정하여 작성합니다.

● 슬라이드의 총 개수는 6개로 구성되어 있으며 슬라이드 1부터 순서대로 작업하고 반드시 문제와 세부 조건대로 합니다.

● 별도의 지시사항이 없는 경우 출력형태를 참조하여 글꼴색은 검정 또는 흰색으로 작성하고, 기타사항은 전체적인 균형을 고려하여 작성합니다.

● 슬라이드 도형 및 개체에 출력형태와 다른 스타일(그림자, 외곽선 등)을 적용했을 경우 감점처리 됩니다.

● 슬라이드 번호를 작성합니다(슬라이드 1에는 생략).

● 2~6번 슬라이드 제목 도형과 하단 로고는 슬라이드 마스터를 이용하여 출력형태와 동일하게 작성합니다(슬라이드 1에는 생략).

● 문제와 세부조건, 세부조건 번호 ◌(점선원)는 입력하지 않습니다.

● 각 개체의 위치는 오른쪽의 슬라이드와 동일하게 구성합니다.

● 그림 삽입 문제의 경우 반드시 「내 PC₩문서₩ITQ₩Picture」 폴더에서 정확한 파일을 선택하여 삽입하십시오.

● 각 슬라이드를 각각의 파일로 작업해서 저장할 경우 실격 처리됩니다.

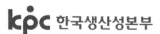

❸ [슬라이드 마스터] 탭의 [닫기] 그룹에서 '닫기'를 클릭합니다.

❹ [슬라이드 2]~[슬라이드 6]에 그림과 같이 '제목 도형, 로고, 페이지 번호'가 적용된 것을 확인합니다.

※ [머리말/꼬리말] 대화상자에서 '제목 슬라이드에는 표시 안 함'에 체크 표시(✔)를 지정했기 때문에 첫 번째 슬라이드에는 페이지 번호가 적용되지 않습니다.

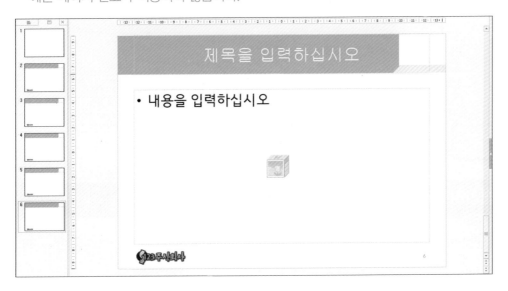

❺ [파일]–[저장하기](**Ctrl** + **S**) 또는 서식 도구 상자에서 '저장하기(🗖)'를 클릭합니다.

※ 실제 시험을 볼 때 작업 도중에 수시로(10분에 한 번 정도) 저장을 하는 것이 좋습니다.

시험 분석

[전체 구성] 페이지 설정/슬라이드 마스터

• 페이지 설정 : 슬라이드의 크기는 'A4 용지(210×297mm)'로 지정하며 슬라이드는 총 6개를 만들어야 합니다.

• 슬라이드 마스터 : 도형에 선 없음을 지정하고, 제목 글상자에 글자 색(하양)과 정렬 방식(왼쪽 정렬, 가운데 정렬)을 지정하는 조건이 제시됩니다. 시험 전에 반드시 조건을 확인하고 슬라이드 마스터 작업을 합니다.

• 답안 파일 저장 : 실제 시험에서는 감독위원의 지시에 따라 저장 위치([내 PC]–[문서]–[ITQ])를 선택하여 '수험번호–이름(예 : 12345678–홍길동)'의 형식으로 저장한 후 감독관 PC로 답안 파일을 전송해야합니다. 단, 저장 경로는 운영체제 버전 및 시험 규정에 따라 달라질 수 있습니다.

(1) 차트 작성 기능을 이용하여 슬라이드를 작성한다.
(2) 차트 : 유형(표식이 있는 꺾은선형), 글꼴(굴림, 16pt), 외곽선
(3) 표 : 차트 하단에 이미지와 같이 표 그리기

세부조건

※ 차트설명
• 차트제목 : 궁서, 20pt,
  진하게, 채우기(하양), 테두리,
  그림자(대각선 오른쪽 아래)
• 범례 위치 : 아래쪽
• 전체배경 : 채우기(노랑)
• 값 표시 : 판매량(백만톤) 계열만

① 도형 삽입
 – 스타일 : 밝은 계열 – 강조1
 – 글꼴 : 맑은 고딕, 18pt

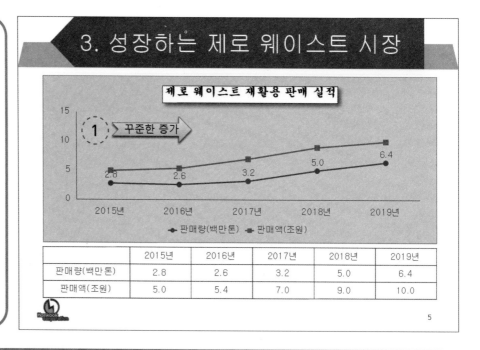

(1) 슬라이드와 같이 도형을 배치한다(글꼴 : 맑은 고딕, 18pt).
(2) 애니메이션 순서 : ① ⇒ ②

세부조건

① 도형 편집
 – 그룹화 후 애니메이션 효과 :
   닦아내기(왼쪽으로)
② 도형 편집
 – 그룹화 후 애니메이션 효과 :
   바운드

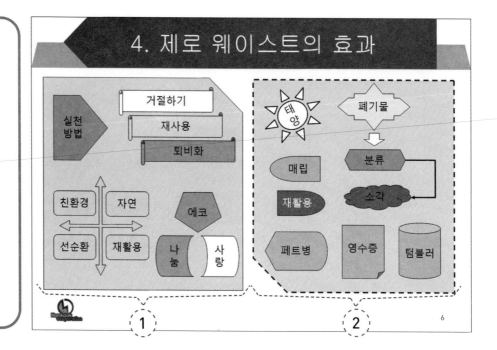

[전체 구성] 페이지 설정/슬라이드 마스터

01 문제지의 지시사항 및 세부조건을 참고하여 《출력형태》에 알맞게 작업하시오.

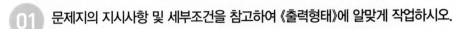

• 소스파일 : 없음   • 정답파일 : [출제유형01]-정복01_완성01.show

(1) 슬라이드 크기 및 순서 : 크기를 A4 용지로 설정하고 슬라이드 순서에 맞게 작성한다.

(2) 슬라이드 마스터 : 2~6슬라이드의 제목, 하단 로고, 슬라이드 번호는 슬라이드 마스터를 이용하여 작성한다.
   - 제목 글꼴(굴림, 40pt, 흰색), 가운데 정렬, 도형(선 없음)
   - 하단 로고(「내 PC₩문서₩ITQ₩Picture₩로고3.jpg」, 배경(연보라) 투명색으로 설정)

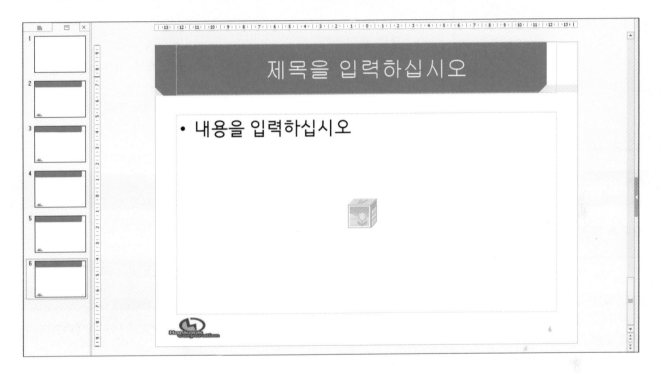

(1) 텍스트 작성 : 글머리 기호 사용(➤, ✓)
　➤문단(굴림, 24pt, 굵게, 줄간격 : 1.5줄), ✓문단(굴림, 20pt, 줄간격 : 1.5줄)

세부조건
① 동영상 삽입 : 　– 「내 PC₩문서₩ITQ₩Picture₩ 　　동영상.wmv」 　– 자동 실행, 반복 재생 설정

1. 제로 웨이스트란?

➤ **Zero Waste**

　✓ Zero Waste is a set of principles focused on waste prevention that encourages the redesign of resource life cycles so that all products are reused

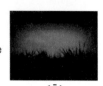

①

➤ **제로 웨이스트**

　✓ 모든 제품, 포장 및 자재를 태우지 않고, 토지, 해양, 공기로 배출하지 않으며 재사용 및 회수를 통해 모든 자원을 보존

　✓ 모든 제품이 재사용될 수 있도록 장려하며 폐기물을 방지하는데 초점

3

(1) 도형과 표 작성 기능을 이용하여 슬라이드를 작성한다(글꼴 : 맑은 고딕, 18pt).

세부조건
① 상단 도형 : 　2개 도형의 조합으로 작성 ② 좌측 도형 : 　그라데이션 효과(선형 위쪽) ③ 표 스타일 : 　보통 스타일 4 – 강조 6

2. 제로 웨이스트 실천행동

①
②

	사용/독려	제한/줄이기
개인	텀블러, 에코백, 손수건, 천연수세미 사용, EM 세제	플라스틱 반찬통, 1회용품, 샴푸, 전단지, 영수증
판매업	종이 및 스테인리스 스틸 빨대, 친환경 포장재 사용	플라스틱 빨대, 플라스틱 컵, 테이크 아웃 때 불필요한 일회용품
기업	재활용 아이스팩 생산, 무라벨 및 재활용 가능한 페트병 개발	미세 플라스틱 제품 생산, 비닐 라벨 포함한 패트병 생산

③

4

02 문제지의 지시사항 및 세부조건을 참고하여 《출력형태》에 알맞게 작업하시오.

· 소스파일 : 없음   · 정답파일 : [출제유형01]−정복01_완성02.show

(1) 슬라이드 크기 및 순서 : 크기를 A4 용지로 설정하고 슬라이드 순서에 맞게 작성한다.

(2) 슬라이드 마스터 : 2~6슬라이드의 제목, 하단 로고, 슬라이드 번호는 슬라이드 마스터를 이용하여 작성한다.
  - 제목 글꼴(굴림, 40pt, 흰색), 왼쪽 정렬, 도형(선 없음)
  - 하단 로고(「내 PC\문서\ITQ\Picture\로고1.jpg」, 배경(회색) 투명색으로 설정)

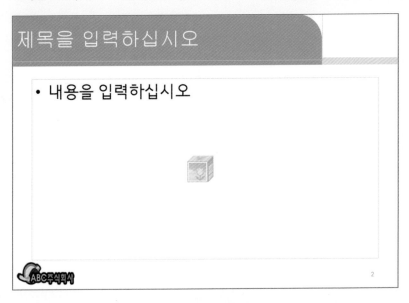

03 문제지의 지시사항 및 세부조건을 참고하여 《출력형태》에 알맞게 작업하시오.

· 소스파일 : 없음   · 정답파일 : [출제유형01]−정복01_완성03.show

(1) 슬라이드 크기 및 순서 : 크기를 A4 용지로 설정하고 슬라이드 순서에 맞게 작성한다.

(2) 슬라이드 마스터 : 2~6슬라이드의 제목, 하단 로고, 슬라이드 번호는 슬라이드 마스터를 이용하여 작성한다.
  - 제목 글꼴(굴림, 40pt, 흰색), 가운데 정렬, 도형(선 없음)
  - 하단 로고(「내 PC\문서\ITQ\Picture\로고2.jpg」, 배경(회색) 투명색으로 설정)

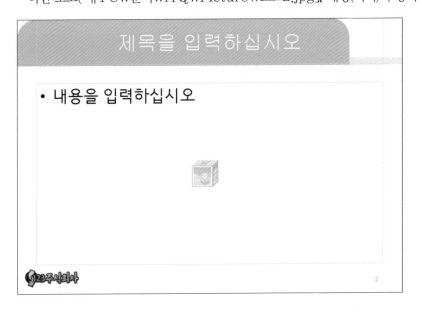

[전체구성]　60점

(1) 슬라이드 크기 및 순서 : 크기를 A4 용지로 설정하고 슬라이드 순서에 맞게 작성한다.

(2) 슬라이드 마스터 : 2~6슬라이드의 제목, 하단 로고, 슬라이드 번호는 슬라이드 마스터를 이용하여 작성한다.
　　– 제목 글꼴(굴림, 40pt, 흰색), 가운데 정렬, 도형(선 없음)
　　– 하단 로고(「내 PC\문서\ITQ\Picture\로고3.jpg」, 배경(연보라색) 투명색으로 설정)

[슬라이드 1] ≪표지 디자인≫　40점

(1) 표지 디자인 : 도형, 워드숍 및 그림을 이용하여 작성한다.

세부조건

① 도형 편집
　– 도형에 그림 채우기 :
　　「내 PC\문서\ITQ\Picture\
　　그림3.jpg」, 투명도 50%
　– 도형 효과 : 옅은 테두리 5pt
② 워드숍
　– 변환 : 위로 기울기
　– 글꼴 : 궁서, 진하게
　– 반사 : 1/2 크기, 근접
③ 그림 삽입
　–「내 PC\문서\ITQ\Picture\
　　로고3.jpg」
　– 배경(연보라색) 투명한 색으로 설정

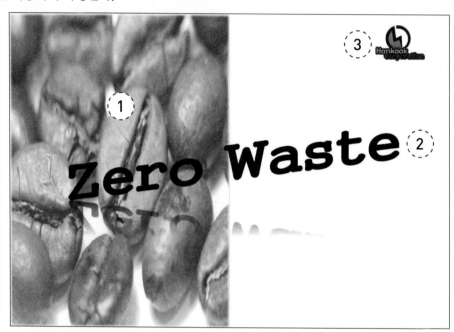

[슬라이드 2] ≪목차 슬라이드≫　60점

(1) 출력형태와 같이 도형을 이용하여 목차를 작성한다(글꼴 : 맑은 고딕, 24pt).

(2) 도형 : 선 없음

세부조건

① 텍스트에 하이퍼링크 적용
　→ '슬라이드 5'
② 그림 삽입
　–「내 PC\문서\ITQ\Picture\
　　그림4.jpg」
　– 자르기 기능 이용

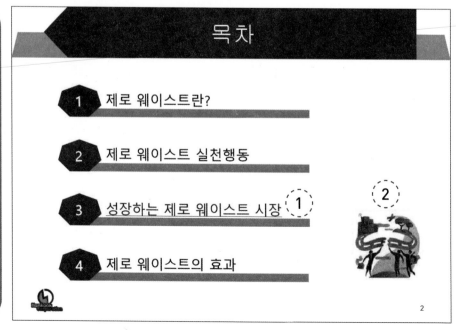

04 문제지의 지시사항 및 세부조건을 참고하여 《출력형태》에 알맞게 작업하시오.

· 소스파일 : 없음 · 정답파일 : [출제유형01]-정복01_완성04.show

(1) 슬라이드 크기 및 순서 : 크기를 A4 용지로 설정하고 슬라이드 순서에 맞게 작성한다.

(2) 슬라이드 마스터 : 2~6슬라이드의 제목, 하단 로고, 슬라이드 번호는 슬라이드 마스터를 이용하여 작성한다.
  − 제목 글꼴(굴림, 40pt, 흰색), 가운데 정렬, 도형(선 없음)
  − 하단 로고(「내 PC\문서\ITQ\Picture\로고1.jpg」, 배경(회색) 투명색으로 설정)

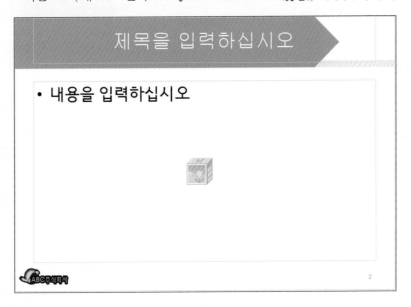

05 문제지의 지시사항 및 세부조건을 참고하여 《출력형태》에 알맞게 작업하시오.

· 소스파일 : 없음 · 정답파일 : [출제유형01]-정복01_완성05.show

(1) 슬라이드 크기 및 순서 : 크기를 A4 용지로 설정하고 슬라이드 순서에 맞게 작성한다.

(2) 슬라이드 마스터 : 2~6슬라이드의 제목, 하단 로고, 슬라이드 번호는 슬라이드 마스터를 이용하여 작성한다.
  − 제목 글꼴(굴림, 40pt, 흰색), 왼쪽 정렬, 도형(선 없음)
  − 하단 로고(「내 PC\문서\ITQ\Picture\로고3.jpg」, 배경(연보라) 투명색으로 설정)

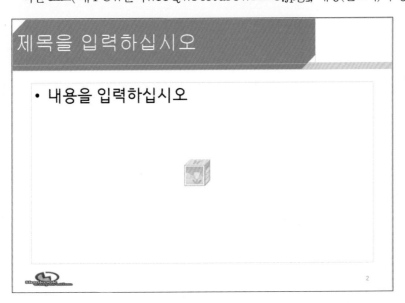

과목	코드	문제유형	시험시간	수험번호	성명
한쇼	1141	A	60분		

한컴 오피스

·수험자 유의사항·

- 수험자는 문제지를 받는 즉시 문제지와 **수험표상의 시험과목(프로그램)이 동일한지 반드시 확인**하여야 합니다.
- 파일명은 본인의 "수험번호-성명"으로 입력하여 답안폴더(내 PC₩문서₩ITQ)에 하나의 파일로 저장해야하며, 답안 문서 파일명이 "수험번호-성명"과 일치하지 않거나, 답안파일을 전송하지 않아 미제출로 처리될 경우 실격 처리합니다 (예 : 12345678-홍길동.show).
- 답안 작성을 마치면 파일을 저장하고, '답안 전송' 버튼을 선택하여 감독위원 PC로 답안을 전송하십시오. 수험생 정보와 저장한 파일명이 다를 경우 전송되지 않으므로 주의하시기 바랍니다.
- 답안 작성 중에도 **주기적으로 저장하고, '답안 전송'**하여야 문제 발생을 줄일 수 있습니다. 작업한 내용을 저장하지 않고 전송할 경우 이전에 저장된 내용이 전송되오니 이점 유의하시기 바랍니다.
- 답안문서는 지정된 경로 외의 다른 보조기억장치에 저장하는 경우, 지정된 시험 시간 외에 작성된 파일을 활용할 경우, 기타 통신수단(이메일, 메신저, 네트워크 등)을 이용하여 타인에게 전달 또는 외부 반출하는 경우는 부정 처리합니다.
- 시험 중 부주의 또는 고의로 시스템을 파손한 경우는 수험자가 변상해야 하며, 〈수험자 유의사항〉에 기재된 방법대로 이행하지 않아 생기는 불이익은 수험생 당사자의 책임임을 알려 드립니다.
- 문제의 조건은 한컴오피스 NEO(2016) 버전으로 설정되어 있으니 유의하시기 바랍니다.
- 시험을 완료한 수험자는 답안파일이 전송되었는지 확인한 후 감독위원의 지시에 따라 문제지를 제출하고 퇴실합니다.

·답안 작성요령·

- 온라인 답안 작성 절차
  수험자 등록 ⇒ 시험 시작 ⇒ 답안파일 저장 ⇒ 답안 전송 ⇒ 시험 종료
- 슬라이드의 크기는 A4 Paper로 설정하여 작성합니다.
- 슬라이드의 총 개수는 6개로 구성되어 있으며 슬라이드 1부터 순서대로 작업하고 반드시 문제와 세부 조건대로 합니다.
- 별도의 지시사항이 없는 경우 출력형태를 참조하여 글꼴색은 검정 또는 흰색으로 작성하고, 기타사항은 전체적인 균형을 고려하여 작성합니다.
- 슬라이드 도형 및 개체에 출력형태와 다른 스타일(그림자, 외곽선 등)을 적용했을 경우 감점처리 됩니다.
- 슬라이드 번호를 작성합니다(슬라이드 1에는 생략).
- 2~6번 슬라이드 제목 도형과 하단 로고는 슬라이드 마스터를 이용하여 출력형태와 동일하게 작성합니다(슬라이드 1에는 생략).
- 문제와 세부조건, 세부조건 번호 ○(점선원)는 입력하지 않습니다.
- 각 개체의 위치는 오른쪽의 슬라이드와 동일하게 구성합니다.
- 그림 삽입 문제의 경우 반드시 「내 PC₩문서₩ITQ₩Picture」 폴더에서 정확한 파일을 선택하여 삽입하십시오.
- 각 슬라이드를 각각의 파일로 작업해서 저장할 경우 실격 처리됩니다.

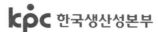

kpc 한국생산성본부

[슬라이드 1]《표지 디자인》

◎ 도형에 그림 채우기 및 도형 효과 지정하기   ◎ 워드숍 삽입하기
◎ 그림 삽입하기

· 문제 미리보기 ·

· 소스파일 : [출제유형02]– 유형02_문제.show   · 정답파일 : [출제유형02]– 유형02_완성.show

◆ [슬라이드 1]《표지 디자인》(40점)

(1) 표지 디자인 : 도형, 워드숍 및 그림을 이용하여 작성한다.

◆ 세부 조건

① 도형 편집

– 도형에 그림 채우기 :
「내 PC₩문서₩ITQ₩Picture₩
그림3.jpg」, 투명도 50%
– 도형 효과 : 옅은 테두리 5pt

② 워드숍

– 변환 : 갈매기형 수장
– 글꼴 : 궁서, 진하게
– 반사 : 1/2 크기, 4 pt

③ 그림 삽입

– 「내 PC₩문서₩ITQ
₩Picture₩로고2.jpg」
– 배경(회색) 투명한 색으로 설정

· 새롭게 변경된 시험에서는 점 편집 대신 도형을 그린 후 그림을 채우고 투명도 50%를 지정하는 형태로 변경되었습니다.
· 문제지의 제시된 도형의 종류를 확인하고 작업하는 것이 중요합니다.

(1) 차트 작성 기능을 이용하여 슬라이드를 작성한다.
(2) 차트 : 유형(표식이 있는 꺾은선형), 글꼴(굴림, 16pt), 외곽선
(3) 표 : 차트 하단에 이미지와 같이 표 그리기

세부조건

※ 차트설명
　• 차트제목 : 궁서, 20pt,
　　진하게, 채우기(하양), 테두리,
　　그림자(대각선 오른쪽 아래)
　• 범례 위치 : 아래쪽
　• 전체배경 : 채우기(노랑)
　• 값 표시 : 시설원예(ha) 계열만
① 도형 삽입
　– 스타일 : 밝은 계열 – 강조1
　– 글꼴 : 맑은 고딕, 18pt

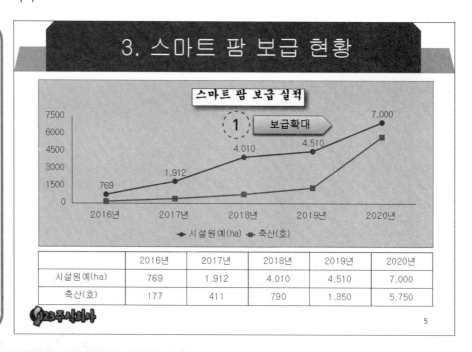

(1) 슬라이드와 같이 도형을 배치한다(글꼴 : 맑은 고딕, 18pt).
(2) 애니메이션 순서 : ① ⇒ ②

세부조건

① 도형 편집
　– 그룹화 후 애니메이션 효과 :
　　모자이크(세로)
② 도형 편집
　– 그룹화 후 애니메이션 효과 :
　　바운드

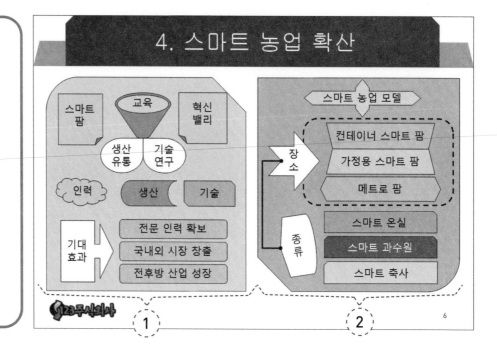

도형에 그림 채우기 : 「내 PC₩문서₩ITQ₩Picture₩그림3.jpg」, 투명도 50%
도형 효과 : 옅은 테두리 5pt

❶ '유형02_문제.show' 파일을 불러와 [슬라이드 1]을 클릭한 후 작업합니다.

※ 파일 불러오기 : [파일]-[불러오기]([Alt]+[O])를 클릭한 후 [불러오기] 대화상자에서 파일을 선택합니다.

❷ [Ctrl]+[A] 키(또는 [편집] 탭에서 목록 단추(▼)를 눌러 '모두 선택' 클릭)를 눌러 글상자를 모두 선택하고 [Delete] 키를 눌러 삭제합니다.

❸ [입력] 탭에서 '도형' 이미지 꾸러미의 자세히 단추(↓)를 눌러 '사각형'-'**직사각형(□)**'을 클릭합니다.

❹ 마우스 포인터가 [+]모양으로 변경되면 드래그하여 도형을 삽입합니다. 이어서, 조절점(◆▶)을 드래그하여 《출력형태》와 같이 크기를 조절한 후 위치를 변경합니다.

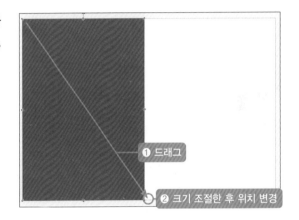

❺ 도형에 그림을 채우기 위해 [도형(🖼)] 탭에서 '채우기 색(🎨·)'의 목록 단추(▼)를 눌러 '**그림**'을 클릭합니다.

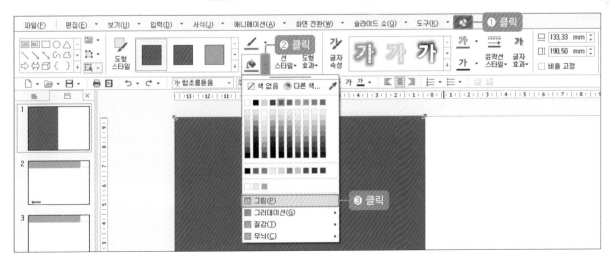

(1) 텍스트 작성 : 글머리 기호 사용(◆, ✓)

◆ 문단(굴림, 24pt, 굵게, 줄간격 : 1.5줄), ✓문단(굴림, 20pt, 줄간격 : 1.5줄)

세부조건

① 동영상 삽입 :
 - 「내 PC\문서\ITQ\Picture\동영상.wmv」
 - 자동 실행, 반복 재생 설정

1. 스마트 팜이란?

◆ Smart Farm

　✓ Remotely and automatically control and manage the cultivation environment of crops and livestock via smart phone and computer by incorporating ICT into green

◆ 스마트 팜의 운영 원리와 적용분야

　✓ 정보통신기술, 바이오기술, 녹색기술 등을 농업에 접목하여 지능화한 스마트 농업기술

　✓ 원격으로 작물과 가축을 관리할 수 있는 시스템

123주식회사

3

(1) 도형과 표 작성 기능을 이용하여 슬라이드를 작성한다(글꼴 : 맑은 고딕, 18pt).

세부조건

① 상단 도형 :
　2개 도형의 조합으로 작성

② 좌측 도형 :
　그라데이션 효과(선형 위쪽)

③ 표 스타일 :
　보통 스타일 4 - 강조 4

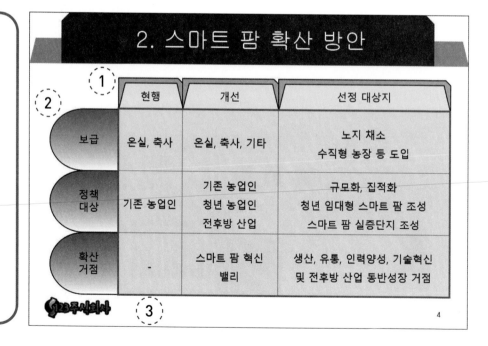

2. 스마트 팜 확산 방안

	현행	개선	선정 대상지
보급	온실, 축사	온실, 축사, 기타	노지 채소 수직형 농장 등 도입
정책 대상	기존 농업인	기존 농업인 청년 농업인 전후방 산업	규모화, 집적화 청년 임대형 스마트 팜 조성 스마트 팜 실증단지 조성
확산 거점	-	스마트 팜 혁신 밸리	생산, 유통, 인력양성, 기술혁신 및 전후방 산업 동반성장 거점

123주식회사

4

⑥ [그림 넣기] 대화상자가 나오면 [소스 및 정답]–[Picture]–'**그림3**'을 선택한 후 〈넣기〉 단추를 클릭합니다. 《출력형태》와 같이 도형 안에 그림을 표시하기 위해 도형을 더블 클릭합니다.

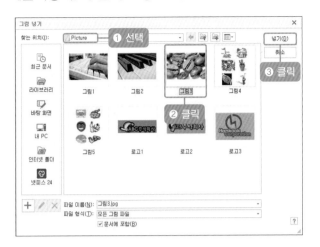 

⑦ [개체 속성] 대화상자가 나오면 [채우기] 탭을 클릭합니다. '질감/그림'에서 '투명도'–'50'을 입력하고 '배열'–'**늘이기**'를 클릭하고 〈설정〉 단추를 클릭합니다. 《출력형태》와 같이 도형 안에 채워진 그림을 확인합니다.

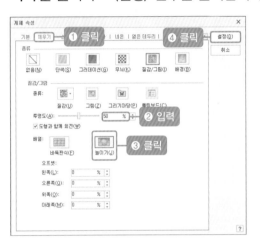 

⑧ 도형이 선택된 상태에서 [도형( )] 탭에서 '도형 효과'–'옅은 테두리'–'5pt'를 클릭합니다.

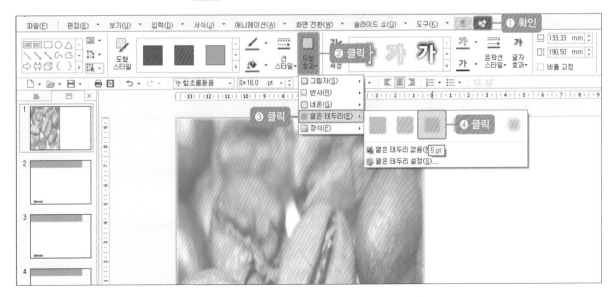

[전체구성]　60점

(1) 슬라이드 크기 및 순서 : 크기를 A4 용지로 설정하고 슬라이드 순서에 맞게 작성한다.
(2) 슬라이드 마스터 : 2~6슬라이드의 제목, 하단 로고, 슬라이드 번호는 슬라이드 마스터를 이용하여 작성한다.
　　　　　 – 제목 글꼴(굴림, 40pt, 흰색), 가운데 정렬, 도형(선 없음)
　　　　　 – 하단 로고(「내 PC₩문서₩ITQ₩Picture₩로고2.jpg」, 배경(회색) 투명색으로 설정)

[슬라이드 1] ≪표지 디자인≫　40점

(1) 표지 디자인 : 도형, 워드숍 및 그림을 이용하여 작성한다.

세부조건

① 도형 편집
　– 도형에 그림 채우기 :
　　「내 PC₩문서₩ITQ₩Picture₩
　　그림2.jpg」, 투명도 50%
　– 도형 효과 : 옅은 테두리 5pt
② 워드숍
　– 변환 : 갈매기형 수장
　– 글꼴 : 궁서, 진하게
　– 반사 : 1/2 크기, 근접
③ 그림 삽입
　–「내 PC₩문서₩ITQ₩Picture₩
　　로고2.jpg」
　– 배경(회색) 투명한 색으로 설정

[슬라이드 2] ≪목차 슬라이드≫　60점

(1) 출력형태와 같이 도형을 이용하여 목차를 작성한다(글꼴 : 맑은 고딕, 24pt).
(2) 도형 : 선 없음

세부조건

① 텍스트에 하이퍼링크 적용
　→ '슬라이드 6'
② 그림 삽입
　–「내 PC₩문서₩ITQ₩Picture₩
　　그림4.jpg」
　– 자르기 기능 이용

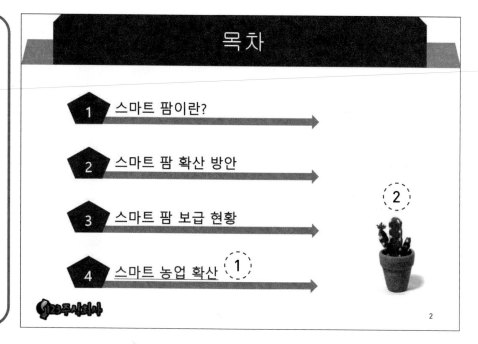

❶ [입력] 탭에서 '워드숍'-'**가**'(채우기 – 강조 1, 윤곽 – 강조 1(어두운 계열))'을 클릭합니다.

※ 워드숍은 효과가 거의 없는 유형을 선택합니다.

❷ '내용을 입력하세요.'라는 문구가 블록으로 지정된 상태에서 'Let's go Italia'를 입력한 후 Esc 키를 누릅니다.

❸ 워드숍의 글꼴을 변경하기 위해 서식 도구 상자에서 '글꼴(궁서), 진하게(**가**)'를 지정합니다.

과목	코드	문제유형	시험시간	수험번호	성명
한쇼	1141	A	60분		

한컴 오피스

·수험자 유의사항·

- 수험자는 문제지를 받는 즉시 문제지와 **수험표상의 시험과목(프로그램)이 동일한지 반드시 확인**하여야 합니다.
- 파일명은 본인의 "수험번호-성명"으로 입력하여 답안폴더(내 PC₩문서₩ITQ)에 하나의 파일로 저장해야하며, 답안 문서 파일명이 "수험번호-성명"과 일치하지 않거나, 답안파일을 전송하지 않아 미제출로 처리될 경우 실격 처리합니다 (예 : 12345678-홍길동.show).
- 답안 작성을 마치면 파일을 저장하고, '답안 전송' 버튼을 선택하여 감독위원 PC로 답안을 전송하십시오. 수험생 정보와 저장 한 파일명이 다를 경우 전송되지 않으므로 주의하시기 바랍니다.
- 답안 작성 중에도 **주기적으로 저장하고, '답안 전송'**하여야 문제 발생을 줄일 수 있습니다. 작업한 내용을 저장하지 않고 전송 할 경우 이전에 저장된 내용이 전송되오니 이점 유의하시기 바랍니다.
- 답안문서는 지정된 경로 외의 다른 보조기억장치에 저장하는 경우, 지정된 시험 시간 외에 작성된 파일을 활용할 경우, 기타 통신수단(이메일, 메신저, 네트워크 등)을 이용하여 타인에게 전달 또는 외부 반출하는 경우는 부정 처리합니다.
- 시험 중 부주의 또는 고의로 시스템을 파손한 경우는 수험자가 변상해야 하며, 〈수험자 유의사항〉에 기재된 방법대로 이행하 지 않아 생기는 불이익은 수험생 당사자의 책임임을 알려 드립니다.
- 문제의 조건은 한컴오피스 NEO(2016) 버전으로 설정되어 있으니 유의하시기 바랍니다.
- 시험을 완료한 수험자는 답안파일이 전송되었는지 확인한 후 감독위원의 지시에 따라 문제지를 제출하고 퇴실합니다.

·답안 작성요령·

- 온라인 답안 작성 절차

  수험자 등록 ⇒ 시험 시작 ⇒ 답안파일 저장 ⇒ 답안 전송 ⇒ 시험 종료
- 슬라이드의 크기는 A4 Paper로 설정하여 작성합니다.
- 슬라이드의 총 개수는 6개로 구성되어 있으며 슬라이드 1부터 순서대로 작업하고 반드시 문제와 세부 조건대로 합니다.
- 별도의 지시사항이 없는 경우 출력형태를 참조하여 글꼴색은 검정 또는 흰색으로 작성하고, 기타사항은 전체적인 균형을 고려하여 작성합니다.
- 슬라이드 도형 및 개체에 출력형태와 다른 스타일(그림자, 외곽선 등)을 적용했을 경우 감점처리 됩니다.
- 슬라이드 번호를 작성합니다(슬라이드 1에는 생략).
- 2~6번 슬라이드 제목 도형과 하단 로고는 슬라이드 마스터를 이용하여 출력형태와 동일하게 작성합니다(슬라이드 1에는 생략).
- 문제와 세부조건, 세부조건 번호 ◌(점선원)는 입력하지 않습니다.
- 각 개체의 위치는 오른쪽의 슬라이드와 동일하게 구성합니다.
- 그림 삽입 문제의 경우 반드시 「내 PC₩문서₩ITQ₩Picture」 폴더에서 정확한 파일을 선택하여 삽입하십시오.
- 각 슬라이드를 각각의 파일로 작업해서 저장할 경우 실격 처리됩니다.

kpc 한국생산성본부

④ [도형( )] 탭에서 '글자 속성'을 클릭합니다.

※ 워드숍의 채우기 색상은 '검정(RGB: 0,0,0)', 윤곽선은 '없음'을 지정합니다

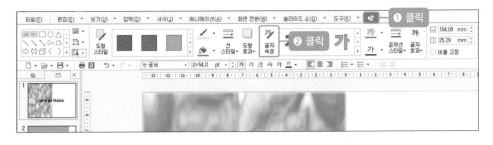

⑤ [글자 속성] 대화상자가 나오면 [채우기] 탭에서 '단색'의 '색'에서 '검정(RGB: 0,0,0)'을 선택합니다.

⑥ [선] 탭을 클릭하고 '선 색'에서 '없음'을 선택하고 〈설정〉 단추를 클릭합니다.

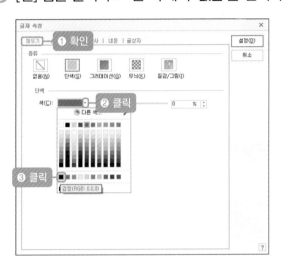
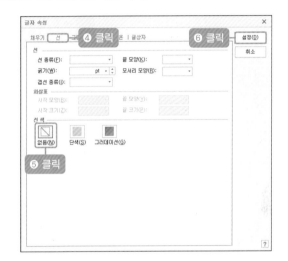

⑦ [도형( )] 탭에서 '글자 효과'–'반사'–'1/2크기, 4 pt'를 클릭합니다.

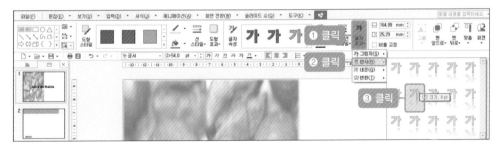

⑧ [도형( )] 탭에서 '글자 효과'–'변환'–'갈매기형 수장'을 클릭합니다.

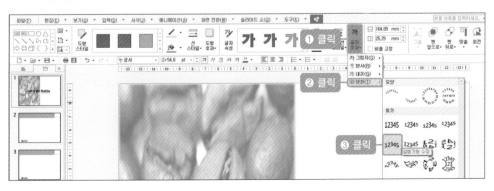

PART 04

최신유형
기출문제

⑨ 조절점(◆)을 드래그하여 《출력형태》와 같이 크기를 조절한 후 위치를 변경합니다.

크기 조절한 후 위치 변경

「내 PC\문서\ITQ\Picture\로고2.jpg」
배경(회색) 투명한 색으로 설정

유형 03 그림 삽입

① [입력] 탭에서 '그림(◻)'을 클릭합니다. 이어서 [그림 넣기] 대화상자가 나오면 [소스 및 정답]-[Picture]-'로고 2'를 선택한 후 〈넣기〉 단추를 클릭합니다.

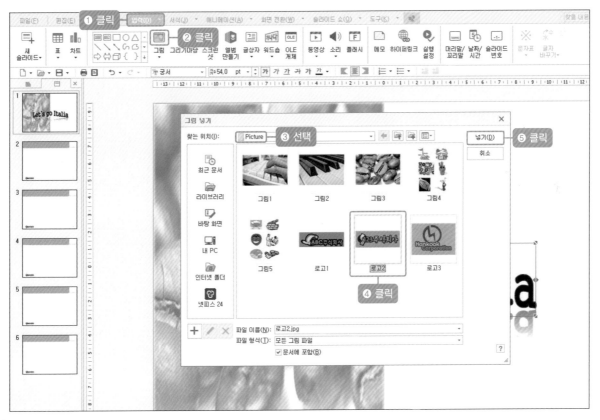

그림 삽입하기

시험장에서는 감독위원의 지시에 따라 [내 PC\문서\ITQ\Picture] 폴더에 있는 그림을 이용합니다.

MEMO

❷ 그림이 삽입되면 [그림( )] 탭에서 '색조 조정'–'**투명한 색 설정**'을 클릭합니다.

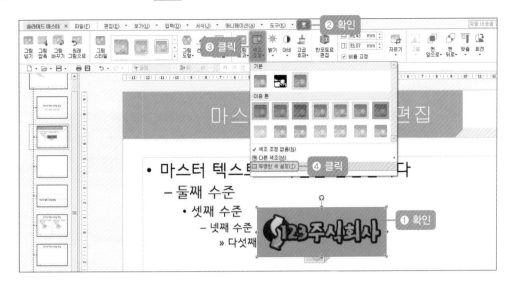

❸ 마우스 포인터 모양이 로 변경되면 삽입된 그림의 회색 부분을 클릭하여 투명하게 처리합니다.

❹ 로고의 배경이 투명하게 변경되면 조절점( )을 드래그하여 《출력형태》와 같이 크기를 조절한 후 위치를 변경합니다.

❺ 《출력형태》와 같이 도형과 워드숍, 그림(로고)의 배치가 잘 되었는지 확인하고 [**파일**]–[**저장하기**]([Ctrl]+[S]) 또는 서식 도구 상자에서 '**저장하기**( )'를 클릭합니다.

※ 실제 시험을 볼 때 작업 도중에 수시로(10분에 한 번 정도) 저장을 하는 것이 좋습니다.

시험
분석

[슬라이드 1] 《표지 디자인》

- 도형에 그림 채우기 : 문제지에 제시된 도형의 종류를 확인하고 그림 채우기를 합니다. 그림 채우기할 때 《출력형태》를 참고하여 도형에 채워진 그림 모양을 꼭 확인합니다.
- 워드숍 : 워드숍 모양은 '갈매기형 수장, 역삼각형, 왼쪽 줄이기, 휘어 올라가기, 휘어 내려가기, 아래쪽 수축 팽창' 등이 출제되었습니다.

[슬라이드 5] ≪차트 슬라이드≫   100점

(1) 차트 작성 기능을 이용하여 슬라이드를 작성한다.
(2) 차트 : 유형(표식이 있는 꺾은선형), 글꼴(맑은 고딕, 16pt), 외곽선
(3) 표 : 차트 하단에 이미지와 같이 표 그리기

세부조건

※ 차트설명
- 차트제목 : 궁서, 20pt, 진하게, 채우기(하양), 테두리, 그림자(대각선 오른쪽 아래)
- 범례 위치 : 아래쪽
- 전체배경 : 채우기(노랑)
- 값 표시 : 2016-18년 계열의 한국 요소만
① 도형 편집
 – 스타일 : 밝은 계열 – 강조2
 – 글꼴 : 굴림, 16pt

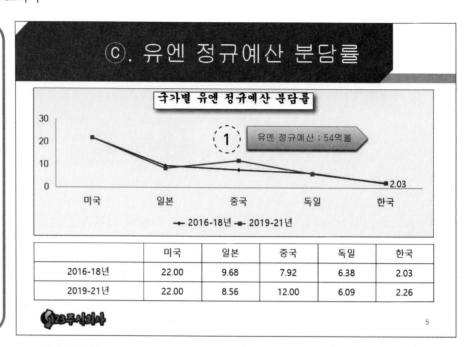

	미국	일본	중국	독일	한국
2016-18년	22.00	9.68	7.92	6.38	2.03
2019-21년	22.00	8.56	12.00	6.09	2.26

[슬라이드 6] ≪도형 슬라이드≫   100점

(1) 슬라이드와 같이 도형을 배치한다(글꼴 : 함초롬돋움, 18pt).
(2) 애니메이션 순서 : ① ⇒ ②

세부조건

① 도형 편집
 – 그룹화 후 애니메이션 효과
  : 바운드
② 도형 편집
 – 그룹화 후 애니메이션 효과
  : 블라인드(세로)

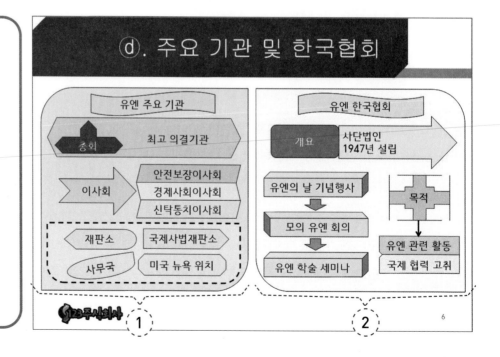

[슬라이드 1] 《표지 디자인》

01 문제지의 지시사항 및 세부조건을 참고하여 《출력형태》에 알맞게 작업하시오.

• 소스파일 : [출제유형02]-정복02_문제01.show　　• 정답파일 : [출제유형02]-정복02_완성01.show

◆ **[슬라이드 1] 《표지 디자인》 (40점)**

(1) 표지 디자인 : 도형, 워드숍 및 그림을 이용하여 작성한다.

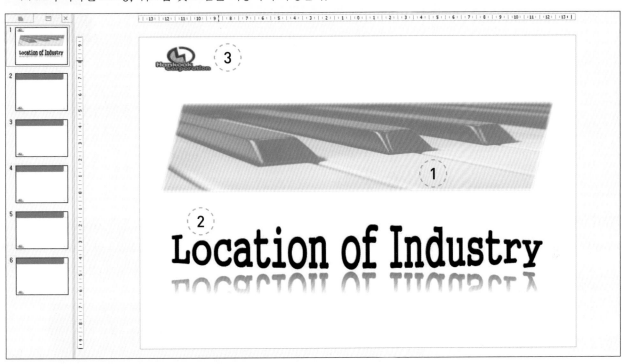

◆ **세부 조건**

① **도형 편집**

- 도형에 그림 채우기 :
「내 PC₩문서₩ITQ₩
Picture₩그림2.jpg」
투명도 50%

- 도형 효과 : 옅은 테두리 5pt

② **워드숍**

- 변환 : 팽창
- 글꼴 : 궁서, 진하게
- 반사 : 1/2 크기, 4 pt

③ **그림 삽입**

-「내 PC₩문서₩ITQ₩Picture₩
로고2.jpg」

- 배경(연보라색) 투명한 색으로 설정

(1) 텍스트 작성 : 글머리 기호 사용(◆, ✓)
　　◆문단(굴림, 24pt, 굵게, 줄간격 : 1.5줄), ✓문단(굴림, 20pt, 줄간격 : 1.5줄)

세부조건

① 동영상 삽입 :
 – 「내 PC₩문서₩ITQ₩Picture₩
  동영상.wmv」
 – 자동실행, 반복재생 설정

ⓐ. 국제연합(유엔)

◆ United Nations(US)

　✓ The United Nations is an international organization
　　founded in 1945 after the Second World War

　✓ Its role is to encourage international peace, co-
　　operation, and friendship

①

◆ 유엔의 설립 목적

　✓ 1945년 10월 24일 설립된 국제 연합은 거의 모든 나라와 민족을 아우
　　르는 국제기구로서 국제법, 국제적 안보 공조, 경제개발 협력 증진,
　　인권 개선으로 세계 평화 유지를 목적으로 함

23주식회사　　3

(1) 도형과 표 작성 기능을 이용하여 슬라이드를 작성한다(글꼴 : 맑은 고딕, 18pt).

세부조건

① 상단 도형 :
　2개 도형의 조합으로 작성
② 좌측 도형 :
　그라데이션 효과(선형 위쪽)
③ 표 스타일 :
　보통 스타일 4 – 강조 4

ⓑ. 유엔 산하 국제기구

② ①

	명칭	설립일	설립목적
전문기구	국제노동기구 (ILO)	1919년	노동자의 노동 조건 개선 및 지위 향상
	세계보건기구 (WHO)	1948년	세계의 모든 사람들이 가능한 한 최고 의 건강 수준에 도달하는 것
기금 및 사업기구	국제연합아동기금 (UNICEF)	1946년	세계 어린이들의 구호 및 인권 증진
	국제연합환경계획 (UNEP)	1972년	지구 환경 분야에서 국제적인 협력

23주식회사 ③　　4

02 문제지의 지시사항 및 세부조건을 참고하여 《출력형태》에 알맞게 작업하시오.

· 소스파일 : [출제유형02]−정복02_문제02.show · 정답파일 : [출제유형02]−정복02_완성02.show

◆ [슬라이드 1] 《표지 디자인》 (40점)

(1) 표지 디자인 : 도형, 워드숍 및 그림을 이용하여 작성한다.

세부조건
① **도형 편집**
– 도형에 그림 채우기 : 「내 PC₩문서₩ITQ₩Picture₩ 그림3.jpg」, 투명도 50%
– 도형 효과 : 옅은 테두리 5pt
② **워드숍**
– 변환 : 역삼각형
– 글꼴 : 궁서, 진하게
– 반사 : 1/2 크기, 근접
③ **그림 삽입**
– 「내 PC₩문서₩ITQ₩Picture₩ 로고1.jpg」
– 배경(회색) 투명한 색으로 설정

03 문제지의 지시사항 및 세부조건을 참고하여 《출력형태》에 알맞게 작업하시오.

· 소스파일 : [출제유형02]−정복02_문제03.show · 정답파일 : [출제유형02]−정복02_완성03.show

◆ [슬라이드 1] 《표지 디자인》 (40점)

(1) 표지 디자인 : 도형, 워드숍 및 그림을 이용하여 작성한다.

세부조건
① **도형 편집**
– 도형에 그림 채우기 : 「내 PC₩문서₩ITQ₩Picture₩ 그림1.jpg」, 투명도 50%
– 도형 효과 : 옅은 테두리 5pt
② **워드숍**
– 변환 : 휘어 올라가기
– 글꼴 : 궁서, 진하게
– 반사 : 전체 반사, 8 pt
③ **그림 삽입**
– 「내 PC₩문서₩ITQ₩Picture₩ 로고3.jpg」
– 배경(연보라) 투명한 색으로 설정

[전체구성] 60점

(1) 슬라이드 크기 및 순서 : 크기를 A4 용지로 설정하고 슬라이드 순서에 맞게 작성한다.

(2) 슬라이드 마스터 : 2~6슬라이드의 제목, 하단 로고, 슬라이드 번호는 슬라이드 마스터를 이용하여 작성한다.

　　 – 제목 글꼴(굴림, 40pt, 흰색), 가운데 정렬, 도형(선 없음)

　　 – 하단 로고(「내 PC₩문서₩ITQ₩Picture₩로고2.jpg」, 배경(회색) 투명색으로 설정)

[슬라이드 1] ≪표지 디자인≫ 40점

(1) 표지 디자인 : 도형, 워드숍 및 그림을 이용하여 작성한다.

세부조건

① 도형 편집
 – 도형에 그림 채우기 :
　「내 PC₩문서₩ITQ₩Picture₩
　그림1.jpg」, 투명도 50%
 – 도형 효과 : 옅은 테두리 5pt

② 워드숍
 – 변환 : 역갈매기형 수장
 – 글꼴 : 궁서, 진하게
 – 반사 : 1/2크기, 4 pt

③ 그림 삽입
 –「내 PC₩문서₩ITQ₩Picture₩
　로고2.jpg」
 – 배경(회색) 투명한 색으로 설정

[슬라이드 2] ≪목차 슬라이드≫ 60점

(1) 출력형태와 같이 도형을 이용하여 목차를 작성한다(글꼴 : 맑은 고딕, 24pt).

(2) 도형 : 선 없음

세부조건

① 텍스트에 하이퍼링크 적용
　→ '슬라이드 5'

② 그림 삽입
 –「내 PC₩문서₩ITQ₩Picture₩
　그림4.jpg」
 – 자르기 기능 이용

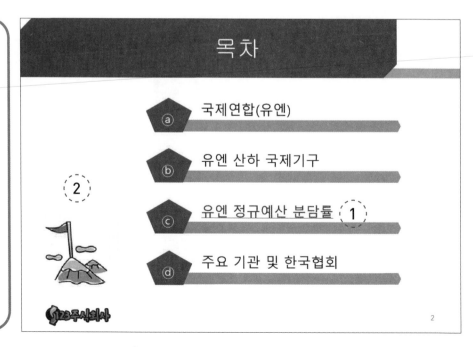

04 문제지의 지시사항 및 세부조건을 참고하여 《출력형태》에 알맞게 작업하시오.

• 소스파일 : [출제유형02]-정복02_문제04.show • 정답파일 : [출제유형02]-정복02_완성04.show

◆ [슬라이드 1] 《표지 디자인》 (40점)

(1) 표지 디자인 : 도형, 워드숍 및 그림을 이용하여 작성한다.

세부조건
① **도형 편집** – 도형에 그림 채우기 : 「내 PC₩문서₩ITQ₩Picture₩ 그림3.jpg」, 투명도 50% – 도형 효과 : 옅은 테두리 5pt ② **워드숍** – 변환 : 역갈매기형 수장 – 글꼴 : 궁서, 진하게 – 반사 : 1/3 크기, 8 pt ③ **그림 삽입** – 「내 PC₩문서₩ITQ₩Picture₩ 로고1.jpg」 – 배경(회색) 투명한 색으로 설정

---

05 문제지의 지시사항 및 세부조건을 참고하여 《출력형태》에 알맞게 작업하시오.

• 소스파일 : [출제유형02]-정복02_문제05.show • 정답파일 : [출제유형02]-정복02_완성05.show

◆ [슬라이드 1] 《표지 디자인》 (40점)

(1) 표지 디자인 : 도형, 워드숍 및 그림을 이용하여 작성한다.

세부조건
① **도형 편집** – 도형에 그림 채우기 : 「내 PC₩문서₩ITQ₩Picture₩ 그림1.jpg」, 투명도 50% – 도형 효과 : 옅은 테두리 5pt ② **워드숍** – 변환 : 아래쪽 수축 – 글꼴 : 궁서, 진하게 – 반사 : 1/2 크기, 4 pt ③ **그림 삽입** – 「내 PC₩문서₩ITQ₩Picture₩ 로고3.jpg」 – 배경(연보라) 투명한 색으로 설정

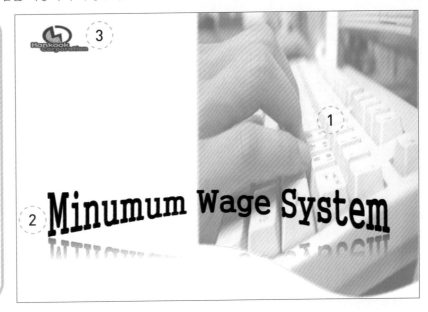

과목	코드	문제유형	시험시간	수험번호	성명
한쇼	1141	A	60분		

한컴 오피스

·수험자 유의사항·

- 수험자는 문제지를 받는 즉시 문제지와 **수험표상의 시험과목(프로그램)이 동일한지 반드시 확인**하여야 합니다.
- 파일명은 본인의 "수험번호–성명"으로 입력하여 답안폴더(내 PC₩문서₩ITQ)에 하나의 파일로 저장해야하며, 답안 문서 파일명이 "수험번호–성명"과 일치하지 않거나, 답안파일을 전송하지 않아 미제출로 처리될 경우 실격 처리합니다 (예 : 12345678–홍길동.show).
- 답안 작성을 마치면 파일을 저장하고, '답안 전송' 버튼을 선택하여 감독위원 PC로 답안을 전송하십시오. 수험생 정보와 저장한 파일명이 다를 경우 전송되지 않으므로 주의하시기 바랍니다.
- 답안 작성 중에도 **주기적으로 저장하고, '답안 전송'**하여야 문제 발생을 줄일 수 있습니다. 작업한 내용을 저장하지 않고 전송할 경우 이전에 저장된 내용이 전송되오니 이점 유의하시기 바랍니다.
- 답안문서는 지정된 경로 외의 다른 보조기억장치에 저장하는 경우, 지정된 시험 시간 외에 작성된 파일을 활용할 경우, 기타 통신수단(이메일, 메신저, 네트워크 등)을 이용하여 타인에게 전달 또는 외부 반출하는 경우는 부정 처리합니다.
- 시험 중 부주의 또는 고의로 시스템을 파손한 경우는 수험자가 변상해야 하며, 〈수험자 유의사항〉에 기재된 방법대로 이행하지 않아 생기는 불이익은 수험생 당사자의 책임임을 알려 드립니다.
- 문제의 조건은 한컴오피스 NEO(2016) 버전으로 설정되어 있으니 유의하시기 바랍니다.
- 시험을 완료한 수험자는 답안파일이 전송되었는지 확인한 후 감독위원의 지시에 따라 문제지를 제출하고 퇴실합니다.

·답안 작성요령·

- 온라인 답안 작성 절차
  수험자 등록 ⇒ 시험 시작 ⇒ 답안파일 저장 ⇒ 답안 전송 ⇒ 시험 종료
- 슬라이드의 크기는 A4 Paper로 설정하여 작성합니다.
- 슬라이드의 총 개수는 6개로 구성되어 있으며 슬라이드 1부터 순서대로 작업하고 반드시 문제와 세부 조건대로 합니다.
- 별도의 지시사항이 없는 경우 출력형태를 참조하여 글꼴색은 검정 또는 흰색으로 작성하고, 기타사항은 전체적인 균형을 고려하여 작성합니다.
- 슬라이드 도형 및 개체에 출력형태와 다른 스타일(그림자, 외곽선 등)을 적용했을 경우 감점처리 됩니다.
- 슬라이드 번호를 작성합니다(슬라이드 1에는 생략).
- 2~6번 슬라이드 제목 도형과 하단 로고는 슬라이드 마스터를 이용하여 출력형태와 동일하게 작성합니다(슬라이드 1에는 생략).
- 문제와 세부조건, 세부조건 번호 ○(점선원)는 입력하지 않습니다.
- 각 개체의 위치는 오른쪽의 슬라이드와 동일하게 구성합니다.
- 그림 삽입 문제의 경우 반드시 「내 PC₩문서₩ITQ₩Picture」 폴더에서 정확한 파일을 선택하여 삽입하십시오.
- 각 슬라이드를 각각의 파일로 작업해서 저장할 경우 실격 처리됩니다.

kpc 한국생산성본부

[슬라이드 2] 《목차 슬라이드》

출제유형
03

○ 도형으로 목차 만들기　　　　　　○ 텍스트에 하이퍼링크 적용하기
○ 그림 삽입한 후 자르기

· 문제 미리보기 ·　　　　· 소스파일 : [출제유형03]- 유형03_문제.show　　· 정답파일 : [출제유형03]- 유형03_완성.show

◆ [슬라이드 2] 《목차 슬라이드》 (60점)

　(1) 출력형태와 같이 도형을 이용하여 목차를 작성한다(글꼴 : 맑은 고딕, 24pt)

　┌─────────────┐
　│ (2) 도형 : 선 없음 │　──→ 새롭게 변경된 시험에서는 목차 도형에 선 없음을 지정하고 목차 번호 글꼴 색이 하양으로 출제될 수 있습니다.
　└─────────────┘　　　· 목차 번호는 숫자 외에 로마자(Ⅰ, ⅰ)나 영문자(A), 원번호(①, ⓐ) 등을 입력하는 문제가 출제될 수 있습니다.

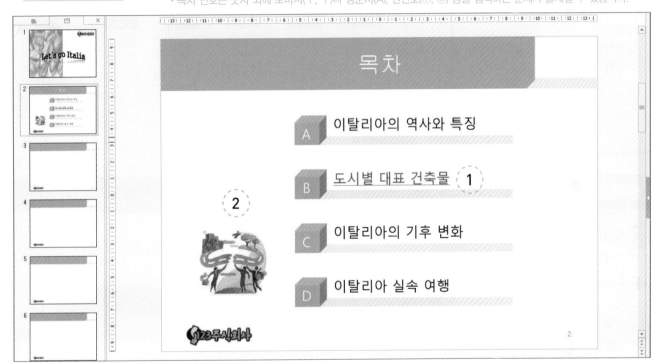

◆ 세부 조건

　① 텍스트에 하이퍼링크 적용　　　　　　② 그림 삽입

　　→ '슬라이드 4'　　　　　　　　　　　– 「내 PC₩문서₩ITQ₩Picture₩그림4.jpg」

　　　　　　　　　　　　　　　　　　　– 자르기 기능 이용

(1) 차트 작성 기능을 이용하여 슬라이드를 작성한다.
(2) 차트 : 유형(묶은 세로 막대형), 글꼴(맑은 고딕, 16pt), 외곽선
(3) 표 : 차트 하단에 이미지와 같이 표 그리기

세부조건

※ 차트설명
- 차트제목 : 궁서, 20pt, 진하게, 채우기(하양), 테두리, 그림자(대각선 오른쪽 아래)
- 범례 위치 : 오른쪽
- 전체배경 : 채우기(노랑)
- 값 표시 : 블로그(%) 계열의 2019년 요소만

① 도형 편집
 - 스타일 : 밝은 계열 – 강조3
 - 글꼴 : 굴림, 16pt

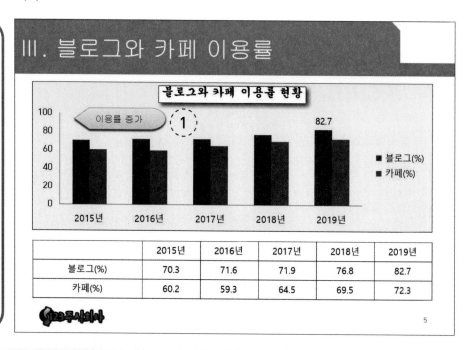

	2015년	2016년	2017년	2018년	2019년
블로그(%)	70.3	71.6	71.9	76.8	82.7
카페(%)	60.2	59.3	64.5	69.5	72.3

(1) 슬라이드와 같이 도형을 배치한다(글꼴 : 맑은 고딕, 18pt).
(2) 애니메이션 순서 : ① ⇒ ②

세부조건

① 도형 편집
 - 그룹화 후 애니메이션 효과
   : 블라인드(세로)
② 도형 편집
 - 그룹화 후 애니메이션 효과
   : 사각형(밖으로)

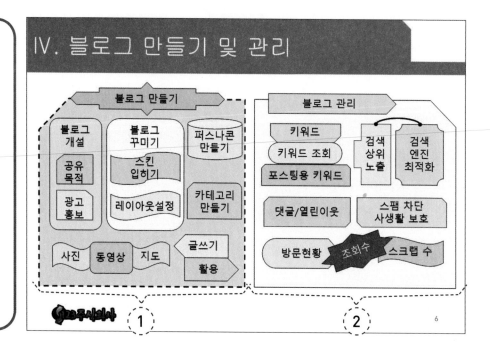

■ 제목 입력하기

① '유형03_문제.show' 파일을 불러와 [슬라이드 2]를 클릭한 후 작업합니다.

※ 파일 불러오기 : [파일]-[불러오기]([Alt]+[O])를 클릭한 후 [불러오기] 대화상자에서 파일을 선택합니다.

② 슬라이드 상단에 '제목을 입력하십시오'를 클릭한 후 **'목차'**를 입력합니다.

※ 슬라이드 마스터에서 작업한 제목 도형의 글꼴 속성은 '굴림, 40pt, 하양'으로 지정되어 있습니다. 만약, 글꼴을 잘못 지정했을 경우에는 [보기] 탭에서 '슬라이드 마스터'를 클릭하여 수정합니다.

③ '내용을 입력하십시오' 글상자의 테두리를 클릭한 후 [Delete] 키를 눌러 삭제합니다.

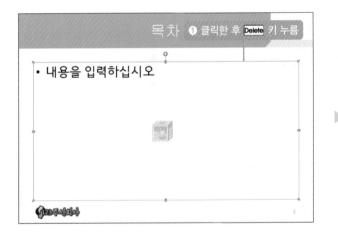
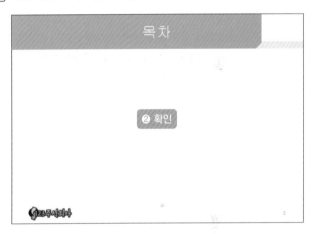

■ 목차 도형 작성하기(왼쪽의 숫자 도형)

① [입력] 탭에서 '도형' 이미지 꾸러미의 자세히 단추([↓])를 눌러 '기본 도형'-**'정육면체([▱])'**을 클릭합니다.

② 마우스 포인터가 [+]모양으로 변경되면 드래그하여 도형을 삽입합니다. 이어서, 조절점([◆▶])을 드래그하여 《출력형태》와 같이 크기를 조절한 후 위치를 변경합니다.

(1) 텍스트 작성 : 글머리 기호 사용(❖, •)

    ❖문단(굴림, 24pt, 굵게, 줄간격 : 1.5줄), • 문단(굴림, 20pt, 줄간격 : 1.5줄)

세부조건

① 동영상 삽입 :
  - 「내 PC\문서\ITQ\Picture\동영상.wmv」
  - 자동실행, 반복재생 설정

Ⅰ. 블로그의 이해

❖ What is a weblog?

- A weblog is Web site that consists of a series of entries arranged in reverse chronological drder
- The information can be written by the site owner, gleaned from other Web sites or other sources

①

❖ 블로그의 의미?

- 블로그란 웹(web)과 항해 일지를 뜻하는 로그(log)의 합성어를 줄인 신조어로 자신의 관심사에 따라 자신의 일상이나 사회적인 이슈까지 글과 사진, 동영상 등을 자유롭게 올릴 수 있는 웹 사이트

123주식회사   3

---

(1) 도형과 표 작성 기능을 이용하여 슬라이드를 작성한다(글꼴 : 맑은 고딕, 18pt).

세부조건

① 상단 도형 :
   2개 도형의 조합으로 작성
② 좌측 도형 :
   그라데이션 효과(선형 위쪽)
③ 표 스타일 :
   보통 스타일 4 – 강조 1

Ⅱ. 블로그와 카페 비교

② ①

	블로그	인터넷 카페
특징	개인의 관심사에 따른 기록	사이버 공간의 다양한 만남 주선
	완벽한 자료 관리 기능	포털 사이트에서 제공하는 커뮤니티
	다양한 형태의 커뮤니티 제공	등록한 회원이 다시 카페 개설
형태	기술적/상업적 제약없이 이용	같은 취지의 사람들이 모여 정보 교환
	실시간으로 콘텐츠 내용 확인	동호회, 향우회, 동창회 등

123주식회사 ③   4

③ [도형()] 탭에서 '채우기 색( )'의 목록 단추(▼)를 눌러 '**강조 3 노른자색(RGB: 233, 174,43)**'을 클릭합니다.

※ 도형의 색상은 문제지 조건에 없기 때문에 임의의 색을 선택합니다.

④ [도형( )] 탭에서 '선 스타일'–'선 종류'–'**선 없음( )**'을 클릭합니다.

⑤ 도형의 선택된 상태에서 '**A**'를 입력합니다.

※ 도형의 스타일에 따라서 글꼴 색상이 검정색 또는 하양으로 나타납니다. 출력형태를 참고하여 글꼴 색상을 변경합니다.

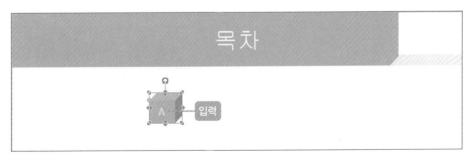

■ 목차 도형 작성하기(오른쪽 도형)

① [입력] 탭에서 '도형' 이미지 꾸러미의 자세히 단추(↓)를 눌러 '사각형'–'**직사각형(□)**'을 클릭합니다.

(1) 슬라이드 크기 및 순서 : 크기를 A4 용지로 설정하고 슬라이드 순서에 맞게 작성한다.

(2) 슬라이드 마스터 : 2~6슬라이드의 제목, 하단 로고, 슬라이드 번호는 슬라이드 마스터를 이용하여 작성한다.

   – 제목 글꼴(굴림, 40pt, 흰색), 왼쪽 정렬, 도형(선 없음)

   – 하단 로고(「내 PC₩문서₩ITQ₩Picture₩로고2.jpg」, 배경(회색) 투명색으로 설정)

[슬라이드 1] ≪표지 디자인≫   40점

(1) 표지 디자인 : 도형, 워드숍 및 그림을 이용하여 작성한다.

세부조건

① 도형 편집
  – 도형에 그림 채우기 :
    「내 PC₩문서₩ITQ₩Picture₩
    그림3.jpg」, 투명도 50%
  – 도형 효과 : 옅은 테두리 5pt

② 워드숍
  – 변환 : 역삼각형
  – 글꼴 : 궁서, 진하게
  – 반사 : 1/2크기, 근접

③ 그림 삽입
  –「내 PC₩문서₩ITQ₩Picture₩
   로고2.jpg」
  – 배경(회색) 투명한 색으로 설정

[슬라이드 2] ≪목차 슬라이드≫   60점

(1) 출력형태와 같이 도형을 이용하여 목차를 작성한다(글꼴 : 맑은 고딕, 24pt).

(2) 도형 : 선 없음

세부조건

① 텍스트에 하이퍼링크 적용
  → '슬라이드 4'

② 그림 삽입
  –「내 PC₩문서₩ITQ₩Picture₩
   그림4.jpg」
  – 자르기 기능 이용

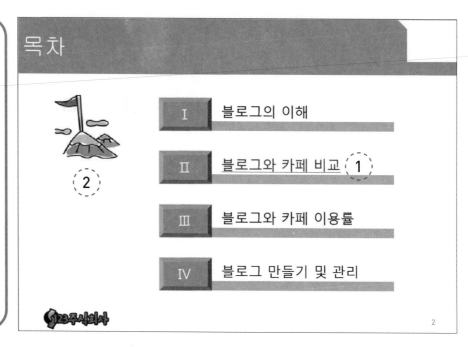

❷ 마우스 포인터가 ⊞ 모양으로 변경되면 드래그하여 도형을 삽입합니다. 이어서, 조절점(◥)을 드래그하여 《출력형태》와 같이 크기를 조절한 후 위치를 변경합니다.

❸ [도형( )] 탭에서 '채우기 색( )'의 목록 단추(▼)를 눌러 '강조 3 노른자색(RGB: 233, 174, 43) 80% 밝게'를 클릭합니다.

❹ [도형( )] 탭에서 '선 스타일'–'선 종류'–'선 없음( )'을 클릭합니다.

❺ 《출력형태》와 같이 도형을 맨 뒤로 보내기 위해 [도형( )] 탭에서 '맨 뒤로( )'를 클릭합니다.

※ 《출력형태》와 비교하여 위치와 크기가 같은지 확인합니다.

과목	코드	문제유형	시험시간	수험번호	성명
한쇼	1141	A	60분		

한컴 오피스

·수험자 유의사항·

- 수험자는 문제지를 받는 즉시 문제지와 **수험표상의 시험과목(프로그램)이 동일한지 반드시 확인**하여야 합니다.
- 파일명은 본인의 "수험번호-성명"으로 입력하여 답안폴더(내 PC\문서\ITQ)에 하나의 파일로 저장해야하며, 답안 문서 파일명이 "수험번호-성명"과 일치하지 않거나, 답안파일을 전송하지 않아 미제출로 처리될 경우 실격 처리합니다 (예 : 12345678-홍길동.show).
- 답안 작성을 마치면 파일을 저장하고, '답안 전송' 버튼을 선택하여 감독위원 PC로 답안을 전송하십시오. 수험생 정보와 저장한 파일명이 다를 경우 전송되지 않으므로 주의하시기 바랍니다.
- 답안 작성 중에도 **주기적으로 저장하고, '답안 전송'**하여야 문제 발생을 줄일 수 있습니다. 작업한 내용을 저장하지 않고 전송할 경우 이전에 저장된 내용이 전송되오니 이점 유의하시기 바랍니다.
- 답안문서는 지정된 경로 외의 다른 보조기억장치에 저장하는 경우, 지정된 시험 시간 외에 작성된 파일을 활용할 경우, 기타 통신수단(이메일, 메신저, 네트워크 등)을 이용하여 타인에게 전달 또는 외부 반출하는 경우는 부정 처리합니다.
- 시험 중 부주의 또는 고의로 시스템을 파손한 경우는 수험자가 변상해야 하며, 〈수험자 유의사항〉에 기재된 방법대로 이행하지 않아 생기는 불이익은 수험생 당사자의 책임임을 알려 드립니다.
- 문제의 조건은 한컴오피스 NEO(2016) 버전으로 설정되어 있으니 유의하시기 바랍니다.
- 시험을 완료한 수험자는 답안파일이 전송되었는지 확인한 후 감독위원의 지시에 따라 문제지를 제출하고 퇴실합니다.

·답안 작성요령·

- 온라인 답안 작성 절차
  수험자 등록 ⇒ 시험 시작 ⇒ 답안파일 저장 ⇒ 답안 전송 ⇒ 시험 종료
- 슬라이드의 크기는 A4 Paper로 설정하여 작성합니다.
- 슬라이드의 총 개수는 6개로 구성되어 있으며 슬라이드 1부터 순서대로 작업하고 반드시 문제와 세부 조건대로 합니다.
- 별도의 지시사항이 없는 경우 출력형태를 참조하여 글꼴색은 검정 또는 흰색으로 작성하고, 기타사항은 전체적인 균형을 고려하여 작성합니다.
- 슬라이드 도형 및 개체에 출력형태와 다른 스타일(그림자, 외곽선 등)을 적용했을 경우 감점처리 됩니다.
- 슬라이드 번호를 작성합니다(슬라이드 1에는 생략).
- 2~6번 슬라이드 제목 도형과 하단 로고는 슬라이드 마스터를 이용하여 출력형태와 동일하게 작성합니다(슬라이드 1에는 생략).
- 문제와 세부조건, 세부조건 번호 ◌(점선원)는 입력하지 않습니다.
- 각 개체의 위치는 오른쪽의 슬라이드와 동일하게 구성합니다.
- 그림 삽입 문제의 경우 반드시 「내 PC\문서\ITQ\Picture」 폴더에서 정확한 파일을 선택하여 삽입하십시오.
- 각 슬라이드를 각각의 파일로 작업해서 저장할 경우 실격 처리됩니다.

kpc 한국생산성본부

■ 목차 내용 입력하기

① [입력] 탭에서 '글상자'의 목록 단추(글상자▾)를 눌러 **'가로 글상자'**를 클릭합니다.

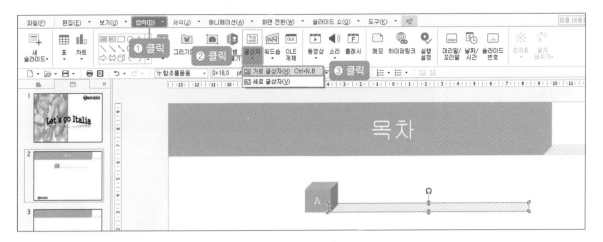

② 내용을 입력할 위치를 드래그한 후 글상자가 표시되면 **'이탈리아의 역사와 특징'**을 입력합니다.

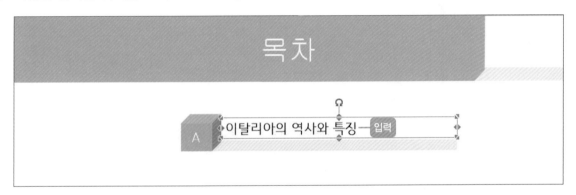

③ 다음과 같이 드래그하여 도형을 모두 선택합니다.

※ 위쪽 슬라이드 마스터의 글상자('목차')가 선택되지 않도록 주의합니다.

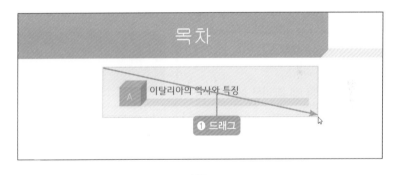

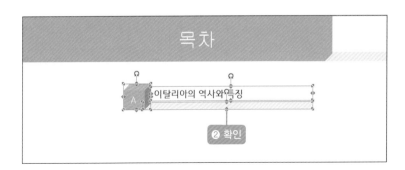

(1) 차트 작성 기능을 이용하여 슬라이드를 작성한다.
(2) 차트 : 유형(묶은 세로 막대형), 글꼴(맑은 고딕, 16pt), 외곽선
(3) 표 : 차트 하단에 이미지와 같이 표 그리기

세부조건

※ 차트설명
- 차트제목 : 궁서, 20pt,
  진하게, 채우기(하양), 테두리,
  그림자(대각선 오른쪽 아래)
- 범례 위치 : 아래쪽
- 전체배경 : 채우기(노랑)
- 값 표시 : 단순노무종사자 계열
① 도형 편집
  – 스타일 : 밝은 계열 – 강조6
  – 글꼴 : 굴림, 16pt

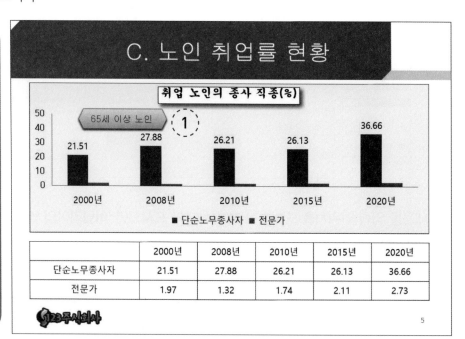

	2000년	2008년	2010년	2015년	2020년
단순노무종사자	21.51	27.88	26.21	26.13	36.66
전문가	1.97	1.32	1.74	2.11	2.73

(1) 슬라이드와 같이 도형을 배치한다(글꼴 : 맑은 고딕, 18pt).
(2) 애니메이션 순서 : ① ⇒ ②

세부조건

① 도형 편집
  – 그룹화 후 애니메이션 효과
    : 밝기 변화
② 도형 편집
  – 그룹화 후 애니메이션 효과
    : 날아오기(아래로)

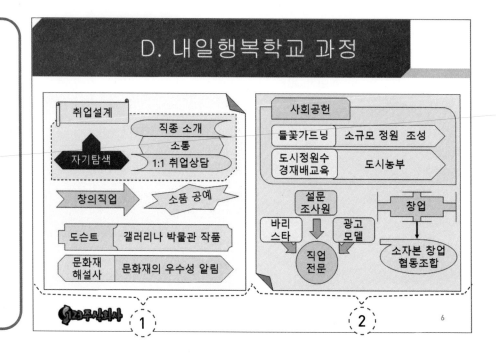

④ 서식 도구 상자에서 '글꼴(맑은 고딕), 글자 크기(24pt)'를 지정합니다.

※ Esc 키를 눌러 모든 선택을 해제합니다. 《출력형태》와 같이 글상자 크기를 조절한 후 위치를 변경합니다.

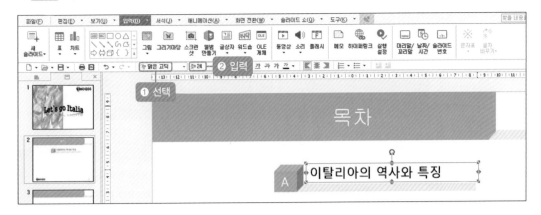

■ 도형을 복사한 후 내용 변경하기

① 도형을 모두 선택한 후 Ctrl + Shift 키를 누른 채 테두리 부분을 아래쪽 방향으로 드래그하여 복사합니다
(세 번 반복).

※ 도형 간격이 《출력형태》와 같이 일정하지 않을 경우 키보드의 방향키(↑, ↓)를 눌러 조절합니다.

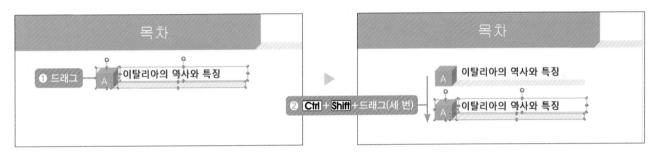

② 일정한 간격으로 도형 복사가 완료되면 도형 안쪽의 내용을 드래그하여 블록으로 지정한 후 《출력형태》와 같이 내용을 수정합니다.

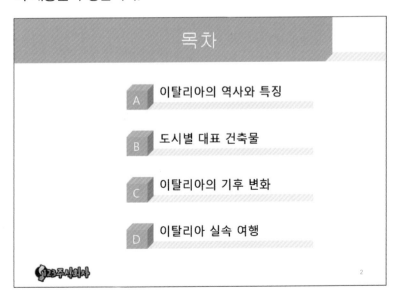

(1) 텍스트 작성 : 글머리 기호 사용(◆, ✓)

    ◆문단(굴림, 24pt, 굵게, 줄간격 : 1.5줄), ✓문단(굴림, 20pt, 줄간격 : 1.5줄)

세부조건

① 동영상 삽입 :
- 「내 PC₩문서₩ITQ₩Picture₩ 동영상.wmv」
- 자동실행, 반복재생 설정

A. 노인복지의 이해

◆ Number of lone seniors surges
- ✓ The although we have sought to expand welfare aid for the old, such efforts have been offset by the rise in the number of aged living alone

◆ 노인복지
- ✓ 어르신의 건강하고 안정적이며 주체적인 행복한 삶을 도모하기 위한 사회복지 서비스
- ✓ 은퇴 이후의 취업설계, 기술과 경험을 사회에 환원할 수 있는 일자리, 신규직종에 대한 직무 교육 등이 필요함

123주식회사   3

(1) 도형과 표 작성 기능을 이용하여 슬라이드를 작성한다(글꼴 : 맑은 고딕, 18pt).

세부조건

① 상단 도형 :
    2개 도형의 조합으로 작성
② 좌측 도형 :
    그라데이션 효과(선형 위쪽)
③ 표 스타일 :
    보통 스타일 4 – 강조 4

B. 노인 고혈압학교

	주제	교육 내용
7월	건강한 나를 위한 시작	건강수첩 제공 및 혈압측정방법, 수행목표기록지 작성 방법
	올바른 고혈압 약물복용 실천	고혈압 약물과 복용에 대한 중요성, 개개인 처방전 약사에게 확인
8월	고혈압과 영양관리	고혈압과 올바른 식사, 저염식의 중요성
	고혈압과 운동관리	운동의 중요성 및 고혈압에 좋은 운동, 앉아서 하는 스트레칭 실습

123주식회사   4

❶ '도시별 대표 건축물'을 드래그하여 블록 지정합니다.

❷ 지정된 블록 위에서 마우스 오른쪽 단추를 눌러 바로 가기 메뉴가 나오면 [하이퍼링크]를 클릭합니다.

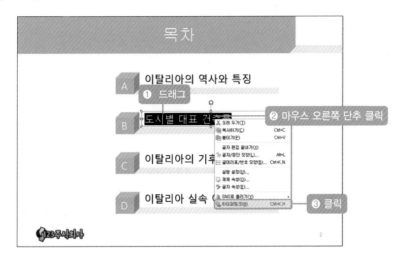

❸ [하이퍼링크] 대화상자가 나오면 '현재 문서'를 클릭한 후 '이 문서에서 위치 선택'–'슬라이드 4'를 선택합니다. 이어서, 〈넣기〉 단추를 클릭합니다.

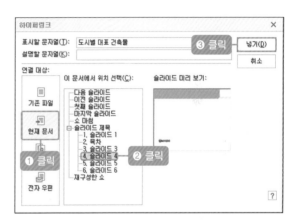

❹ Esc 키를 눌러 블록 지정을 해제한 후 텍스트에 적용된 하이퍼링크를 확인합니다.

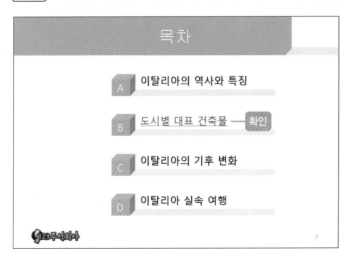

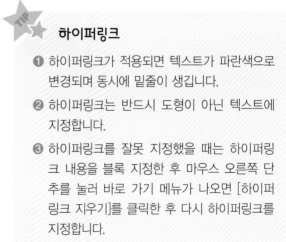

하이퍼링크

❶ 하이퍼링크가 적용되면 텍스트가 파란색으로 변경되며 동시에 밑줄이 생깁니다.

❷ 하이퍼링크는 반드시 도형이 아닌 텍스트에 지정합니다.

❸ 하이퍼링크를 잘못 지정했을 때는 하이퍼링크 내용을 블록 지정한 후 마우스 오른쪽 단추를 눌러 바로 가기 메뉴가 나오면 [하이퍼링크 지우기]를 클릭한 후 다시 하이퍼링크를 지정합니다.

[전체구성]   60점

(1) 슬라이드 크기 및 순서 : 크기를 A4 용지로 설정하고 슬라이드 순서에 맞게 작성한다.

(2) 슬라이드 마스터 : 2~6슬라이드의 제목, 하단 로고, 슬라이드 번호는 슬라이드 마스터를 이용하여 작성한다.
- 제목 글꼴(굴림, 40pt, 흰색), 가운데 정렬, 도형(선 없음)
- 하단 로고(「내 PC₩문서₩ITQ₩Picture₩로고2.jpg」, 배경(회색) 투명색으로 설정)

[슬라이드 1] ≪표지 디자인≫   40점

(1) 표지 디자인 : 도형, 워드숍 및 그림을 이용하여 작성한다.

세부조건

① 도형 편집
- 도형에 그림 채우기 :
「내 PC₩문서₩ITQ₩Picture₩
그림2.jpg」, 투명도 50%
- 도형 효과 : 옅은 테두리 5pt

② 워드숍
- 변환 : 아래쪽 수축
- 글꼴 : 궁서, 진하게
- 반사 : 1/2크기, 4 pt

③ 그림 삽입
- 「내 PC₩문서₩ITQ₩Picture₩
로고2.jpg」
- 배경(회색) 투명한 색으로 설정

[슬라이드 2] ≪목차 슬라이드≫   60점

(1) 출력형태와 같이 도형을 이용하여 목차를 작성한다(글꼴 : 맑은 고딕, 24pt).

(2) 도형 : 선 없음

세부조건

① 텍스트에 하이퍼링크 적용
→ '슬라이드 5'

② 그림 삽입
- 「내 PC₩문서₩ITQ₩Picture₩
그림5.jpg」
- 자르기 기능 이용

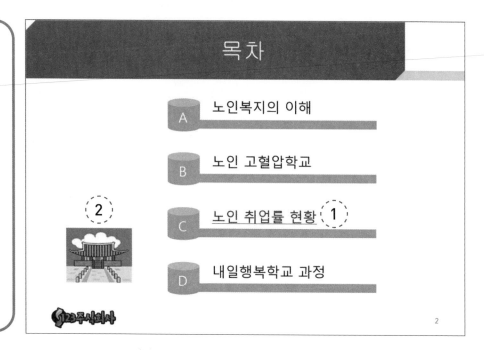

유형 03 자르기 기능을 이용하여 그림 삽입하기

❶ [입력] 탭에서 '그림(▣)'을 클릭합니다. 이어서 [그림 넣기] 대화상자가 나오면 [소스 및 정답]–[Picture]–'**그림 4**'를 선택한 후 〈넣기〉 단추를 클릭합니다.

❷ 그림이 삽입되면 [그림(🖼)] 탭에서 '**자르기(⊡)**'를 클릭합니다.

❸ 아래쪽 가운데 구분선(▬)과 왼쪽 구분선(|)를 차례로 드래그하여 필요한 부분만 보이도록 한 후 **Esc** 키를 눌러 이미지를 잘라냅니다.

❹ 조절점(⊡)을 드래그하여 《출력형태》와 같이 크기를 조절한 후 위치를 변경합니다.

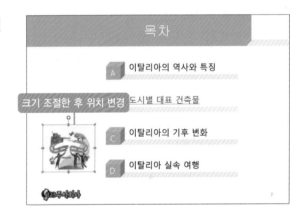

❺ [파일]–[저장하기](**Ctrl** + **Shift**) 또는 서식 도구 상자에서 '**저장하기(💾)**'를 클릭합니다.

※ 실제 시험을 볼 때 작업 도중에 수시로(10분에 한 번 정도) 저장을 하는 것이 좋습니다.

시험
분석
[슬라이드 2] 《목차 슬라이드》

• 목차 도형 : 도형을 작성할 때 선 없음을 지정하며 겹치는 두 개의 도형 색상을 서로 다르게 구분합니다.

• 목차 번호 : 새롭게 변경된 시험에서는 숫자 외에 로마자나 영문자, 원번호 등을 입력하는 문제가 출제될 수 있습니다.

• 하이퍼링크 : 도형 안쪽의 텍스트를 블록으로 지정한 후 텍스트에 하이퍼링크를 지정합니다.

과목	코드	문제유형	시험시간	수험번호	성명
한쇼	1141	A	60분		

한컴 오피스

·수험자 유의사항·

- 수험자는 문제지를 받는 즉시 문제지와 **수험표상의 시험과목(프로그램)이 동일한지 반드시 확인**하여야 합니다.
- 파일명은 본인의 "수험번호-성명"으로 입력하여 답안폴더(내 PC₩문서₩ITQ)에 하나의 파일로 저장해야하며, 답안 문서 파일명이 "수험번호-성명"과 일치하지 않거나, 답안파일을 전송하지 않아 미제출로 처리될 경우 실격 처리합니다 (예 : 12345678-홍길동.show).
- 답안 작성을 마치면 파일을 저장하고, '답안 전송' 버튼을 선택하여 감독위원 PC로 답안을 전송하십시오. 수험생 정보와 저장한 파일명이 다를 경우 전송되지 않으므로 주의하시기 바랍니다.
- 답안 작성 중에도 **주기적으로 저장하고, '답안 전송'**하여야 문제 발생을 줄일 수 있습니다. 작업한 내용을 저장하지 않고 전송할 경우 이전에 저장된 내용이 전송되오니 이점 유의하시기 바랍니다.
- 답안문서는 지정된 경로 외의 다른 보조기억장치에 저장하는 경우, 지정된 시험 시간 외에 작성된 파일을 활용할 경우, 기타 통신수단(이메일, 메신저, 네트워크 등)을 이용하여 타인에게 전달 또는 외부 반출하는 경우는 부정 처리합니다.
- 시험 중 부주의 또는 고의로 시스템을 파손한 경우는 수험자가 변상해야 하며, 〈수험자 유의사항〉에 기재된 방법대로 이행하지 않아 생기는 불이익은 수험생 당사자의 책임임을 알려 드립니다.
- 문제의 조건은 한컴오피스 NEO(2016) 버전으로 설정되어 있으니 유의하시기 바랍니다.
- 시험을 완료한 수험자는 답안파일이 전송되었는지 확인한 후 감독위원의 지시에 따라 문제지를 제출하고 퇴실합니다.

·답안 작성요령·

- 온라인 답안 작성 절차
  수험자 등록 ⇒ 시험 시작 ⇒ 답안파일 저장 ⇒ 답안 전송 ⇒ 시험 종료
- 슬라이드의 크기는 A4 Paper로 설정하여 작성합니다.
- 슬라이드의 총 개수는 6개로 구성되어 있으며 슬라이드 1부터 순서대로 작업하고 반드시 문제와 세부 조건대로 합니다.
- 별도의 지시사항이 없는 경우 출력형태를 참조하여 글꼴색은 검정 또는 흰색으로 작성하고, 기타사항은 전체적인 균형을 고려하여 작성합니다.
- 슬라이드 도형 및 개체에 출력형태와 다른 스타일(그림자, 외곽선 등)을 적용했을 경우 감점처리 됩니다.
- 슬라이드 번호를 작성합니다(슬라이드 1에는 생략).
- 2~6번 슬라이드 제목 도형과 하단 로고는 슬라이드 마스터를 이용하여 출력형태와 동일하게 작성합니다(슬라이드 1에는 생략).
- 문제와 세부조건, 세부조건 번호 ◌(점선원)는 입력하지 않습니다.
- 각 개체의 위치는 오른쪽의 슬라이드와 동일하게 구성합니다.
- 그림 삽입 문제의 경우 반드시 「내 PC₩문서₩ITQ₩Picture」 폴더에서 정확한 파일을 선택하여 삽입하십시오.
- 각 슬라이드를 각각의 파일로 작업해서 저장할 경우 실격 처리됩니다.

kpc 한국생산성본부

새롭게 변경된 시험에서는 목차 번호가 로마자(Ⅰ, ⅰ)나 영문자(A), 원번호(①, ⓐ) 등을 입력하는 문제가 출제될 수 있습니다.

한쇼 NEO에서 로마자와 원번호를 입력하는 방법은 다음과 같습니다.

❶ [입력] 탭에서 '문자표'의 목록 단추(▼)를 눌러 '문자표'를 선택합니다.

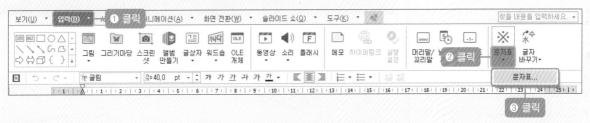

❷ [문자표 입력] 대화상자가 나오면 [흔글(HNC) 문자표] 탭의 '문자 영역'에서 '전각기호(로마자)', '전각기호(원)'을 선택한 후 원하는 문자를 선택하고 〈넣기〉 단추를 클릭합니다.

▲ '전각기호(로마자)'를 선택한 경우

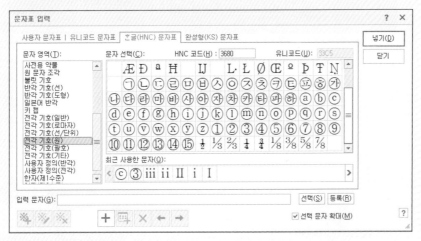

▲ '전각기호(원)'을 선택한 경우

(1) 차트 작성 기능을 이용하여 슬라이드를 작성한다.
(2) 차트 : 유형(표식이 있는 꺾은선형), 글꼴(맑은 고딕, 16pt), 외곽선
(3) 표 : 차트 하단에 이미지와 같이 표 그리기

세부조건

※ 차트설명
■ 차트제목 : 궁서, 20pt,
  진하게, 채우기(하양), 테두리,
  그림자(대각선 오른쪽 아래)
■ 범례 위치 : 아래쪽
■ 전체배경 : 채우기(노랑)
■ 값 표시 : 고교무상교육 계열의 보통
  요소만
① 도형 편집
  – 스타일 : 밝은 계열 – 강조4
  – 글꼴 : 굴림, 16pt

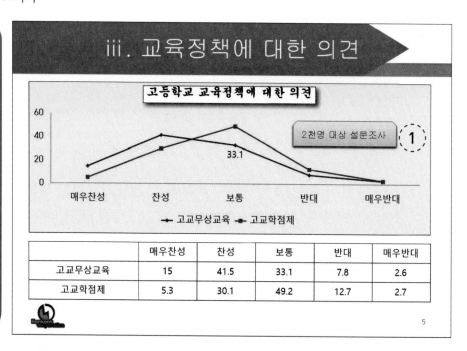

	매우찬성	찬성	보통	반대	매우반대
고교무상교육	15	41.5	33.1	7.8	2.6
고교학점제	5.3	30.1	49.2	12.7	2.7

(1) 슬라이드와 같이 도형을 배치한다(글꼴 : 맑은 고딕, 18pt).
(2) 애니메이션 순서 : ① ⇒ ②

세부조건

① 도형 편집
  – 그룹화 후 애니메이션 효과
    : 바운드
② 도형 편집
  – 그룹화 후 애니메이션 효과
    : 시계 방향 회전

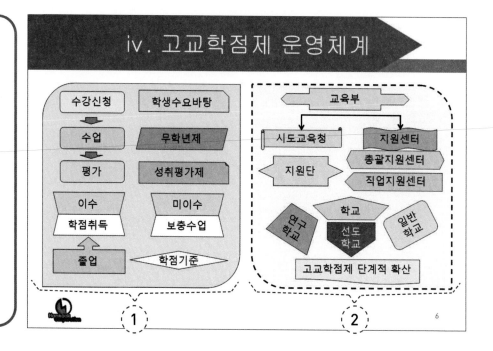

[슬라이드 2] 《목차 슬라이드》

01 문제지의 지시사항 및 세부조건을 참고하여 《출력형태》에 알맞게 작업하시오.

· 소스파일 : [출제유형03]−정복03_문제01.show   · 정답파일 : [출제유형03]−정복03_완성01.show

◆ [슬라이드 2] 《목차 슬라이드》 (60점)

(1) 출력형태와 같이 도형을 이용하여 목차를 작성한다(글꼴 : 맑은 고딕, 24pt)

(2) 도형 : 선 없음

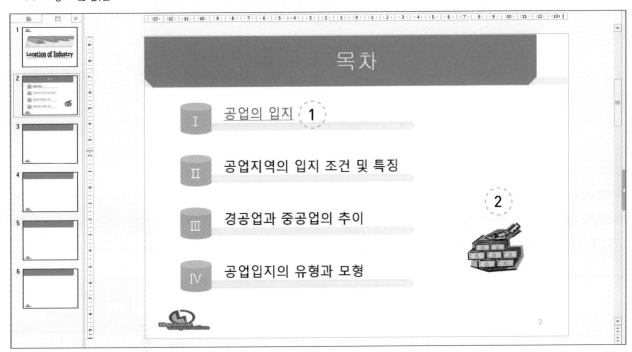

◆ 세부 조건

① 텍스트에 하이퍼링크 적용

→ '슬라이드 3'

③ 그림 삽입

−「내 PC₩문서₩ITQ₩Picture₩그림5.jpg」

− 자르기 기능 이용

[슬라이드 3] ≪텍스트/동영상 슬라이드≫ 60점

(1) 텍스트 작성 : 글머리 기호 사용(◆, ✓)

　◆문단(굴림, 24pt, 굵게, 줄간격 : 1.5줄), ✓문단(굴림, 20pt, 줄간격 : 1.5줄)

세부조건

① 동영상 삽입 :
- 「내 PC₩문서₩ITQ₩Picture₩ 동영상.wmv」
- 자동실행, 반복재생 설정

---

i . 고교학점제

◆ High School Credit System

　✓ In high schools in the United States, where all courses are usually the same number of hours, often meeting every day, students earn one credit for a course that lasts all year, or a half credit per course per semester

◆ 고교학점제

　✓ 고등학생들이 적성과 희망 진로에 따라 필요한 과목을 선택해 배우고 기준학점을 채우면 졸업을 인정받는 제도

　✓ 교육부는 오는 2022년 고교학점제를 도입할 예정

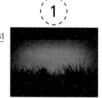

3

[슬라이드 4] ≪표 슬라이드≫ 80점

(1) 도형과 표 작성 기능을 이용하여 슬라이드를 작성한다(글꼴 : 맑은 고딕, 18pt).

세부조건

① 상단 도형 :
　2개 도형의 조합으로 작성
② 좌측 도형 :
　그라데이션 효과(선형 위쪽)
③ 표 스타일 :
　보통 스타일 4 – 강조 1

---

ii . 고교학점제 국외사례

	미국	핀란드	영국	캐나다	한국
졸업 요건	학점이수 졸업시험	학점이수 졸업시험	졸업시험	학점이수 졸업시험	출석일수
내신	절대평가	절대평가	절대평가	절대평가	상대평가
대학 입시	SAT 고교내신	고교내신 졸업시험 대학별시험	고교내신 졸업시험	고교내신 졸업시험	수능시험 고교내신 대학별시험

4

02 문제지의 지시사항 및 세부조건을 참고하여 《출력형태》에 알맞게 작업하시오.

· 소스파일 : [출제유형03]-정복03_문제02.show   · 정답파일 : [출제유형03]-정복03_완성02.show

◆ [슬라이드 2] 《목차 슬라이드》 (60점)

(1) 출력형태와 같이 도형을 이용하여 목차를 작성한다(글꼴 : 맑은 고딕, 24pt)

(2) 도형 : 선 없음

세부조건
① **텍스트에 하이퍼링크 적용** → '슬라이드 6' ② **그림 삽입** - 「내 PC\문서\ITQ\Picture\ 그림4.jpg」 - 자르기 기능 이용

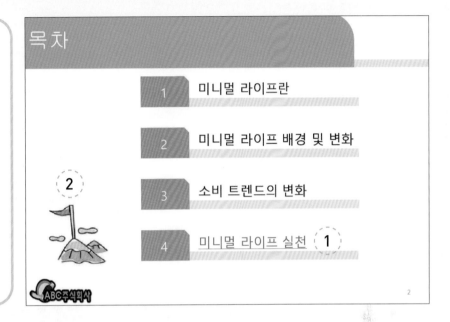

---

03 문제지의 지시사항 및 세부조건을 참고하여 《출력형태》에 알맞게 작업하시오.

· 소스파일 : [출제유형03]-정복03_문제03.show   · 정답파일 : [출제유형03]-정복03_완성03.show

◆ [슬라이드 2] 《목차 슬라이드》 (60점)

(1) 출력형태와 같이 도형을 이용하여 목차를 작성한다(글꼴 : 맑은 고딕, 24pt)

(2) 도형 : 선 없음

세부조건
① **텍스트에 하이퍼링크 적용** → '슬라이드 3' ② **그림 삽입** - 「내 PC\문서\ITQ\Picture\ 그림5.jpg」 - 자르기 기능 이용

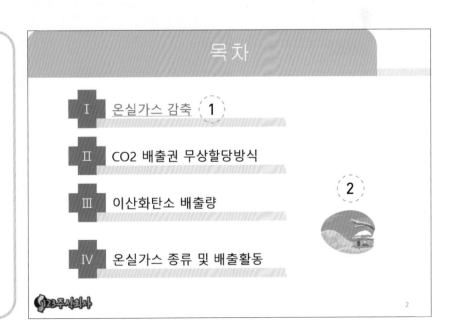

[전체구성]　　60점

(1) 슬라이드 크기 및 순서 : 크기를 A4 용지로 설정하고 슬라이드 순서에 맞게 작성한다.

(2) 슬라이드 마스터 : 2~6슬라이드의 제목, 하단 로고, 슬라이드 번호는 슬라이드 마스터를 이용하여 작성한다.
　　　– 제목 글꼴(굴림, 40pt, 흰색), 가운데 정렬, 도형(선 없음)
　　　– 하단 로고(「내 PC₩문서₩ITQ₩Picture₩로고3.jpg」, 배경(연보라) 투명색으로 설정)

[슬라이드 1] ≪표지 디자인≫　　40점

(1) 표지 디자인 : 도형, 워드숍 및 그림을 이용하여 작성한다.

세부조건

① 도형 편집
　– 도형에 그림 채우기 :
　　「내 PC₩문서₩ITQ₩Picture₩
　　그림2.jpg」, 투명도 50%
　– 도형 효과 : 옅은 테두리 5pt

② 워드숍
　– 변환 : 휘어 내려가기
　– 글꼴 : 궁서, 진하게
　– 반사 : 1/2크기, 4 pt

③ 그림 삽입
　–「내 PC₩문서₩ITQ₩Picture₩
　　로고3.jpg」
　– 배경(연보라) 투명한 색으로 설정

[슬라이드 2] ≪목차 슬라이드≫　　60점

(1) 출력형태와 같이 도형을 이용하여 목차를 작성한다(글꼴 : 맑은 고딕, 24pt).

(2) 도형 : 선 없음

세부조건

① 텍스트에 하이퍼링크 적용
　→ '슬라이드 6'

② 그림 삽입
　–「내 PC₩문서₩ITQ₩Picture₩
　　그림4.jpg」
　– 자르기 기능 이용

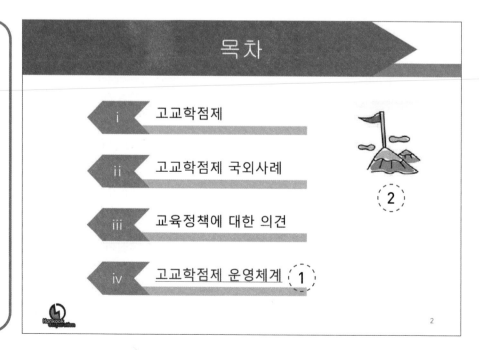

04 문제지의 지시사항 및 세부조건을 참고하여 《출력형태》에 알맞게 작업하시오.

• 소스파일 : [출제유형03]−정복03_문제04.show • 정답파일 : [출제유형03]−정복03_완성04.show

◆ [슬라이드 2]《목차 슬라이드》(60점)

(1) 출력형태와 같이 도형을 이용하여 목차를 작성한다(글꼴 : 맑은 고딕, 24pt)

(2) 도형 : 선 없음

세부조건
① 텍스트에 하이퍼링크 적용 → '슬라이드 6' ② 그림 삽입 – 「내 PC₩문서₩ITQ₩Picture₩ 그림4.jpg」 – 자르기 기능 이용

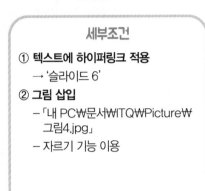

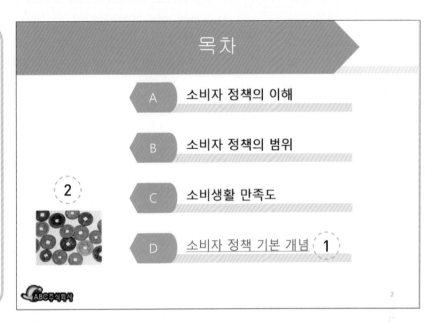

 05 문제지의 지시사항 및 세부조건을 참고하여 《출력형태》에 알맞게 작업하시오.

• 소스파일 : [출제유형03]−정복03_문제05.show • 정답파일 : [출제유형03]−정복03_완성05.show

◆ [슬라이드 2]《목차 슬라이드》(60점)

(1) 출력형태와 같이 도형을 이용하여 목차를 작성한다(글꼴 : 맑은 고딕, 24pt)

(2) 도형 : 선 없음

세부조건
① 텍스트에 하이퍼링크 적용 → '슬라이드 3' ② 그림 삽입 – 「내 PC₩문서₩ITQ₩Picture₩ 그림5.jpg」 – 자르기 기능 이용

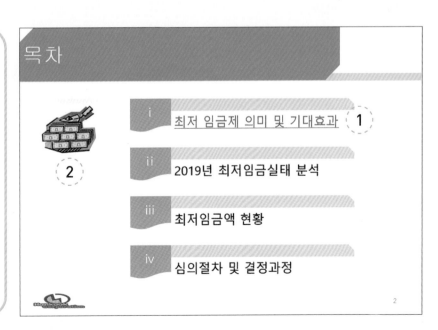

제 12 회 정보기술자격(ITQ) 출제예상 모의고사

과목	코드	문제유형	시험시간	수험번호	성명
한쇼	1141	A	60분		

한컴 오피스

·수험자 유의사항·

- 수험자는 문제지를 받는 즉시 문제지와 **수험표상의 시험과목(프로그램)이 동일한지 반드시 확인**하여야 합니다.
- 파일명은 본인의 "수험번호–성명"으로 입력하여 답안폴더(내 PC₩문서₩ITQ)에 하나의 파일로 저장해야하며, 답안 문서 파일명이 "수험번호–성명"과 일치하지 않거나, 답안파일을 전송하지 않아 미제출로 처리될 경우 실격 처리합니다 (예 : 12345678–홍길동.show).
- 답안 작성을 마치면 파일을 저장하고, '답안 전송' 버튼을 선택하여 감독위원 PC로 답안을 전송하십시오. 수험생 정보와 저장한 파일명이 다를 경우 전송되지 않으므로 주의하시기 바랍니다.
- 답안 작성 중에도 **주기적으로 저장하고, '답안 전송'**하여야 문제 발생을 줄일 수 있습니다. 작업한 내용을 저장하지 않고 전송할 경우 이전에 저장된 내용이 전송되오니 이점 유의하시기 바랍니다.
- 답안문서는 지정된 경로 외의 다른 보조기억장치에 저장하는 경우, 지정된 시험 시간 외에 작성된 파일을 활용할 경우, 기타 통신수단(이메일, 메신저, 네트워크 등)을 이용하여 타인에게 전달 또는 외부 반출하는 경우는 부정 처리합니다.
- 시험 중 부주의 또는 고의로 시스템을 파손한 경우는 수험자가 변상해야 하며, 〈수험자 유의사항〉에 기재된 방법대로 이행하지 않아 생기는 불이익은 수험생 당사자의 책임임을 알려 드립니다.
- 문제의 조건은 한컴오피스 NEO(2016) 버전으로 설정되어 있으니 유의하시기 바랍니다.
- 시험을 완료한 수험자는 답안파일이 전송되었는지 확인한 후 감독위원의 지시에 따라 문제지를 제출하고 퇴실합니다.

·답안 작성요령·

- 온라인 답안 작성 절차
  수험자 등록 ⇒ 시험 시작 ⇒ 답안파일 저장 ⇒ 답안 전송 ⇒ 시험 종료
- 슬라이드의 크기는 A4 Paper로 설정하여 작성합니다.
- 슬라이드의 총 개수는 6개로 구성되어 있으며 슬라이드 1부터 순서대로 작업하고 반드시 문제와 세부 조건대로 합니다.
- 별도의 지시사항이 없는 경우 출력형태를 참조하여 글꼴색은 검정 또는 흰색으로 작성하고, 기타사항은 전체적인 균형을 고려하여 작성합니다.
- 슬라이드 도형 및 개체에 출력형태와 다른 스타일(그림자, 외곽선 등)을 적용했을 경우 감점처리 됩니다.
- 슬라이드 번호를 작성합니다(슬라이드 1에는 생략).
- 2~6번 슬라이드 제목 도형과 하단 로고는 슬라이드 마스터를 이용하여 출력형태와 동일하게 작성합니다(슬라이드 1에는 생략).
- 문제와 세부조건, 세부조건 번호 ○(점선원)는 입력하지 않습니다.
- 각 개체의 위치는 오른쪽의 슬라이드와 동일하게 구성합니다.
- 그림 삽입 문제의 경우 반드시 「내 PC₩문서₩ITQ₩Picture」 폴더에서 정확한 파일을 선택하여 삽입하십시오.
- 각 슬라이드를 각각의 파일로 작업해서 저장할 경우 실격 처리됩니다.

kpc 한국생산성본부

[슬라이드 3] 《텍스트/동영상 슬라이드》

○ 글머리표 지정하기　　　　○ 줄 간격 지정하기
○ 동영상 삽입하기

· 문제 미리보기 ·

· 소스파일 : [출제유형04]- 유형04_문제.show　　· 정답파일 : [출제유형04]- 유형04_완성.show

◆ [슬라이드 3] 《텍스트/동영상 슬라이드》(40점)

(1) 텍스트 작성 : 글머리 기호 사용(◆, ✓)

　◆문단(굴림, 24pt, 굵게, 줄간격 : 1.5줄), ✓문단(굴림, 20pt, 줄간격 : 1.5줄)

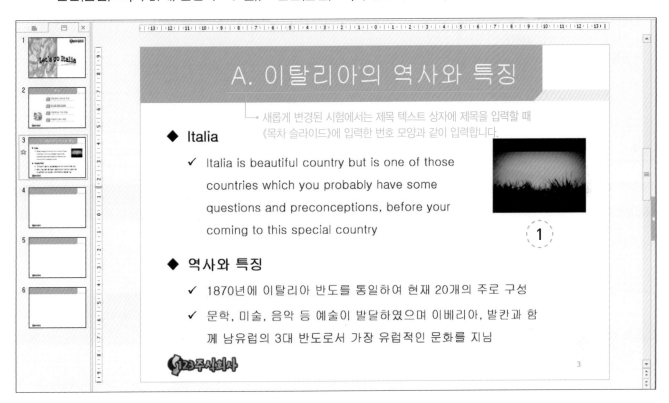

◆ 세부 조건

① **동영상 삽입**

　– 「내 PC₩문서₩ITQ₩Picture₩동영상.wmv」

　– 자동 실행, 반복 재생 설정

(1) 차트 작성 기능을 이용하여 슬라이드를 작성한다.
(2) 차트 : 유형(표식이 있는 꺾은선형), 글꼴(맑은 고딕, 16pt), 외곽선
(3) 표 : 차트 하단에 이미지와 같이 표 그리기

세부조건

※ 차트설명
- 차트제목 : 궁서, 20pt, 진하게, 채우기(하양), 테두리, 그림자(대각선 오른쪽 아래)
- 범례 위치 : 아래쪽
- 전체배경 : 채우기(노랑)
- 값 표시 : 미세먼지 계열의 영국 요소만
① 도형 편집
- 스타일 : 밝은 계열 – 강조3
- 글꼴 : 굴림, 16pt

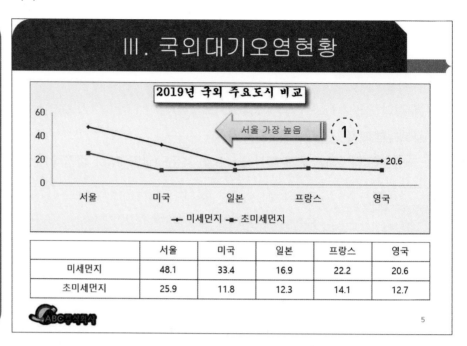

	서울	미국	일본	프랑스	영국
미세먼지	48.1	33.4	16.9	22.2	20.6
초미세먼지	25.9	11.8	12.3	14.1	12.7

(1) 슬라이드와 같이 도형을 배치한다(글꼴 : 맑은 고딕, 18pt).
(2) 애니메이션 순서 : ① ⇒ ②

세부조건

① 도형 편집
- 그룹화 후 애니메이션 효과
  : 실선 무늬(세로)
② 도형 편집
- 그룹화 후 애니메이션 효과
  : 시계 방향 회전

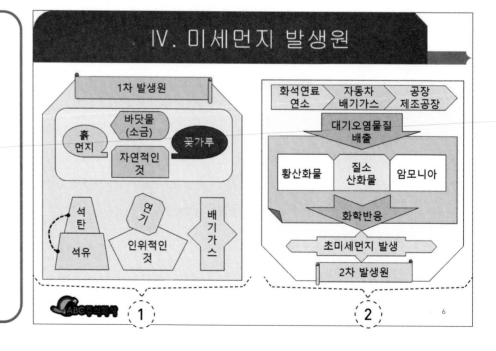

유형 01 글상자 입력하기

■ 글상자 '자동 맞춤 안 함' 지정하기

① '유형04_문제.show' 파일을 불러와 [슬라이드 3]을 클릭한 후 작업합니다.

> ※ 파일 불러오기 : [파일]–[불러오기]([Ctrl]+[O])를 클릭한 후 [불러오기] 대화상자에서 파일을 선택합니다.

② 슬라이드 상단에 '제목을 입력하십시오'를 클릭한 후 'A. 이탈리아의 역사와 특징'을 입력합니다.

③ '내용을 입력하십시오' 글상자의 테두리 위에서 마우스 오른쪽 단추를 눌러 바로 가기 메뉴가 나오면 [개체 속성]을 클릭합니다.

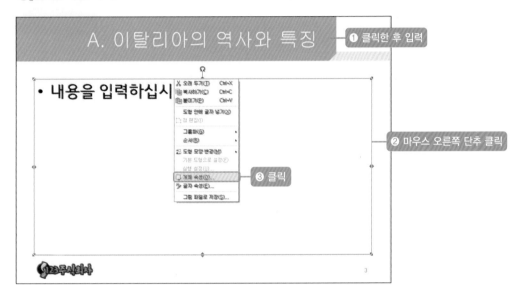

④ [개체 속성] 대화상자가 나오면 ▶를 두 번 눌러 [글상자] 탭을 선택합니다. '맞춤'–'자동 맞춤 안 함'을 선택하고 〈설정〉 단추를 클릭합니다.

 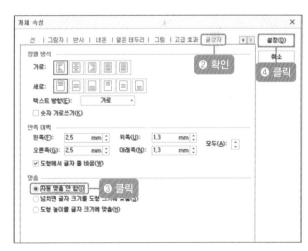

 자동 맞춤 안 함

글상자 안에 내용을 입력할 때 글상자의 크기보다 글자 수가 많아 글자가 넘치게 되면 임의로 글꼴의 크기 및 줄 간격이 자동으로 변경됩니다. 하지만 '자동 맞춤 안 함'을 지정하면 글상자의 크기와 상관없이 글자의 크기가 변하지 않습니다.

(1) 텍스트 작성 : 글머리 기호 사용(❖, ✓)

❖문단(굴림, 24pt, 굵게, 줄간격 : 1.5줄), ✓문단(굴림, 20pt, 줄간격 : 1.5줄)

세부조건

① 동영상 삽입 :
- 「내 PC₩문서₩ITQ₩Picture₩ 동영상.wmv」
- 자동실행, 반복재생 설정

Ⅰ. 초미세먼지란?

❖ What's CAI
  ✓ The CAI(Comprehensive air-quality index) is a way of describing ambient air quality based on health risk of air pollution

(1)

❖ 초미세먼지
  ✓ 먼지는 입자의 크기에 따라 총먼지, 지름이 10마이크로미터 이하인 미세먼지, 지름이 2.5마이크로미터 이하인 초미세먼지로 나뉨
  ✓ 미세먼지는 호흡기 질환을 일으키는 직접적인 원인이 됨

ABC문서작성   3

(1) 도형과 표 작성 기능을 이용하여 슬라이드를 작성한다(글꼴 : 맑은 고딕, 18pt).

세부조건

① 상단 도형 :
  2개 도형의 조합으로 작성
② 좌측 도형 :
  그라데이션 효과(선형 위쪽)
③ 표 스타일 :
  보통 스타일 4 – 강조 3

Ⅱ. 미세먼지 예보등급 및 내용

(2) (1)

	등급 나쁨	등급 매우나쁨
미세먼지	81~150	151이상
민감군 행동요령	장시간 또는 무리한 실외활동 제한, 특히 천식환자는 흡입기 더 자주 사용	실내활동, 실외활동 시 의사와 반드시 상의
일반인 행동요령	장시간 또는 무리한 실외활동 제한, 특히 눈, 기침이나 목의 통증 환자는 외출 자제	장시간 실외활동 자제, 미세먼지 차단 마스크 착용 필수, 창문을 닫고, 빨래는 실내에서 건조

ABC문서작성   (3)   4

■ 내용 입력한 후 서식 변경하기

① '내용을 입력하십시오'를 클릭하여 'Italia'을 입력한 후 **Enter** 키를 눌러 다음 문단으로 이동합니다.

② **Tab** 키(또는 서식 도구 상자에서 '**문단 오른쪽 이동(▤)**')를 눌러 들여쓰기 수준을 한 단계 낮추고 내용을 입력합니다.

　※ 《출력형태》를 보면 두 개의 글머리표가 있기 때문에 첫 번째 내용 입력이 끝난 후에는 **Enter** 키를 눌러 줄바꿈 한 뒤 두 번째 내용을 입력합니다.

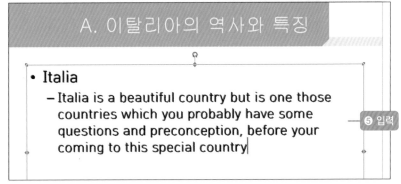

들여쓰기 수준을 한 단계 낮추고 내용 입력시 주의할 점

● 작업 도중 글머리표가 삭제되어도 글머리표를 다시 지정하는 작업이 있기 때문에 글머리표는 무시하고 내용을 입력합니다.

● 단, **Tab** 키를 눌러 들여쓰기 수준을 반드시 한 단계 낮춰야 합니다.

③ 첫 번째 문단의 제목('Italia')을 드래그하여 블록으로 지정합니다.

④ [서식] 탭에서 '글머리표 매기기(▤)'의 목록 단추(▼)를 눌러 '▤'를 선택합니다.

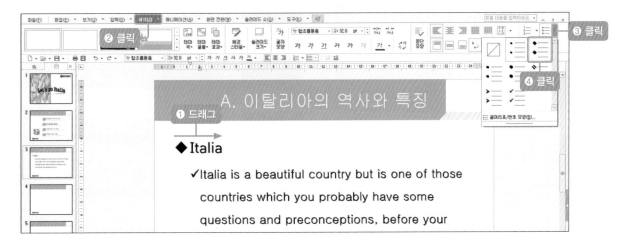

[전체구성] 60점

(1) 슬라이드 크기 및 순서 : 크기를 A4 용지로 설정하고 슬라이드 순서에 맞게 작성한다.
(2) 슬라이드 마스터 : 2~6슬라이드의 제목, 하단 로고, 슬라이드 번호는 슬라이드 마스터를 이용하여 작성한다.
   – 제목 글꼴(굴림, 40pt, 흰색), 가운데 정렬, 도형(선 없음)
   – 하단 로고(「내 PC₩문서₩ITQ₩Picture₩로고1.jpg」, 배경(회색) 투명색으로 설정)

[슬라이드 1] ≪표지 디자인≫ 40점

(1) 표지 디자인 : 도형, 워드숍 및 그림을 이용하여 작성한다.

세부조건

① 도형 편집
   – 도형에 그림 채우기 :
     「내 PC₩문서₩ITQ₩Picture₩
     그림1.jpg」, 투명도 50%
   – 도형 효과 : 옅은 테두리 5pt
② 워드숍
   – 변환 : 위쪽 수축
   – 글꼴 : 궁서, 진하게
   – 반사 : 1/3크기, 4 pt
③ 그림 삽입
   –「내 PC₩문서₩ITQ₩Picture₩
     로고1.jpg」
   – 배경(회색) 투명한 색으로 설정

[슬라이드 2] ≪목차 슬라이드≫ 60점

(1) 출력형태와 같이 도형을 이용하여 목차를 작성한다(글꼴 : 맑은 고딕, 24pt).
(2) 도형 : 선 없음

세부조건

① 텍스트에 하이퍼링크 적용
   → '슬라이드 4'
② 그림 삽입
   –「내 PC₩문서₩ITQ₩Picture₩
     그림4.jpg」
   – 자르기 기능 이용

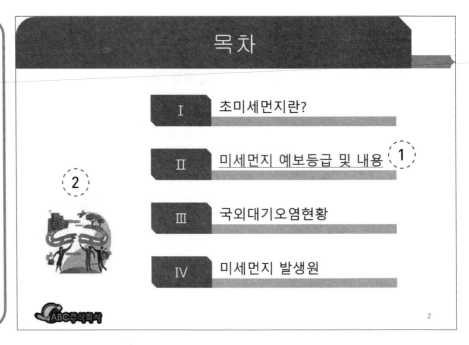

⑤ [서식] 탭에서 '글꼴(굴림), 글자 크기(24pt), 진하게(가)'를 지정합니다. '줄 간격(값1.00 ▾)'의 목록 단추(▾)를 눌러 '1.50'을 클릭합니다.

※ 반드시 첫 번째 문단의 제목('Italia')이 블록으로 지정되어 있어야 합니다.

⑥ 첫 번째 문단 내용을 드래그하여 블록으로 지정합니다.

⑦ [서식] 탭에서 '글머리표 매기기(☰ ▾)'의 목록 단추(▾)를 눌러 '✓'를 확인합니다.

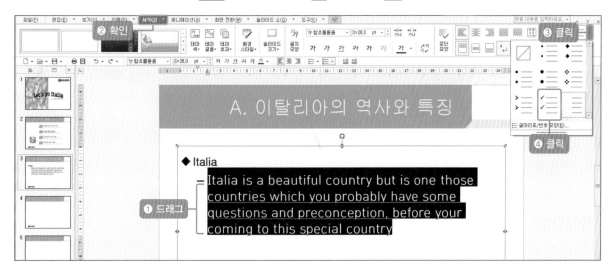

⑧ [서식] 탭에서 '글꼴(굴림), 글자 크기(20pt)'를 지정합니다. '줄 간격(값1.00 ▾)'의 목록 단추(▾)를 눌러 '1.50'을 클릭합니다.

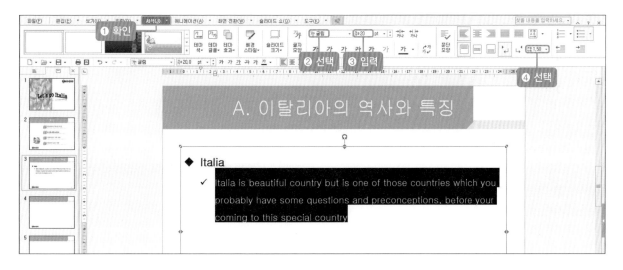

과목	코드	문제유형	시험시간	수험번호	성명
한쇼	1141	A	60분		

한컴 오피스

·수험자 유의사항·

● 수험자는 문제지를 받는 즉시 문제지와 **수험표상의 시험과목(프로그램)이 동일한지 반드시 확인**하여야 합니다.
● 파일명은 본인의 "수험번호-성명"으로 입력하여 답안폴더(내 PC₩문서₩ITQ)에 하나의 파일로 저장해야하며, 답안 문서 파일명이 "수험번호-성명"과 일치하지 않거나, 답안파일을 전송하지 않아 미제출로 처리될 경우 실격 처리합니다 (예 : 12345678-홍길동.show).
● 답안 작성을 마치면 파일을 저장하고, '답안 전송' 버튼을 선택하여 감독위원 PC로 답안을 전송하십시오. 수험생 정보와 저장한 파일명이 다를 경우 전송되지 않으므로 주의하시기 바랍니다.
● 답안 작성 중에도 **주기적으로 저장하고, '답안 전송'**하여야 문제 발생을 줄일 수 있습니다. 작업한 내용을 저장하지 않고 전송할 경우 이전에 저장된 내용이 전송되오니 이점 유의하시기 바랍니다.
● 답안문서는 지정된 경로 외의 다른 보조기억장치에 저장하는 경우, 지정된 시험 시간 외에 작성된 파일을 활용할 경우, 기타 통신수단(이메일, 메신저, 네트워크 등)을 이용하여 타인에게 전달 또는 외부 반출하는 경우는 부정 처리합니다.
● 시험 중 부주의 또는 고의로 시스템을 파손한 경우는 수험자가 변상해야 하며, 〈수험자 유의사항〉에 기재된 방법대로 이행하지 않아 생기는 불이익은 수험생 당사자의 책임임을 알려 드립니다.
● 문제의 조건은 한컴오피스 NEO(2016) 버전으로 설정되어 있으니 유의하시기 바랍니다.
● 시험을 완료한 수험자는 답안파일이 전송되었는지 확인한 후 감독위원의 지시에 따라 문제지를 제출하고 퇴실합니다.

·답안 작성요령·

● 온라인 답안 작성 절차
  수험자 등록 ⇒ 시험 시작 ⇒ 답안파일 저장 ⇒ 답안 전송 ⇒ 시험 종료
● 슬라이드의 크기는 A4 Paper로 설정하여 작성합니다.
● 슬라이드의 총 개수는 6개로 구성되어 있으며 슬라이드 1부터 순서대로 작업하고 반드시 문제와 세부 조건대로 합니다.
● 별도의 지시사항이 없는 경우 출력형태를 참조하여 글꼴색은 검정 또는 흰색으로 작성하고, 기타사항은 전체적인 균형을 고려하여 작성합니다.
● 슬라이드 도형 및 개체에 출력형태와 다른 스타일(그림자, 외곽선 등)을 적용했을 경우 감점처리 됩니다.
● 슬라이드 번호를 작성합니다(슬라이드 1에는 생략).
● 2~6번 슬라이드 제목 도형과 하단 로고는 슬라이드 마스터를 이용하여 출력형태와 동일하게 작성합니다(슬라이드 1에는 생략).
● 문제와 세부조건, 세부조건 번호 ○(점선원)는 입력하지 않습니다.
● 각 개체의 위치는 오른쪽의 슬라이드와 동일하게 구성합니다.
● 그림 삽입 문제의 경우 반드시「내 PC₩문서₩ITQ₩Picture」폴더에서 정확한 파일을 선택하여 삽입하십시오.
● 각 슬라이드를 각각의 파일로 작업해서 저장할 경우 실격 처리됩니다.

kpc 한국생산성본부

■ 글상자의 크기 및 위치를 《출력형태》처럼 맞추기

① 내용 입력 및 서식 변경이 끝나면 **Esc** 키를 눌러 블록 지정을 해제합니다.

② 《출력형태》와 같이 오른쪽 끝에서 끝나는 글자가 같도록 글상자의 오른쪽 가운데 조절점(◀▶)을 드래그하여 크기를 조절합니다.

③ 글상자의 아래쪽 가운데 조절점(◆)을 드래그하여 《출력형태》와 같이 크기를 조절한 후 글상자의 테두리를 드래그하여 위치를 변경합니다.

※ 글상자의 위치를 슬라이드의 왼쪽 상단으로 이동하여 아래쪽에 내용을 입력할 공간을 마련합니다.

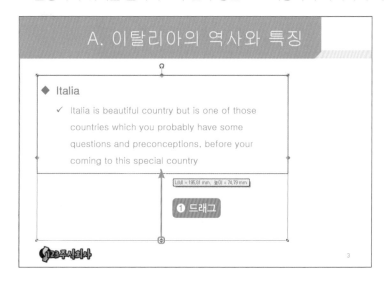

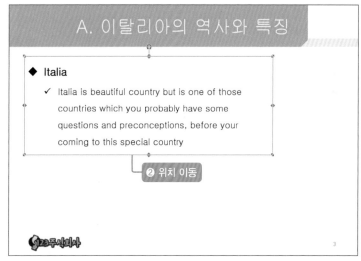

[슬라이드 5] ≪차트 슬라이드≫   100점

(1) 차트 작성 기능을 이용하여 슬라이드를 작성한다.
(2) 차트 : 유형(묶은 세로 막대형), 글꼴(맑은 고딕, 16pt), 외곽선
(3) 표 : 차트 하단에 이미지와 같이 표 그리기

세부조건

※ 차트설명
- 차트제목 : 궁서, 20pt, 진하게, 채우기(하양), 테두리, 그림자(대각선 오른쪽 아래)
- 범례 위치 : 오른쪽
- 전체배경 : 채우기(노랑)
- 값 표시 : 중학교 이하 계열
① 도형 편집
  - 스타일 : 밝은 계열 – 강조1
  - 글꼴 : 굴림, 16pt

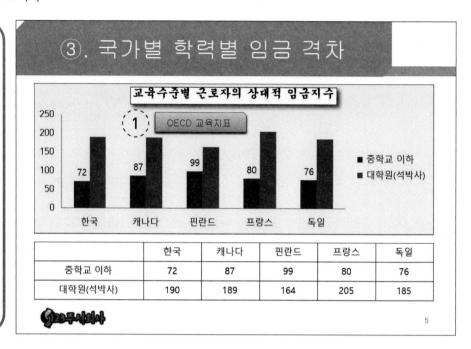

③. 국가별 학력별 임금 격차

	한국	캐나다	핀란드	프랑스	독일
중학교 이하	72	87	99	80	76
대학원(석박사)	190	189	164	205	185

[슬라이드 6] ≪도형 슬라이드≫   100점

(1) 슬라이드와 같이 도형을 배치한다(글꼴 : 맑은 고딕, 18pt).
(2) 애니메이션 순서 : ① ⇒ ②

세부조건

① 도형 편집
  - 그룹화 후 애니메이션 효과
    : 밝기 변화
② 도형 편집
  - 그룹화 후 애니메이션 효과
    : 수직 분할

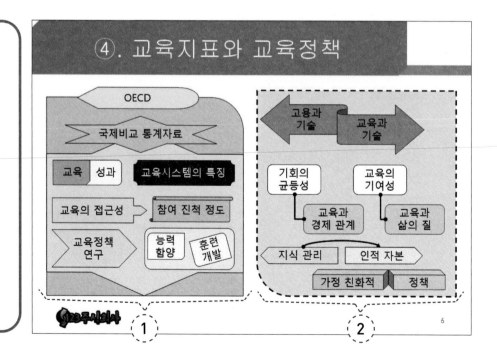

④. 교육지표와 교육정책

1 글상자가 선택된 상태에서 **Ctrl** + **Shift** 키를 누른 채 글상자의 테두리를 아래쪽으로 드래그하여 복사합니다.

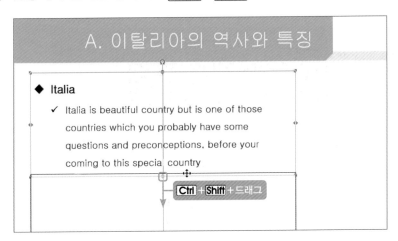

2 복사된 글상자의 첫 번째 문단의 제목('Italia')이 끝나는 부분을 클릭하고 **Ctrl** + **Back Space** 키를 눌러 내용을 삭제한 후 '**역사와 특징**'을 입력합니다.

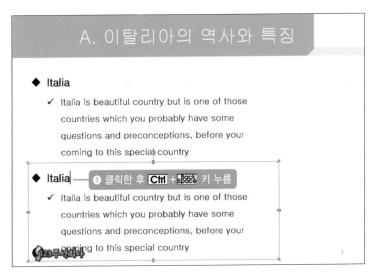

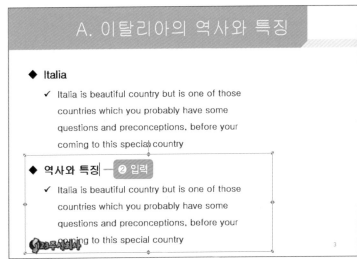

[슬라이드 3] ≪텍스트/동영상 슬라이드≫ 60점

(1) 텍스트 작성 : 글머리 기호 사용(❖, ➤)

    ❖문단(굴림, 24pt, 굵게, 줄간격 : 1.5줄), ➤문단(굴림, 20pt, 줄간격 : 1.5줄)

세부조건

① 동영상 삽입 :
- 「내 PC₩문서₩ITQ₩Picture₩ 동영상.wmv」
- 자동실행, 반복재생 설정

---

①. 교육지표

❖ **Curriculum**

  ➤ A person who seeks individuality as the basis for the growth of the whole personality

  ➤ A person who creates new value on the basis of understanding the national culture

①

❖ **OECD 교육지표**

  ➤ OECD 교육지표는 회원국들이 교육 기회를 확대하고 교육의 사회적 성과를 제고하는데 필요한 국제 비교 자료를 제공하고 있어 교육정책 수립 및 연구의 기초자료로 활용

3

[슬라이드 4] ≪표 슬라이드≫ 80점

(1) 도형과 표 작성 기능을 이용하여 슬라이드를 작성한다(글꼴 : 맑은 고딕, 18pt).

세부조건

① 상단 도형 :
  2개 도형의 조합으로 작성
② 좌측 도형 :
  그라데이션 효과(선형 위쪽)
③ 표 스타일 :
  보통 스타일 4 – 강조 2

---

②. OECD 교육지표 체제

①

②

주요 체제	하위 내용
교육기관의 산출 및 학습 효과	성인 인구의 학력 수준
	교육수준별 경제활동 참여
교육에 투입된 재정/인적 자원	국내 총생산 대비 학교 교육비 지출
	서비스 유형 및 재원별 학교 교육비
학습 환경 및 학교 조직	교원의 수업 시간 및 근무시간
	초중등 교육과정의 총 수업 시간

국제 표준

교육 분류

③

4

③ [Ctrl]+[Back Space] 키를 이용하여 내용을 삭제한 후 문단의 내용을 입력합니다.

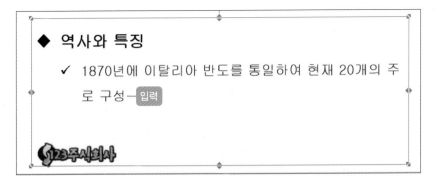

④ 《출력형태》와 같이 오른쪽 끝에서 끝나는 글자가 같도록 글상자의 오른쪽 가운데 조절점([◀▶])을 드래그하여 크기를 조절합니다.

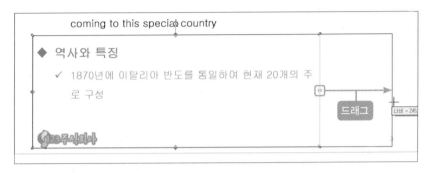

⑤ [Enter] 키를 눌러 다음 문단 내용을 입력합니다.

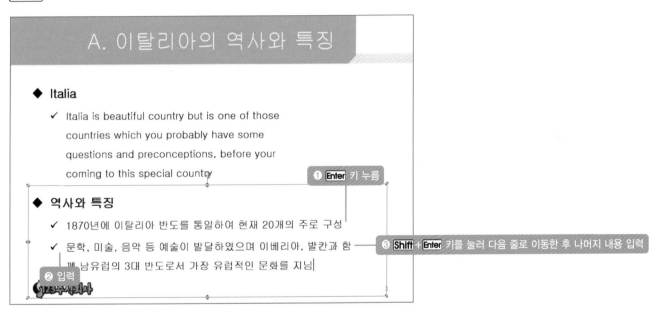

⑴ 슬라이드 크기 및 순서 : 크기를 A4 용지로 설정하고 슬라이드 순서에 맞게 작성한다.

⑵ 슬라이드 마스터 : 2~6슬라이드의 제목, 하단 로고, 슬라이드 번호는 슬라이드 마스터를 이용하여 작성한다.

    – 제목 글꼴(굴림, 40pt, 흰색), 가운데 정렬, 도형(선 없음)

    – 하단 로고(「내 PC₩문서₩ITQ₩Picture₩로고2.jpg」, 배경(회색) 투명색으로 설정)

[슬라이드 1] ≪표지 디자인≫   40점

⑴ 표지 디자인 : 도형, 워드숍 및 그림을 이용하여 작성한다.

세부조건

① 도형 편집
- 도형에 그림 채우기 :
「내 PC₩문서₩ITQ₩Picture₩그림3.jpg」, 투명도 50%
- 도형 효과 : 옅은 테두리 5pt

② 워드숍
- 변환 : 위쪽 수축
- 글꼴 : 궁서, 진하게
- 반사 : 1/2크기, 4 pt

③ 그림 삽입
- 「내 PC₩문서₩ITQ₩Picture₩로고2.jpg」
- 배경(회색) 투명한 색으로 설정

[슬라이드 2] ≪목차 슬라이드≫   60점

⑴ 출력형태와 같이 도형을 이용하여 목차를 작성한다(글꼴 : 맑은 고딕, 24pt).

⑵ 도형 : 선 없음

세부조건

① 텍스트에 하이퍼링크 적용
→ '슬라이드 6'

② 그림 삽입
- 「내 PC₩문서₩ITQ₩Picture₩그림5.jpg」
- 자르기 기능 이용

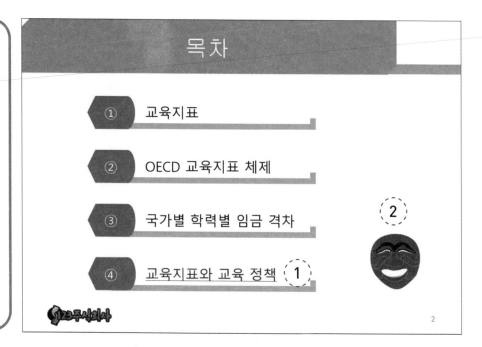

유형 03 **동영상 삽입하기**

① [입력] 탭에서 '**동영상(▶)**'을 클릭합니다.

② [동영상 넣기] 대화상자가 나오면 [소스 및 정답]–[Picture]–'**동영상**'을 선택한 후 〈열기〉 단추를 클릭합니다.

동영상 삽입하기

- 새롭게 변경된 시험에서 문제지 조건 설명이 윈도우 10 환경으로 변경되면서 삽입할 동영상을 가져오는 경로가 [내 PC\문서\ITQ\Picture] 폴더로 변경되었습니다.
- 시험장에서는 감독위원의 지시에 따라 동영상 삽입 경로를 지정하면 됩니다.

③ [미디어 삽입] 대화상자가 나오면 '슬라이드 쇼 실행 시 미디어 시작'–'**자동 실행**'을 선택하고 〈확인〉 단추를 클릭합니다.

④ 동영상이 삽입되고 오른쪽 화면에 [사용자 지정 애니메이션] 작업 창이 나오면 '작업 창 접기/펴기(▮)'를 클릭하여 작업 창을 최소화합니다.

과목	코드	문제유형	시험시간	수험번호	성명
한쇼	1141	A	60분		

한컴 오피스

·수험자 유의사항·

- 수험자는 문제지를 받는 즉시 문제지와 **수험표상의 시험과목(프로그램)이 동일한지 반드시 확인**하여야 합니다.
- 파일명은 본인의 "수험번호-성명"으로 입력하여 답안폴더(내 PC₩문서₩ITQ)에 하나의 파일로 저장해야하며, 답안 문서 파일명이 "수험번호-성명"과 일치하지 않거나, 답안파일을 전송하지 않아 미제출로 처리될 경우 실격 처리합니다 (예 : 12345678-홍길동.show).
- 답안 작성을 마치면 파일을 저장하고, '답안 전송' 버튼을 선택하여 감독위원 PC로 답안을 전송하십시오. 수험생 정보와 저장 한 파일명이 다를 경우 전송되지 않으므로 주의하시기 바랍니다.
- 답안 작성 중에도 **주기적으로 저장하고, '답안 전송'**하여야 문제 발생을 줄일 수 있습니다. 작업한 내용을 저장하지 않고 전송 할 경우 이전에 저장된 내용이 전송되오니 이점 유의하시기 바랍니다.
- 답안문서는 지정된 경로 외의 다른 보조기억장치에 저장하는 경우, 지정된 시험 시간 외에 작성된 파일을 활용할 경우, 기타 통신수단(이메일, 메신저, 네트워크 등)을 이용하여 타인에게 전달 또는 외부 반출하는 경우는 부정 처리합니다.
- 시험 중 부주의 또는 고의로 시스템을 파손한 경우는 수험자가 변상해야 하며, 〈수험자 유의사항〉에 기재된 방법대로 이행하 지 않아 생기는 불이익은 수험생 당사자의 책임임을 알려 드립니다.
- 문제의 조건은 한컴오피스 NEO(2016) 버전으로 설정되어 있으니 유의하시기 바랍니다.
- 시험을 완료한 수험자는 답안파일이 전송되었는지 확인한 후 감독위원의 지시에 따라 문제지를 제출하고 퇴실합니다.

·답안 작성요령·

- 온라인 답안 작성 절차
  수험자 등록 ⇒ 시험 시작 ⇒ 답안파일 저장 ⇒ 답안 전송 ⇒ 시험 종료
- 슬라이드의 크기는 A4 Paper로 설정하여 작성합니다.
- 슬라이드의 총 개수는 6개로 구성되어 있으며 슬라이드 1부터 순서대로 작업하고 반드시 문제와 세부 조건대로 합니다.
- 별도의 지시사항이 없는 경우 출력형태를 참조하여 글꼴색은 검정 또는 흰색으로 작성하고, 기타사항은 전체적인 균형을 고려하여 작성합니다.
- 슬라이드 도형 및 개체에 출력형태와 다른 스타일(그림자, 외곽선 등)을 적용했을 경우 감점처리 됩니다.
- 슬라이드 번호를 작성합니다(슬라이드 1에는 생략).
- 2~6번 슬라이드 제목 도형과 하단 로고는 슬라이드 마스터를 이용하여 출력형태와 동일하게 작성합니다(슬라이드 1에는 생략).
- 문제와 세부조건, 세부조건 번호 ◌(점선원)는 입력하지 않습니다.
- 각 개체의 위치는 오른쪽의 슬라이드와 동일하게 구성합니다.
- 그림 삽입 문제의 경우 반드시 「내 PC₩문서₩ITQ₩Picture」 폴더에서 정확한 파일을 선택하여 삽입하십시오.
- 각 슬라이드를 각각의 파일로 작업해서 저장할 경우 실격 처리됩니다.

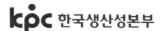

⑤ 《출력형태》를 참고하여 동영상의 위치를 조절합니다.

⑥ [멀티미디어(▣)] 탭에서 '**반복 재생**'을 클릭하여 체크 표시(☑)를 지정합니다.

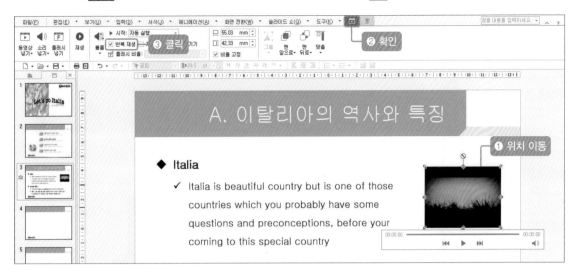

⑦ [파일]-[저장하기](**Ctrl**+**S**) 또는 서식 도구 상자에서 '**저장하기(** 🖫 **)**'를 클릭합니다.

※ 실제 시험을 볼 때 작업 도중에 수시로(10분에 한 번 정도) 저장을 하는 것이 좋습니다.

(1) 차트 작성 기능을 이용하여 슬라이드를 작성한다.
(2) 차트 : 유형(묶은 세로 막대형), 글꼴(맑은 고딕, 16pt), 외곽선
(3) 표 : 차트 하단에 이미지와 같이 표 그리기

세부조건

※ 차트설명
- 차트제목 : 궁서, 20pt,
  진하게, 채우기(하양), 테두리,
  그림자(대각선 오른쪽 아래)
- 범례 위치 : 오른쪽
- 전체배경 : 채우기(노랑)
- 값 표시 : VR(단위:억원) 계열
① 도형 편집
  – 스타일 : 밝은 계열 – 강조3
  – 글꼴 : 굴림, 16pt

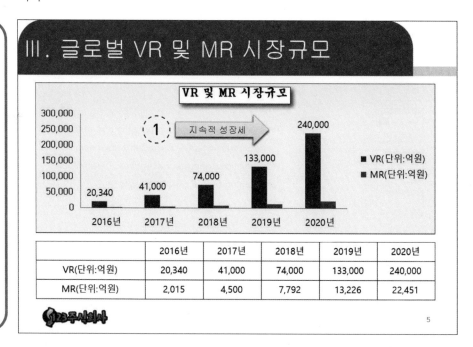

(1) 슬라이드와 같이 도형을 배치한다(글꼴 : 함초롬돋움, 18pt).
(2) 애니메이션 순서 : ① ⇒ ②

세부조건

① 도형 편집
  – 그룹화 후 애니메이션 효과
    : 흩어뿌리기
② 도형 편집
  – 그룹화 후 애니메이션 효과
    : 실선무늬(세로)

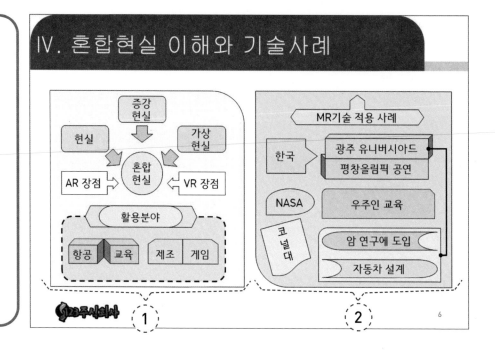

[슬라이드 3]《텍스트/동영상 슬라이드》

01 문제지의 지시사항 및 세부조건을 참고하여《출력형태》에 알맞게 작업하시오.

· 소스파일 : [출제유형04]-정복04_문제01.show   · 정답파일 : [출제유형04]-정복04_완성01.show

◆ [슬라이드 3]《텍스트/동영상 슬라이드》(60점)

(1) 텍스트 작성 : 글머리 기호 사용(❖, ✓)

❖ 문단(굴림, 24pt, 진하게, 줄간격 : 1.5줄), ✓ 문단(굴림, 20pt, 줄간격 : 1.5줄)

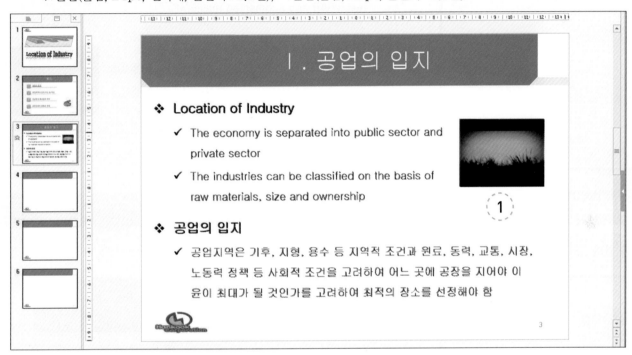

◆ 세부 조건

① 동영상 삽입

  -「내 PC₩문서₩ITQ₩Picture₩동영상.wmv」

  - 자동 실행, 반복 재생 설정

(1) 텍스트 작성 : 글머리 기호 사용(❖, ■)

    ❖문단(굴림, 24pt, 굵게, 줄간격 : 1.5줄), ■문단(굴림, 20pt, 줄간격 : 1.5줄)

세부조건

① 동영상 삽입 :
  – 「내 PC₩문서₩ITQ₩Picture₩
      동영상.wmv」
  – 자동실행, 반복재생 설정

Ⅰ. 혼합현실(MR)이란?

❖ Mixed Reality(MR)

  ■ A reality created bu mixing various methods

  ■ A word that refers to all the ways that exist between reality, virtual reality(VR) and augmented reality(AR)

❖ 혼합현실

  ■ 다양한 방식을 혼합해 만들어낸 현실로 현실과 가상현실, 증강현실 사이에 존재할 수 있는 모든 방식을 통틀어 일컫는 말

3

(1) 도형과 표 작성 기능을 이용하여 슬라이드를 작성한다(글꼴 : 맑은 고딕, 18pt).

세부조건

① 상단 도형 :
  2개 도형의 조합으로 작성
② 좌측 도형 :
  그라데이션 효과(선형 위쪽)
③ 표 스타일 :
  보통 스타일 4 – 강조 1

Ⅱ. VR, AR, MR 기술 비교

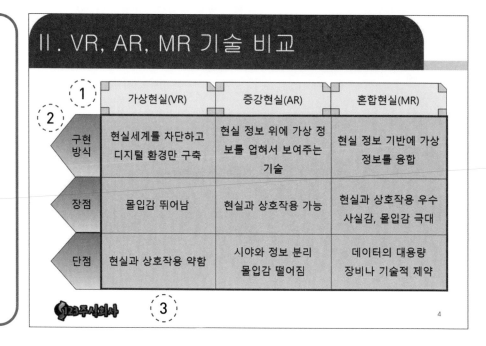

	가상현실(VR)	증강현실(AR)	혼합현실(MR)
구현 방식	현실세계를 차단하고 디지털 환경만 구축	현실 정보 위에 가상 정보를 업혀서 보여주는 기술	현실 정보 기반에 가상 정보를 융합
장점	몰입감 뛰어남	현실과 상호작용 가능	현실과 상호작용 우수 사실감, 몰입감 극대
단점	현실과 상호작용 약함	시야와 정보 분리 몰입감 떨어짐	데이터의 대용량 장비나 기술적 제약

4

· 소스파일 : [출제유형04]-정복04_문제02.show   · 정답파일 : [출제유형04]-정복04_완성02.show

◆ [슬라이드 3] 《텍스트/동영상 슬라이드》 (60점)

(1) 텍스트 작성 : 글머리 기호 사용(❖, ➢)

❖ 문단(굴림, 24pt, 진하게, 줄간격 : 1.5줄), ➢ 문단(굴림, 20pt, 줄간격 : 1.5줄)

세부조건	

① **동영상 삽입**
 – 「내 PC₩문서₩ITQ₩Picture₩
  동영상.wmv」
 – 자동 실행, 반복 재생 설정
	1. 미니멀 라이프란
	
	 ❖ **Minimal Life**
	 ➢ A lifestyle that minimizes unnecessary things and lives with minimal
	 ➢ Focus on important parts of your life by not stoppong and shrinking things
	
	 ❖ **미니멀 라이프**
	 ➢ 불필요한 물건을 줄이고 최소한의 것으로 살아가는 생활방식으로 물건을 줄이는 것에서 그치지 않고 적게 가짐으로써 삶의 중요한 부분에 집중하는 것에 중점을 둠
	
	  ABC주식회사 3

· 소스파일 : [출제유형04]-정복04_문제03.show   · 정답파일 : [출제유형04]-정복04_완성03.show

◆ [슬라이드 3] 《텍스트/동영상 슬라이드》 (60점)

(1) 텍스트 작성 : 글머리 기호 사용(✓, ■)

✓ 문단(굴림, 24pt, 진하게, 줄간격 : 1.5줄), ■ 문단(굴림, 20pt, 줄간격 : 1.5줄)

세부조건	

① **동영상 삽입**
 – 「내 PC₩문서₩ITQ₩Picture₩
  동영상.wmv」
 – 자동 실행, 반복 재생 설정
	Ⅰ. 온실가스 감축
	
	 ✓ **The Clean Air Act**
	 ■ The Clean Air Act is the law that defines EPA's responsibilities for protecting and improving the nation's air quality
	 ■ The last major change in the law, the Clean Air Act Amendments of 1990, was enacted by Congress in 1990
	
	 ✓ **국가 온실가스 통계 개선 및 관리 강화**
	 ■ 온실가스 통계의 핵심인자인 국가고유 배출계수의 정확성, 대표성 등의 검증으로 국가 온실가스 통계관리체계 개선을 통해 국제적 수준의 통계품질 확보
	
	  123주식회사 3

[전체구성]　　　　60점

⑴ 슬라이드 크기 및 순서 : 크기를 A4 용지로 설정하고 슬라이드 순서에 맞게 작성한다.
⑵ 슬라이드 마스터 : 2~6슬라이드의 제목, 하단 로고, 슬라이드 번호는 슬라이드 마스터를 이용하여 작성한다.
　　– 제목 글꼴(굴림, 40pt, 흰색), 왼쪽 정렬, 도형(선 없음)
　　– 하단 로고(「내 PC₩문서₩ITQ₩Picture₩로고2.jpg」, 배경(회색) 투명색으로 설정)

[슬라이드 1] ≪표지 디자인≫　　　　40점

⑴ 표지 디자인 : 도형, 워드숍 및 그림을 이용하여 작성한다.

세부조건
① 도형 편집 　– 도형에 그림 채우기 : 　　「내 PC₩문서₩ITQ₩Picture₩ 　　그림1.jpg」, 투명도 50% 　– 도형 효과 : 옅은 테두리 5pt ② 워드숍 　– 변환 : 팽창 　– 글꼴 : 궁서, 진하게 　– 반사 : 1/3크기, 8 pt ③ 그림 삽입 　–「내 PC₩문서₩ITQ₩Picture₩ 　　로고2.jpg」 　– 배경(회색) 투명한 색으로 설정

[슬라이드 2] ≪목차 슬라이드≫　　　　60점

⑴ 출력형태와 같이 도형을 이용하여 목차를 작성한다(글꼴 : 맑은 고딕, 24pt).
⑵ 도형 : 선 없음

세부조건
① 텍스트에 하이퍼링크 적용 　→ '슬라이드 6' ② 그림 삽입 　–「내 PC₩문서₩ITQ₩Picture₩ 　　그림5.jpg」 　– 자르기 기능 이용

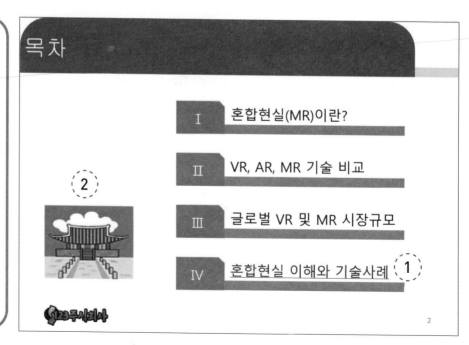

04 문제지의 지시사항 및 세부조건을 참고하여 《출력형태》에 알맞게 작업하시오.

· 소스파일 : [출제유형04]−정복04_문제04.show · 정답파일 : [출제유형04]−정복04_완성04.show

◆ [슬라이드 3] 《텍스트/동영상 슬라이드》 (60점)

(1) 텍스트 작성 : 글머리 기호 사용(❖, •)

❖ 문단(굴림, 24pt, 진하게, 줄간격 : 1.5줄), • 문단(굴림, 20pt, 줄간격 : 1.5줄)

세부조건	
① **동영상 삽입** – 「내 PC\문서\ITQ\Picture\ 동영상.wmv」 – 자동 실행, 반복 재생 설정	

A. 소비자 정책의 이해

❖ Consumer Policy
- Consumers who know their rights and have the information to make meaningful choices when buying goods or services spur businesses to innovate and compete

❖ 소비자 정책이란
- 시장경제에서 소비자 문제를 해결하기 위해 정부가 법과 제도 등을 통하여 시장에 직간접적으로 개입하는 일련의 과정
- 효과적인 소비자 정책은 소비자에게는 직접적인 후생 증대 효과를 제공

ABC주식회사   3

---

05 문제지의 지시사항 및 세부조건을 참고하여 《출력형태》에 알맞게 작업하시오.

· 소스파일 : [출제유형04]−정복04_문제05.show · 정답파일 : [출제유형04]−정복04_완성05.show

◆ [슬라이드 3] 《텍스트/동영상 슬라이드》 (60점)

(1) 텍스트 작성 : 글머리 기호 사용(➤, ✓)

➤ 문단(굴림, 24pt, 진하게, 줄간격 : 1.5줄), ✓ 문단(굴림, 20pt, 줄간격 : 1.5줄)

세부조건	
① **동영상 삽입** – 「내 PC\문서\ITQ\Picture\ 동영상.wmv」 – 자동 실행, 반복 재생 설정	

i. 최저임금제 의미 및 기대효과

➤ Minimum wage systems
  ✓ The minumum wage system is a wage system that determines wages as part of a social policy by setting up certain amount of wages and legally banning wages

➤ 기대효과
  ✓ 임금을 높이고, 임금생활자의 소득 증가
  ✓ 수준 이하의 노동조건이나 빈곤을 없앨 수 있음
  ✓ 임금생활자의 노동력 착취를 방지하며 소득재분배를 실현

                                    3

과목	코드	문제유형	시험시간	수험번호	성명
한쇼	1141	A	60분		

한컴 오피스

·수험자 유의사항·

- 수험자는 문제지를 받는 즉시 문제지와 **수험표상의 시험과목(프로그램)이 동일한지 반드시 확인**하여야 합니다.
- 파일명은 본인의 "수험번호–성명"으로 입력하여 답안폴더(내 PC₩문서₩ITQ)에 하나의 파일로 저장해야하며, 답안 문서 파일명이 "수험번호–성명"과 일치하지 않거나, 답안파일을 전송하지 않아 미제출로 처리될 경우 실격 처리합니다 (예 : 12345678–홍길동.show).
- 답안 작성을 마치면 파일을 저장하고, '답안 전송' 버튼을 선택하여 감독위원 PC로 답안을 전송하십시오. 수험생 정보와 저장한 파일명이 다를 경우 전송되지 않으므로 주의하시기 바랍니다.
- 답안 작성 중에도 **주기적으로 저장하고, '답안 전송'**하여야 문제 발생을 줄일 수 있습니다. 작업한 내용을 저장하지 않고 전송할 경우 이전에 저장된 내용이 전송되오니 이점 유의하시기 바랍니다.
- 답안문서는 지정된 경로 외의 다른 보조기억장치에 저장하는 경우, 지정된 시험 시간 외에 작성된 파일을 활용할 경우, 기타 통신수단(이메일, 메신저, 네트워크 등)을 이용하여 타인에게 전달 또는 외부 반출하는 경우는 부정 처리합니다.
- 시험 중 부주의 또는 고의로 시스템을 파손한 경우는 수험자가 변상해야 하며, 〈수험자 유의사항〉에 기재된 방법대로 이행하지 않아 생기는 불이익은 수험생 당사자의 책임임을 알려 드립니다.
- 문제의 조건은 한컴오피스 NEO(2016) 버전으로 설정되어 있으니 유의하시기 바랍니다.
- 시험을 완료한 수험자는 답안파일이 전송되었는지 확인한 후 감독위원의 지시에 따라 문제지를 제출하고 퇴실합니다.

·답안 작성요령·

- 온라인 답안 작성 절차
  수험자 등록 ⇒ 시험 시작 ⇒ 답안파일 저장 ⇒ 답안 전송 ⇒ 시험 종료
- 슬라이드의 크기는 A4 Paper로 설정하여 작성합니다.
- 슬라이드의 총 개수는 6개로 구성되어 있으며 슬라이드 1부터 순서대로 작업하고 반드시 문제와 세부 조건대로 합니다.
- 별도의 지시사항이 없는 경우 출력형태를 참조하여 글꼴색은 검정 또는 흰색으로 작성하고, 기타사항은 전체적인 균형을 고려하여 작성합니다.
- 슬라이드 도형 및 개체에 출력형태와 다른 스타일(그림자, 외곽선 등)을 적용했을 경우 감점처리 됩니다.
- 슬라이드 번호를 작성합니다(슬라이드 1에는 생략).
- 2~6번 슬라이드 제목 도형과 하단 로고는 슬라이드 마스터를 이용하여 출력형태와 동일하게 작성합니다(슬라이드 1에는 생략).
- 문제와 세부조건, 세부조건 번호 ⦂(점선원)는 입력하지 않습니다.
- 각 개체의 위치는 오른쪽의 슬라이드와 동일하게 구성합니다.
- 그림 삽입 문제의 경우 반드시 「내 PC₩문서₩ITQ₩Picture」 폴더에서 정확한 파일을 선택하여 삽입하십시오.
- 각 슬라이드를 각각의 파일로 작업해서 저장할 경우 실격 처리됩니다.

kpc 한국생산성본부

[슬라이드 4] 《표 슬라이드》

○ 표를 작성한 후 표 스타일 지정하기
○ 도형 삽입하기

· 문제 미리보기 ·

· 소스파일 : [출제유형05]– 유형05_문제.show   · 정답파일 : [출제유형05]– 유형05_완성.show

◆ [슬라이드 4] 《표 슬라이드》 (80점)

(1) 도형과 표 작성 기능을 이용하여 슬라이드를 작성한다(글꼴 : 맑은 고딕, 18pt).

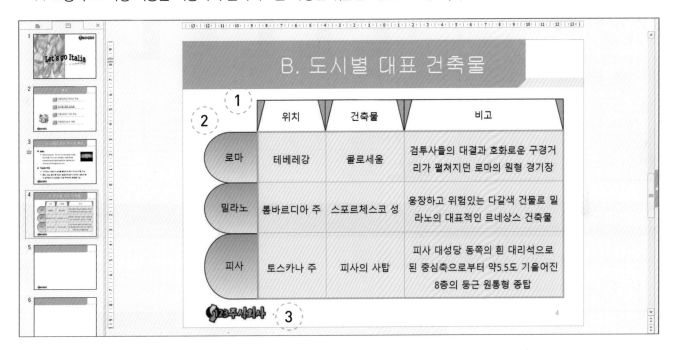

◆ 세부 조건

① **상단 도형**
2개 도형의 조합으로 작성

② **좌측 도형**
그라데이션 효과(선형 위쪽)

③ **표 스타일**
보통 스타일 4 – 강조 3

(1) 차트 작성 기능을 이용하여 슬라이드를 작성한다.
(2) 차트 : 유형(묶은 세로 막대형), 글꼴(맑은 고딕, 16pt), 외곽선
(3) 표 : 차트 하단에 이미지와 같이 표 그리기

세부조건

※ 차트설명
- 차트제목 : 궁서, 20pt,
  진하게, 채우기(하양), 테두리,
  그림자(대각선 오른쪽 아래)
- 범례 위치 : 오른쪽
- 전체배경 : 채우기(노랑)
- 값 표시 : 구매경험 없음 계열
① 도형 편집
  – 스타일 : 밝은 계열 – 강조4
  – 글꼴 : 굴림, 16pt

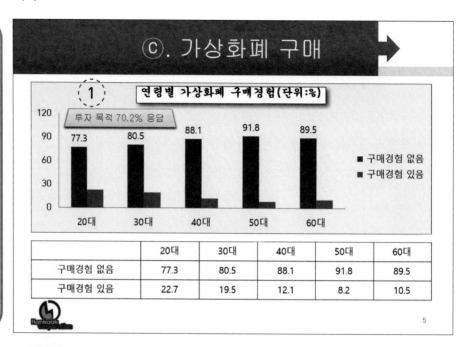

	20대	30대	40대	50대	60대
구매경험 없음	77.3	80.5	88.1	91.8	89.5
구매경험 있음	22.7	19.5	12.1	8.2	10.5

(1) 슬라이드와 같이 도형을 배치한다(글꼴 : 맑은 고딕, 18pt).
(2) 애니메이션 순서 : ① ⇒ ②

세부조건

① 도형 편집
  – 그룹화 후 애니메이션 효과
    : 바운드
② 도형 편집
  – 그룹화 후 애니메이션 효과
    : 블라인드(세로)

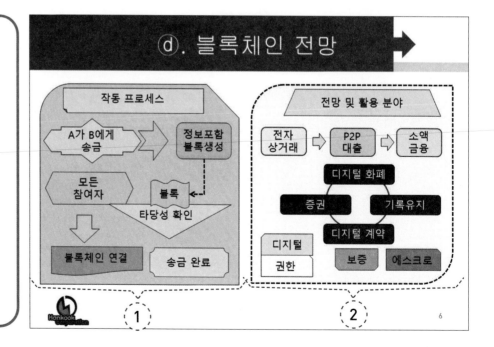

① '유형05_문제.show' 파일을 불러와 [슬라이드 4]를 클릭한 후 작업합니다.

    ※ 파일 불러오기 : [파일]–[불러오기]([Ctrl]+[O])를 클릭한 후 [불러오기] 대화상자에서 파일을 선택합니다.

② 슬라이드 상단에 '제목을 입력하십시오'를 클릭한 후 'B. 도시별 대표 건축물'을 입력합니다.

③ 슬라이드 안쪽의 내용(🔲)을 눌러 [표]를 클릭합니다. [표 만들기] 대화상자가 나오면 《출력형태》를 참고하여 '줄 수(3)'와 '칸 수(3)'을 입력한 후 〈만들기〉 단추를 클릭합니다.

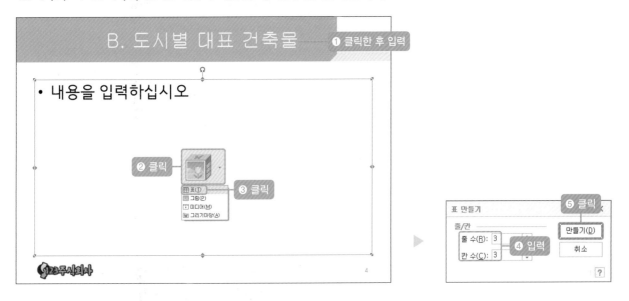

④ 표가 만들어지면 [표(▦)] 탭에서 '표 스타일' 이미지 꾸러미의 자세히 단추(↓)를 눌러 '보통 스타일 4 – 강조 3'을 클릭합니다.

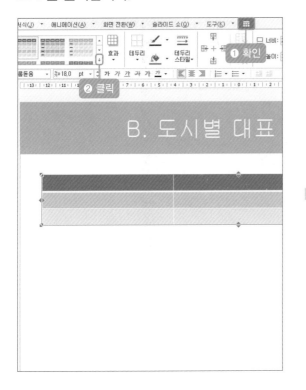

[슬라이드 3] ≪텍스트/동영상 슬라이드≫ 60점

(1) 텍스트 작성 : 글머리 기호 사용(◆, ■)

◆문단(굴림, 24pt, 굵게, 줄간격 : 1.5줄), ■문단(굴림, 20pt, 줄간격 : 1.5줄)

세부조건
① 동영상 삽입 : – 「내 PC\문서\ITQ\Picture\동영상.wmv」 – 자동실행, 반복재생 설정

ⓐ. 블록체인

◆ Block Chain

- A blockchain, originally block chain, is a growing list of records, called blocks, which are linked using cryptography
- Each block contains a cryptographic hash of the previous block, a timestamp, and transaction date

◆ 블록체인 기술

- 비트코인을 비롯한 대부분의 암호화폐 거래에 사용하며 블록체인 소프트웨어를 실행하는 많은 사용자들의 각 컴퓨터에서 서버가 운영되어 중앙은행 없이 개인 간의 자유로운 거래 가능

3

[슬라이드 4] ≪표 슬라이드≫ 80점

(1) 도형과 표 작성 기능을 이용하여 슬라이드를 작성한다(글꼴 : 맑은 고딕, 18pt).

세부조건
① 상단 도형 : 2개 도형의 조합으로 작성
② 좌측 도형 : 그라데이션 효과(선형 위쪽)
③ 표 스타일 : 보통 스타일 4 – 강조 2

ⓑ. 블록체인 세미나

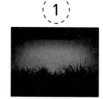

	시간	내용	비고
10/30	14:00~15:00	등록 및 네트워킹	
	15:00~17:00	기조연설	박술래 원장
10/31	10:00~11:30	블록체인의 역할과 미래	이동희 교수
	13:00~14:30	산업계의 블록체인	김희라 상무
	14:30~16:00	패널토의	진행 : 정지은 교수
	16:00~17:00	폐회식	

4

⑤ [표(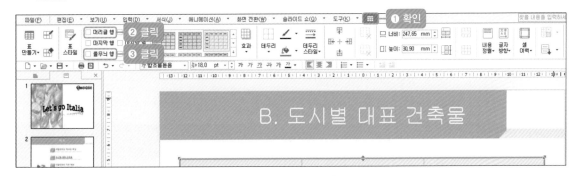)] 탭에서 '**머리글 행**'과 '**줄무늬 행**'을 클릭하여 체크 표시(☐)를 해제합니다.

⑥ 표 스타일이 변경되면 **Shift** 키를 누른 채 표의 테두리를 아래쪽으로 드래그하여 《출력형태》와 같이 위치를 변경합니다.

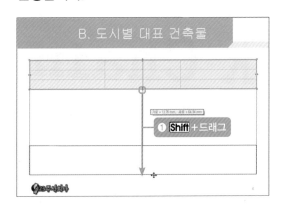 ▶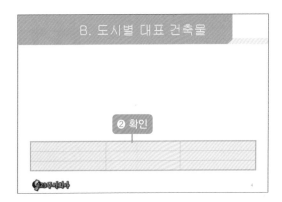

⑦ 표의 왼쪽 대각선 조절점(◤)을 오른쪽 위 대각선 방향으로 드래그하여 《출력형태》와 같이 크기를 변경합니다.

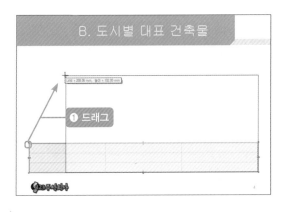 ▶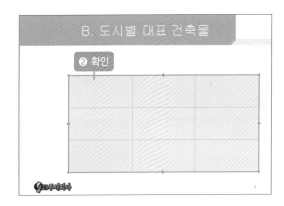

⭐ **셀 크기 조절, 셀 합치기/셀 나누기**

❶ **셀 크기 조절** : 표 안의 셀의 크기가 다를 경우 셀의 크기를 임의로 조절합니다. 조절하려는 셀의 가로선 또는 세로선 위에 마우스 포인터를 위치한 후 마우스 포인터가 ↕, ↔ 모양으로 변경되면 드래그하여 선택한 셀의 크기를 조절할 수 있습니다.

❷ **셀 합치기** : 표에서 합치고자하는 셀을 블록으로 설정하고 마우스 오른쪽 단추를 눌러 바로 가기 메뉴가 나오면 [셀 합치기]를 클릭합니다.

❸ **셀 나누기** : 여러 개로 나눌 셀에 커서를 놓고 마우스 오른쪽 단추를 눌러 바로 가기 메뉴가 나오면 [셀 나누기]를 클릭합니다. [셀 나누기] 대화상자가 나오면 '줄 수'와 '칸 수'를 입력한 후 〈확인〉 단추를 클릭합니다.

[전체구성] 60점

⑴ 슬라이드 크기 및 순서 : 크기를 A4 용지로 설정하고 슬라이드 순서에 맞게 작성한다.

⑵ 슬라이드 마스터 : 2~6슬라이드의 제목, 하단 로고, 슬라이드 번호는 슬라이드 마스터를 이용하여 작성한다.
- 제목 글꼴(굴림, 40pt, 흰색), 가운데 정렬, 도형(선 없음)
- 하단 로고(「내 PC₩문서₩ITQ₩Picture₩로고3.jpg」, 배경(연보라) 투명색으로 설정)

[슬라이드 1] ≪표지 디자인≫ 40점

⑴ 표지 디자인 : 도형, 워드숍 및 그림을 이용하여 작성한다.

세부조건

① 도형 편집
  - 도형에 그림 채우기 :
  「내 PC₩문서₩ITQ₩Picture₩
  그림2.jpg」, 투명도 50%
  - 도형 효과 : 옅은 테두리 5pt
② 워드숍
  - 변환 : 오른쪽 줄이기
  - 글꼴 : 궁서, 진하게
  - 반사 : 1/2크기, 4 pt
③ 그림 삽입
  - 「내 PC₩문서₩ITQ₩Picture₩
  로고3.jpg」
  - 배경(연보라) 투명한 색으로 설정

[슬라이드 2] ≪목차 슬라이드≫ 60점

⑴ 출력형태와 같이 도형을 이용하여 목차를 작성한다(글꼴 : 맑은 고딕, 24pt).

⑵ 도형 : 선 없음

세부조건

① 텍스트에 하이퍼링크 적용
  → '슬라이드 6'
② 그림 삽입
  - 「내 PC₩문서₩ITQ₩Picture₩
  그림4.jpg」
  - 자르기 기능 이용

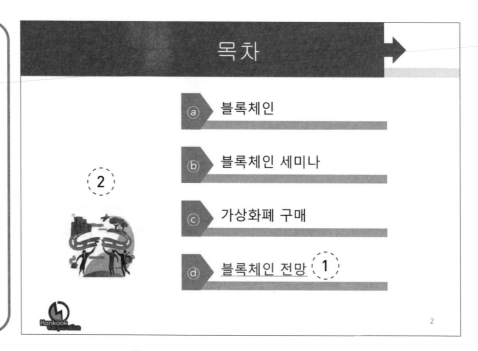

유형 02 글꼴 서식 변경 및 데이터 입력하기

❶ 표의 테두리를 클릭한 후 [서식] 탭에서 '글꼴(맑은 고딕), 글자 크기(18pt)'를 지정합니다. 이어서, '**가운데 정렬**(☰)'과 '**가운데 맞춤**(▤)'을 클릭합니다.

※ 정렬에 대한 별도의 지시사항이 없기 때문에 《출력형태》를 참고하여 작업합니다.

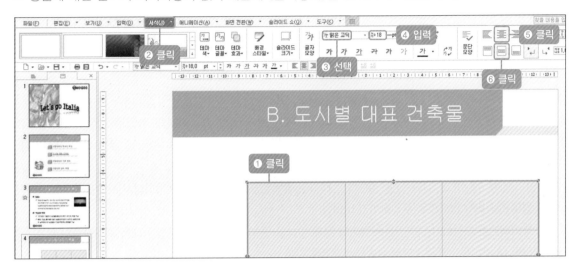

❷ 《출력형태》를 참고하여 표 내용을 입력하고 셀 크기를 조절합니다.

※ 실제 시험지의 《출력형태》에서는 텍스트의 줄 간격이 넓게 보일 수 있으나, [슬라이드 4]에서는 줄 간격에 대한 조건이 없기 때문에 특별한 지시사항이 없다면 줄 간격을 변경하지 않고 작성했더라도 채점 기준과는 무관합니다.

테베레강	콜로세움	검투사들의 대결과 호화로운 구경거리가 펼쳐지던 로마의 원형 경기장
롬바르디아 주	스포르체스코 성	웅장하고 위험있는 다갈색 건물로 밀라노의 대표적인 르네상스 건축물
토스카나 주	피사의 사탑	피사 대성당 동쪽의 흰 대리석으로 된 중심축으로부터 약5.5도 기울어진 8층의 둥근 원통형 종탑

 표 안의 데이터 입력 시 참고사항

❶ 필요에 따라 Enter 키를 눌러 강제 줄바꿈하여 《출력형태》와 똑같이 입력합니다.

❷ Tab 키 또는 키보드의 방향키(←, →, ↑, ↓)를 눌러 커서를 이동하면 편리합니다.

❸ 셀에 내용을 입력이 끝난 상태에서 Enter 키를 눌렀을 경우 글자가 강제 줄바꿈되어 위로 올라갑니다. 이럴 경우에는 마지막 글자 뒤를 클릭한 후 Delete 키를 눌러 빈 줄을 삭제합니다.

제 08 회 정보기술자격(ITQ) 출제예상 모의고사

과목	코드	문제유형	시험시간	수험번호	성명
한쇼	1141	A	60분		

한컴 오피스

·수험자 유의사항·

- 수험자는 문제지를 받는 즉시 문제지와 **수험표상의 시험과목(프로그램)이 동일한지 반드시 확인**하여야 합니다.
- 파일명은 본인의 "수험번호-성명"으로 입력하여 답안폴더(내 PC\문서\ITQ)에 하나의 파일로 저장해야하며, 답안 문서 파일명이 "수험번호-성명"과 일치하지 않거나, 답안파일을 전송하지 않아 미제출로 처리될 경우 실격 처리합니다 (예 : 12345678-홍길동.show).
- 답안 작성을 마치면 파일을 저장하고, '답안 전송' 버튼을 선택하여 감독위원 PC로 답안을 전송하십시오. 수험생 정보와 저장한 파일명이 다를 경우 전송되지 않으므로 주의하시기 바랍니다.
- 답안 작성 중에도 **주기적으로 저장하고, '답안 전송'**하여야 문제 발생을 줄일 수 있습니다. 작업한 내용을 저장하지 않고 전송할 경우 이전에 저장된 내용이 전송되오니 이점 유의하시기 바랍니다.
- 답안문서는 지정된 경로 외의 다른 보조기억장치에 저장하는 경우, 지정된 시험 시간 외에 작성된 파일을 활용할 경우, 기타 통신수단(이메일, 메신저, 네트워크 등)을 이용하여 타인에게 전달 또는 외부 반출하는 경우는 부정 처리합니다.
- 시험 중 부주의 또는 고의로 시스템을 파손한 경우는 수험자가 변상해야 하며, 〈수험자 유의사항〉에 기재된 방법대로 이행하지 않아 생기는 불이익은 수험생 당사자의 책임임을 알려 드립니다.
- 문제의 조건은 한컴오피스 NEO(2016) 버전으로 설정되어 있으니 유의하시기 바랍니다.
- 시험을 완료한 수험자는 답안파일이 전송되었는지 확인한 후 감독위원의 지시에 따라 문제지를 제출하고 퇴실합니다.

·답안 작성요령·

- 온라인 답안 작성 절차
  수험자 등록 ⇒ 시험 시작 ⇒ 답안파일 저장 ⇒ 답안 전송 ⇒ 시험 종료
- 슬라이드의 크기는 A4 Paper로 설정하여 작성합니다.
- 슬라이드의 총 개수는 6개로 구성되어 있으며 슬라이드 1부터 순서대로 작업하고 반드시 문제와 세부 조건대로 합니다.
- 별도의 지시사항이 없는 경우 출력형태를 참조하여 글꼴색은 검정 또는 흰색으로 작성하고, 기타사항은 전체적인 균형을 고려하여 작성합니다.
- 슬라이드 도형 및 개체에 출력형태와 다른 스타일(그림자, 외곽선 등)을 적용했을 경우 감점처리 됩니다.
- 슬라이드 번호를 작성합니다(슬라이드 1에는 생략).
- 2~6번 슬라이드 제목 도형과 하단 로고는 슬라이드 마스터를 이용하여 출력형태와 동일하게 작성합니다(슬라이드 1에는 생략).
- 문제와 세부조건, 세부조건 번호 ☼(점선원)는 입력하지 않습니다.
- 각 개체의 위치는 오른쪽의 슬라이드와 동일하게 구성합니다.
- 그림 삽입 문제의 경우 반드시 「내 PC\문서\ITQ\Picture」 폴더에서 정확한 파일을 선택하여 삽입하십시오.
- 각 슬라이드를 각각의 파일로 작업해서 저장할 경우 실격 처리됩니다.

kpc 한국생산성본부

■ 상단 도형 그리기(뒤쪽)

❶ [입력] 탭에서 '도형' 이미지 꾸러미의 자세히 단추(↓)를 눌러 '사각형'–'**직사각형(□)**'을 클릭합니다.

❷ 마우스 포인터가 ＋모양으로 변경되면 드래그하여 도형을 삽입합니다. 이어서, 조절점(◀▶)을 드래그하여
《출력형태》와 같이 크기를 조절한 후 위치를 변경합니다.

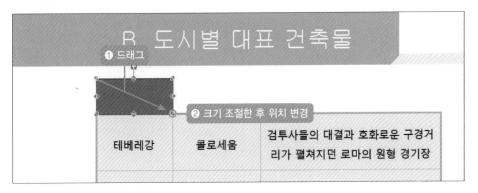

도형의 크기 조절 및 위치 변경
- Alt 키를 누른 채 개체의 조절점(◀▶, ↖)을 드래그하면 크기를 세밀하게 조절할 수 있습니다.
- Ctrl 키를 누른 채 키보드의 방향키(←, →, ↑, ↓)를 누르면 위치를 세밀하게 이동할 수 있습니다.

❸ [도형(🔲)] 탭에서 '채우기 색(🖌·)'의 목록 단추(▼)를 눌러 '**강조 3 노른자색(RGB: 233, 174, 43)**'을 클릭합
니다.

※ 문제지에 도형 선 색이나 굵기, 채우기 색에 대한 조건이 없기 때문에 도형의 선 색과 선 굵기는 기본 값을 사용하고,
도형의 채우기 색은 임의의 색을 선택합니다.

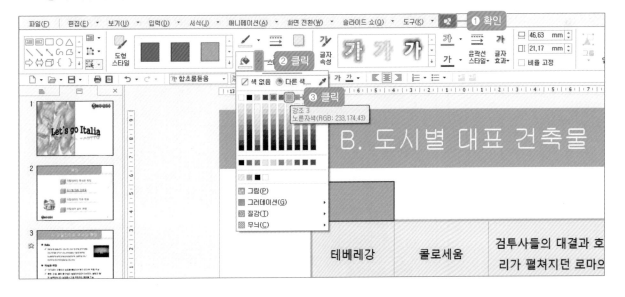

(1) 차트 작성 기능을 이용하여 슬라이드를 작성한다.
(2) 차트 : 유형(표식이 있는 꺾은선형), 글꼴(맑은 고딕, 16pt), 외곽선
(3) 표 : 차트 하단에 이미지와 같이 표 그리기

세부조건

※ 차트설명
- ■ 차트제목 : 궁서, 20pt, 진하게, 채우기(하양), 테두리, 그림자(대각선 오른쪽 아래)
- ■ 범례 위치 : 아래쪽
- ■ 전체배경 : 채우기(노랑)
- ■ 값 표시 : 디지털 비서 계열의 2024년 요소만
① 도형 편집
  - 스타일 : 밝은 계열 - 강조6
  - 글꼴 : 굴림, 16pt

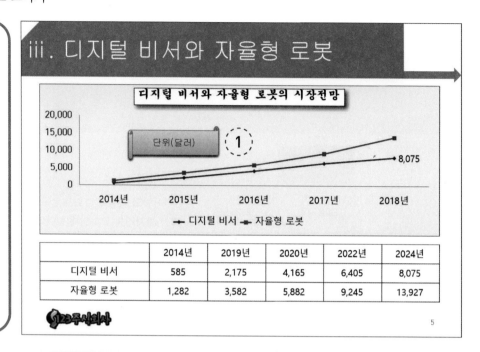

	2014년	2019년	2020년	2022년	2024년
디지털 비서	585	2,175	4,165	6,405	8,075
자율형 로봇	1,282	3,582	5,882	9,245	13,927

(1) 슬라이드와 같이 도형을 배치한다(글꼴 : 맑은 고딕, 18pt).
(2) 애니메이션 순서 : ① ⇒ ②

세부조건

① 도형 편집
  - 그룹화 후 애니메이션 효과
    : 밝기 변화
② 도형 편집
  - 그룹화 후 애니메이션 효과
    : 수직 분할

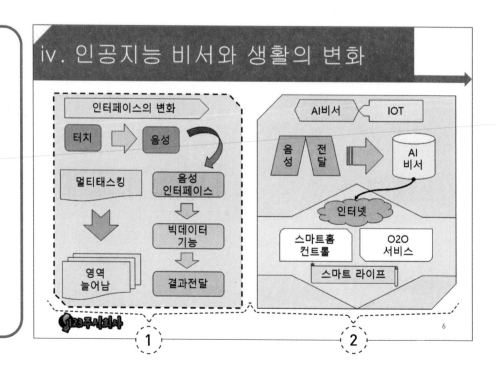

■ 상단 도형 그리기(앞쪽)

① [도형()] 탭에서 '도형' 이미지 꾸러미의 자세히 단추(⊡)를 눌러 '기본 도형'–'**사다리꼴(△)**'을 클릭합니다.

② 마우스 포인터가 ⊞ 모양으로 변경되면 드래그하여 도형을 삽입합니다. 이어서, 조절점(◆)을 드래그하여 《출력형태》와 같이 크기를 조절한 후 위치를 변경합니다.

③ [도형( )] 탭에서 '채우기 색( )'의 목록 단추(▾)를 눌러 '**본문/배경 – 밝은 색 1 하양**(RGB : 255, 255, 255)'를 클릭합니다.

※ 도형의 색상은 하양으로 되어 있기 때문에 '본문/배경 – 밝은 색 1 하양(RGB : 255, 255, 255)'를 클릭합니다.

■ 도형의 글꼴 서식 변경, 도형 복사, 내용 변경하기

① 복사할 도형을 그림과 같이 드래그하여 모두 선택합니다.

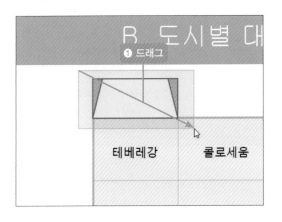

(1) 텍스트 작성 : 글머리 기호 사용(❖, ➤)

    ❖문단(굴림, 24pt, 굵게, 줄간격 : 1.5줄), ➤문단(굴림, 20pt, 줄간격 : 1.5줄)

세부조건
① 동영상 삽입 :   – 「내 PC\문서\ITQ\Picture\ 동영상.wmv」   – 자동실행, 반복재생 설정

i. 인공지능 비서

❖ **AI secretary**

  ➤ A Software that combines artificial intelligence and advanced technology to understand the user's language and perform the instructions that the user wants

❖ **인공지능 비서**

  ➤ 머신러닝, 음성인식, 문장분석, 상황인지 등 인공지능 기술과 첨단 기술이 결합해 사용자의 언어를 이해

  ➤ 사용자가 원하는 지시사항을 수행하는 소프트웨어 애플리케이션

123주식회사   3

(1) 도형과 표 작성 기능을 이용하여 슬라이드를 작성한다(글꼴 : 맑은 고딕, 18pt).

세부조건
① 상단 도형 :   2개 도형의 조합으로 작성   ② 좌측 도형 :   그라데이션 효과(선형 위쪽)   ③ 표 스타일 :   보통 스타일 4 – 강조 3

ii. 국내외 인공지능 비서 현황

	업체	플랫폼	특징
국외	애플	시리	자사운영체제에서 이용 문맥파악과 대화가능
국외	구글	구글어시스턴트	자사검색엔진과 연동, 모바일메신저 스마트폰, 스피커, 자동차 등으로 탑재확대
국내	네이버	클로바	검색 등 네이버와 연계해 스피커에서 정보검색 및 명령수행
국내	삼성	빅스비	갤럭시S8에 탑재돼 정보검색 및 명령수행
국내	KT	기가지니	AI스피커 기가지니에 탑재

123주식회사   ③   4

❷ '서식 도구 상자에서 '글꼴(맑은 고딕), 글자 크기(18pt), 글자 색(검정(RGB: 0, 0, 0))'을 지정합니다.

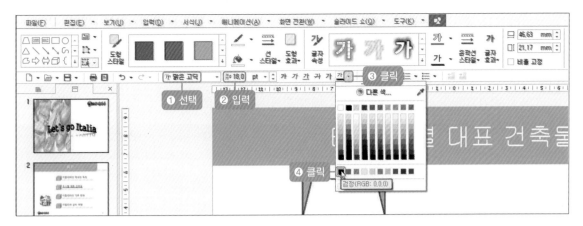

❸ Esc 키를 눌러 도형 선택을 해제합니다. 앞쪽 도형을 클릭하고 '위치'를 입력합니다.

❹ 복사할 도형을 드래그하여 모두 선택합니다. Ctrl + Shift 키를 누른 채 그림과 같이 도형의 테두리 부분을 오른쪽으로 드래그하여 복사합니다(두 번 반복).

※ 《출력형태》에서 도형 크기가 서로 다를 경우에는 개별적으로 크기를 조절합니다.

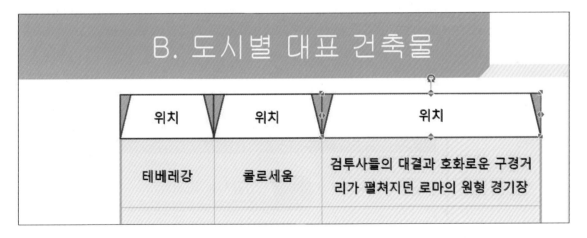

[전체구성]　　60점

(1) 슬라이드 크기 및 순서 : 크기를 A4 용지로 설정하고 슬라이드 순서에 맞게 작성한다.
(2) 슬라이드 마스터 : 2~6슬라이드의 제목, 하단 로고, 슬라이드 번호는 슬라이드 마스터를 이용하여 작성한다.
　　– 제목 글꼴(굴림, 40pt, 흰색), 왼쪽 정렬, 도형(선 없음)
　　– 하단 로고(「내 PC\문서\ITQ\Picture\로고2.jpg」, 배경(회색) 투명색으로 설정)

[슬라이드 1] ≪표지 디자인≫　　40점

(1) 표지 디자인 : 도형, 워드숍 및 그림을 이용하여 작성한다.

세부조건
　– 도형에 그림 채우기 :
　　「내 PC\문서\ITQ\Picture\
　　그림1.jpg」, 투명도 50%
　– 도형 효과 : 옅은 테두리 5pt
② 워드숍
　– 변환 : 위쪽 수축
　– 글꼴 : 궁서, 진하게
　– 반사 : 1/3크기, 근접
③ 그림 삽입
　– 「내 PC\문서\ITQ\Picture\
　　로고2.jpg」
　– 배경(회색) 투명한 색으로 설정

[슬라이드 2] ≪목차 슬라이드≫　　60점

(1) 출력형태와 같이 도형을 이용하여 목차를 작성한다(글꼴 : 맑은 고딕, 24pt).
(2) 도형 : 선 없음

세부조건
① 텍스트에 하이퍼링크 적용
　→ '슬라이드 6'
② 그림 삽입
　– 「내 PC\문서\ITQ\Picture\
　　그림5.jpg」
　– 자르기 기능 이용

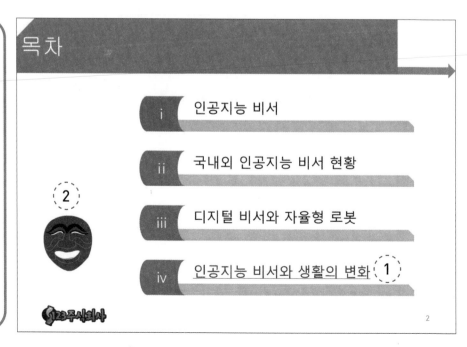

⑤ 도형 내용만 드래그하여 블록으로 지정한 후 내용을 수정합니다.

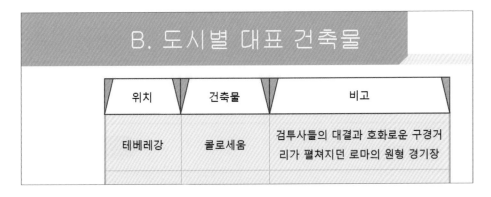

좌측 도형 작성하기

② 좌측 도형 : 그라데이션 효과(선형 위쪽)

① [도형( )] 탭에서 '도형' 이미지 꾸러미의 자세히 단추( )를 눌러 '순서도'-'**순서도: 지연( )**'을 클릭합니다.

② 마우스 포인터가 모양으로 변경되면 드래그하여 도형을 삽입합니다. 이어서, 조절점( )을 드래그하여 《출력형태》와 같이 크기를 조절한 후 위치를 변경합니다.

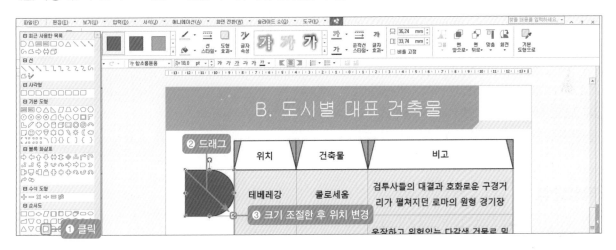

③ 《출력형태》와 같이 도형을 회전하기 위해 [도형( )] 탭에서 '회전'-'**좌우 대칭**'을 클릭합니다.

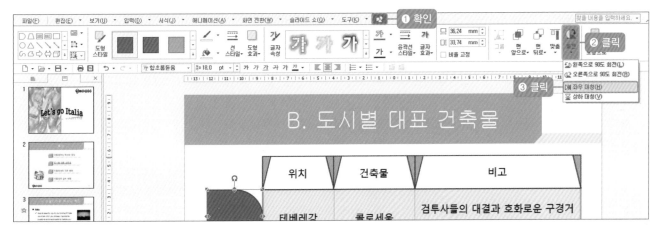

과목	코드	문제유형	시험시간	수험번호	성명
한쇼	1141	A	60분		

한컴 오피스

·수험자 유의사항·

- 수험자는 문제지를 받는 즉시 문제지와 **수험표상의 시험과목(프로그램)이 동일한지 반드시 확인**하여야 합니다.
- 파일명은 본인의 "수험번호-성명"으로 입력하여 답안폴더(내 PC₩문서₩ITQ)에 하나의 파일로 저장해야하며, 답안 문서 파일명이 "수험번호-성명"과 일치하지 않거나, 답안파일을 전송하지 않아 미제출로 처리될 경우 실격 처리합니다 (예 : 12345678-홍길동.show).
- 답안 작성을 마치면 파일을 저장하고, '답안 전송' 버튼을 선택하여 감독위원 PC로 답안을 전송하십시오. 수험생 정보와 저장한 파일명이 다를 경우 전송되지 않으므로 주의하시기 바랍니다.
- 답안 작성 중에도 **주기적으로 저장하고, '답안 전송'**하여야 문제 발생을 줄일 수 있습니다. 작업한 내용을 저장하지 않고 전송할 경우 이전에 저장된 내용이 전송되오니 이점 유의하시기 바랍니다.
- 답안문서는 지정된 경로 외의 다른 보조기억장치에 저장하는 경우, 지정된 시험 시간 외에 작성된 파일을 활용할 경우, 기타 통신수단(이메일, 메신저, 네트워크 등)을 이용하여 타인에게 전달 또는 외부 반출하는 경우는 부정 처리합니다.
- 시험 중 부주의 또는 고의로 시스템을 파손한 경우는 수험자가 변상해야 하며, 〈수험자 유의사항〉에 기재된 방법대로 이행하지 않아 생기는 불이익은 수험생 당사자의 책임임을 알려 드립니다.
- 문제의 조건은 한컴오피스 NEO(2016) 버전으로 설정되어 있으니 유의하시기 바랍니다.
- 시험을 완료한 수험자는 답안파일이 전송되었는지 확인한 후 감독위원의 지시에 따라 문제지를 제출하고 퇴실합니다.

·답안 작성요령·

- 온라인 답안 작성 절차
  수험자 등록 ⇒ 시험 시작 ⇒ 답안파일 저장 ⇒ 답안 전송 ⇒ 시험 종료
- 슬라이드의 크기는 A4 Paper로 설정하여 작성합니다.
- 슬라이드의 총 개수는 6개로 구성되어 있으며 슬라이드 1부터 순서대로 작업하고 반드시 문제와 세부 조건대로 합니다.
- 별도의 지시사항이 없는 경우 출력형태를 참조하여 글꼴색은 검정 또는 흰색으로 작성하고, 기타사항은 전체적인 균형을 고려하여 작성합니다.
- 슬라이드 도형 및 개체에 출력형태와 다른 스타일(그림자, 외곽선 등)을 적용했을 경우 감점처리 됩니다.
- 슬라이드 번호를 작성합니다(슬라이드 1에는 생략).
- 2~6번 슬라이드 제목 도형과 하단 로고는 슬라이드 마스터를 이용하여 출력형태와 동일하게 작성합니다(슬라이드 1에는 생략).
- 문제와 세부조건, 세부조건 번호 ◌(점선원)는 입력하지 않습니다.
- 각 개체의 위치는 오른쪽의 슬라이드와 동일하게 구성합니다.
- 그림 삽입 문제의 경우 반드시 「내 PC₩문서₩ITQ₩Picture」 폴더에서 정확한 파일을 선택하여 삽입하십시오.
- 각 슬라이드를 각각의 파일로 작업해서 저장할 경우 실격 처리됩니다.

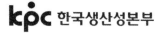

kpc 한국생산성본부

④ [도형(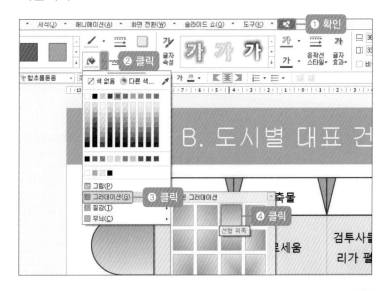)] 탭에서 '채우기 색(🎨·)'의 목록 단추(▼)를 눌러 '그러데이션'–'**밝은 그러데이션–선형 위쪽**'을 클릭합니다.

⑤ 도형이 선택된 상태에서 '**로마**'를 입력한 후 Esc 키를 누릅니다. 이어서, 서식 도구 상자에서 '글꼴(맑은 고딕), 글자 크기(18pt), 글자 색(검정(RGB: 0, 0, 0))'을 지정합니다.

※ 도형 안쪽에 내용을 입력했을 때 아래쪽으로 밀릴 수 있습니다. 이런 경우에는 도형의 왼쪽/오른쪽 조절점(◀▶)을 이용하여 너비를 조절합니다.

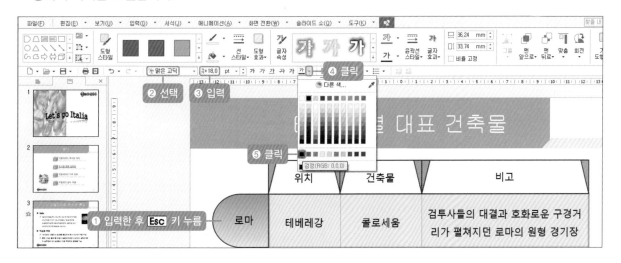

[슬라이드 5] ≪차트 슬라이드≫   100점

(1) 차트 작성 기능을 이용하여 슬라이드를 작성한다.
(2) 차트 : 유형(묶은 세로 막대형), 글꼴(맑은 고딕, 16pt), 외곽선
(3) 표 : 차트 하단에 이미지와 같이 표 그리기

세부조건

※ 차트설명
- 차트제목 : 궁서, 20pt,
  진하게, 채우기(하양), 테두리,
  그림자(대각선 오른쪽 아래)
- 범례 위치 : 오른쪽
- 전체배경 : 채우기(노랑)
- 값 표시 : 음성처리 계열
① 도형 편집
  – 스타일 : 밝은 계열 – 강조6
  – 글꼴 : 굴림, 16pt

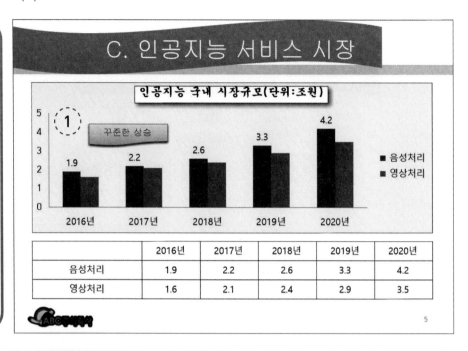

	2016년	2017년	2018년	2019년	2020년
음성처리	1.9	2.2	2.6	3.3	4.2
영상처리	1.6	2.1	2.4	2.9	3.5

[슬라이드 6] ≪도형 슬라이드≫   100점

(1) 슬라이드와 같이 도형을 배치한다(글꼴 : 함초롬돋움, 18pt).
(2) 애니메이션 순서 : ① ⇒ ②

세부조건

① 도형 편집
  – 그룹화 후 애니메이션 효과
    : 밝기 변화
② 도형 편집
  – 그룹화 후 애니메이션 효과
    : 날아오기(아래로)

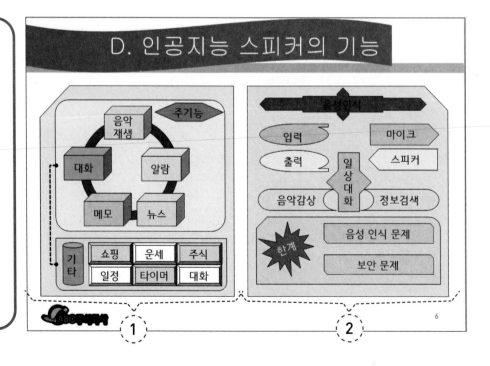

⑥ **Ctrl**+**Shift** 키를 누른 채 그림과 같이 도형의 테두리 부분을 아래쪽으로 드래그하여 복사합니다 (두 번 반복). 이어서, 도형 내용만 드래그하여 블록으로 지정한 후 그림과 같이 내용을 변경합니다.

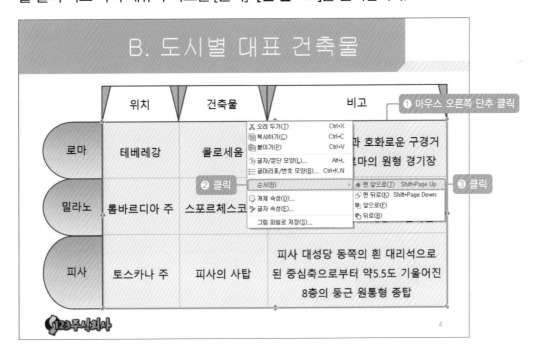

도형에 내용을 입력할 때 주의할 점

도형에 내용을 입력할 때 아래쪽으로 밀릴 수 있습니다. 이런 경우에는 도형의 조절점(◀▶)을 이용하여 너비를 조절합니다.

⑦ 《출력형태》와 같이 표 테두리가 도형으로 앞으로 표시되게 하기 위해 표의 테두리 위에서 마우스 오른쪽 단추를 눌러 바로 가기 메뉴가 나오면 [순서]-[맨 앞으로]를 클릭합니다.

(1) 텍스트 작성 : 글머리 기호 사용(❖, ✓)

     ❖문단(굴림, 24pt, 굵게, 줄간격 : 1.5줄), ✓문단(굴림, 20pt, 줄간격 : 1.5줄)

세부조건
① 동영상 삽입 :   – 「내 PC₩문서₩ITQ₩Picture₩ 동영상.wmv」   – 자동 실행, 반복 재생 설정

A. 인공지능 스피커

❖ **Artificial Intelligence Speaker**

   ✓ Voice command device with a virtual secretary that provides interactive action and hands free activation with the help of more than one hot word

①

❖ **인공지능 스피커**

   ✓ 인공지능은 인간의 지능이 가지는 학습, 추리, 적응, 논증 따위의 기능을 갖춘 컴퓨터 시스템

   ✓ 인공지능 스피커는 음성인식을 통하여서도 음악 감상, 정보 검색 등의 기능을 수행할 수 있음

ABC주식회사   3

(1) 도형과 표 작성 기능을 이용하여 슬라이드를 작성한다(글꼴 : 맑은 고딕, 18pt).

세부조건

① 상단 도형 :
   2개 도형의 조합으로 작성
 ② 좌측 도형 :
   그라데이션 효과(선형 위쪽)
 ③ 표 스타일 :
   보통 스타일 4 – 강조 2

B. 국내외 제품현황

②   ①

	회사	제품명
국내	SK텔레콤/KT	누구, 누구 미니/기가지니
	네이버/LG유플러스 카카오	웨이브, 프렌즈/씽큐허브 카카오 미니
국외	아마존 애플	에코, 에코 닷, 플러스, 쇼, 스팟 홈킷, 시리
	구글/마이크로소프트	어시스턴트/코타나

③

ABC주식회사   4

❽ [파일]-[저장하기]([Ctrl]+[S]) 또는 서식 도구 상자에서 '**저장하기(🖫)**'를 클릭합니다.

※ 실제 시험을 볼 때 작업 도중에 수시로(10분에 한 번 정도) 저장을 하는 것이 좋습니다.

시험
분석

[슬라이드 4]《표 슬라이드》

• 표 스타일 지정 : 표를 삽입하고 표 스타일을 변경한 후 반드시 [표(🎴)] 탭에서 '머리글 행'
과 '줄무늬 행'을 클릭하여 체크 표시(☐)를 해제합니다.

• 표 내용 입력하기 : 《출력형태》를 참고하여 오타 없이 내용을 입력하고, 표 내용을 정렬할 때는
반드시 '가운데 정렬(☰)'과 '가운데 맞춤(☰)'을 지정합니다.

[전체구성]　60점

(1) 슬라이드 크기 및 순서 : 크기를 A4 용지로 설정하고 슬라이드 순서에 맞게 작성한다.
(2) 슬라이드 마스터 : 2~6슬라이드의 제목, 하단 로고, 슬라이드 번호는 슬라이드 마스터를 이용하여 작성한다.
　　　－ 제목 글꼴(굴림, 40pt, 흰색), 가운데 정렬, 도형(선 없음)
　　　－ 하단 로고(「내 PC₩문서₩ITQ₩Picture₩로고1.jpg」, 배경(회색) 투명색으로 설정)

[슬라이드 1] ≪표지 디자인≫　40점

(1) 표지 디자인 : 도형, 워드숍 및 그림을 이용하여 작성한다.

세부조건

① 도형 편집
　－ 도형에 그림 채우기 :
　　「내 PC₩문서₩ITQ₩Picture₩
　　그림1.jpg」, 투명도 50%
　－ 도형 효과 : 옅은 테두리 5pt
② 워드숍
　－ 변환 : 오른쪽 줄이기
　－ 글꼴 : 궁서, 진하게
　－ 반사 : 1/2크기, 4 pt
③ 그림 삽입
　－「내 PC₩문서₩ITQ₩Picture₩
　　로고1.jpg」
　－ 배경(회색) 투명한 색으로 설정

[슬라이드 2] ≪목차 슬라이드≫　60점

(1) 출력형태와 같이 도형을 이용하여 목차를 작성한다(글꼴 : 맑은 고딕, 24pt).
(2) 도형 : 선 없음

세부조건

① 텍스트에 하이퍼링크 적용
　→ '슬라이드 4'
② 그림 삽입
　－「내 PC₩문서₩ITQ₩Picture₩
　　그림5.jpg」
　－ 자르기 기능 이용

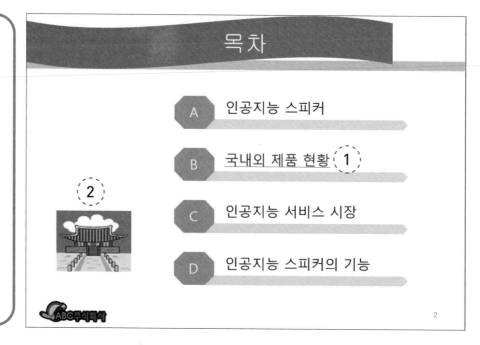

[슬라이드 4] 《표 슬라이드》

01 문제지의 지시사항 및 세부조건을 참고하여 《출력형태》에 알맞게 작업하시오.

• 소스파일 : [출제유형05]−정복05_문제01.show • 정답파일 : [출제유형05]−정복05_완성01.show

◆ [슬라이드 4] 《표 슬라이드》 (80점)

(1) 도형과 표 작성 기능을 이용하여 슬라이드를 작성한다(글꼴 : 맑은 고딕, 18pt).

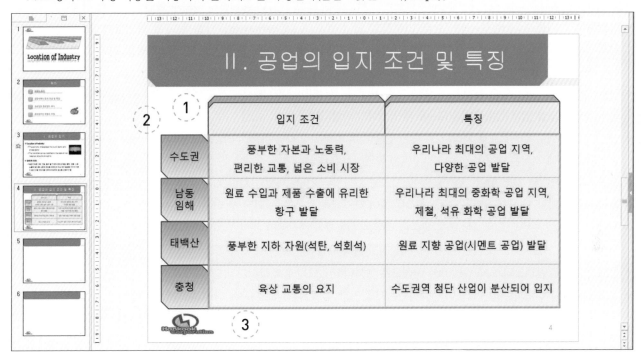

◆ 세부 조건

① 상단 도형 :

2개 도형의 조합으로 작성

② 좌측 도형 :

그라데이션 효과(선형 위쪽)

③ 표 스타일 :

보통 스타일 4 − 강조 4

제 06 회 정보기술자격(ITQ) 출제예상 모의고사

과목	코드	문제유형	시험시간	수험번호	성명
한쇼	1141	A	60분		

한컴 오피스

·수험자 유의사항·

- 수험자는 문제지를 받는 즉시 문제지와 **수험표상의 시험과목(프로그램)이 동일한지 반드시 확인**하여야 합니다.
- 파일명은 본인의 "수험번호-성명"으로 입력하여 답안폴더(내 PC\문서\ITQ)에 하나의 파일로 저장해야하며, 답안 문서 파일명이 "수험번호-성명"과 일치하지 않거나, 답안파일을 전송하지 않아 미제출로 처리될 경우 실격 처리합니다 (예 : 12345678-홍길동.show).
- 답안 작성을 마치면 파일을 저장하고, '답안 전송' 버튼을 선택하여 감독위원 PC로 답안을 전송하십시오. 수험생 정보와 저장 한 파일명이 다를 경우 전송되지 않으므로 주의하시기 바랍니다.
- 답안 작성 중에도 **주기적으로 저장하고, '답안 전송'**하여야 문제 발생을 줄일 수 있습니다. 작업한 내용을 저장하지 않고 전송 할 경우 이전에 저장된 내용이 전송되오니 이점 유의하시기 바랍니다.
- 답안문서는 지정된 경로 외의 다른 보조기억장치에 저장하는 경우, 지정된 시험 시간 외에 작성된 파일을 활용할 경우, 기타 통신수단(이메일, 메신저, 네트워크 등)을 이용하여 타인에게 전달 또는 외부 반출하는 경우는 부정 처리합니다.
- 시험 중 부주의 또는 고의로 시스템을 파손한 경우는 수험자가 변상해야 하며, 〈수험자 유의사항〉에 기재된 방법대로 이행하 지 않아 생기는 불이익은 수험생 당사자의 책임임을 알려 드립니다.
- 문제의 조건은 한컴오피스 NEO(2016) 버전으로 설정되어 있으니 유의하시기 바랍니다.
- 시험을 완료한 수험자는 답안파일이 전송되었는지 확인한 후 감독위원의 지시에 따라 문제지를 제출하고 퇴실합니다.

·답안 작성요령·

- 온라인 답안 작성 절차
  수험자 등록 ⇒ 시험 시작 ⇒ 답안파일 저장 ⇒ 답안 전송 ⇒ 시험 종료
- 슬라이드의 크기는 A4 Paper로 설정하여 작성합니다.
- 슬라이드의 총 개수는 6개로 구성되어 있으며 슬라이드 1부터 순서대로 작업하고 반드시 문제와 세부 조건대로 합니다.
- 별도의 지시사항이 없는 경우 출력형태를 참조하여 글꼴색은 검정 또는 흰색으로 작성하고, 기타사항은 전체적인 균형을 고려하여 작성합니다.
- 슬라이드 도형 및 개체에 출력형태와 다른 스타일(그림자, 외곽선 등)을 적용했을 경우 감점처리 됩니다.
- 슬라이드 번호를 작성합니다(슬라이드 1에는 생략).
- 2~6번 슬라이드 제목 도형과 하단 로고는 슬라이드 마스터를 이용하여 출력형태와 동일하게 작성합니다(슬라이드 1에는 생략).
- 문제와 세부조건, 세부조건 번호 ○(점선원)는 입력하지 않습니다.
- 각 개체의 위치는 오른쪽의 슬라이드와 동일하게 구성합니다.
- 그림 삽입 문제의 경우 반드시 「내 PC\문서\ITQ\Picture」 폴더에서 정확한 파일을 선택하여 삽입하십시오.
- 각 슬라이드를 각각의 파일로 작업해서 저장할 경우 실격 처리됩니다.

kpc 한국생산성본부

• 소스파일 : [출제유형05]−정복05_문제02.show   • 정답파일 : [출제유형05]−정복05_완성02.show

◆ [슬라이드 4] 《표 슬라이드》 (80점)

(1) 도형과 표 작성 기능을 이용하여 슬라이드를 작성한다(글꼴 : 맑은 고딕, 18pt).

세부조건

① **상단 도형 :**
　2개 도형의 조합으로 작성
② **좌측 도형 :**
　그라데이션 효과(선형 위쪽)
③ **표 스타일 :**
　보통 스타일 4 – 강조 6

2. 미니멀 라이프 배경 및 변화

	사회적	환경적, 가치관적
배경	1인 가구의 증가	1~2년 단위로 계약을 하고 이사 다니는 거주 형식
	장기불황	물질적 풍요가 공허함을 채울 수 없다는 철학적 반성
변화	채우려 하지 않고 꼭 필요한 것만 소비 (소유에 대한 개념 변화)	필요 없는 물건을 버리고 어지럽혀 져 있던 것들을 정리함으로써 남아 있는 것들에 집중할 수 있게 됨

ABC주식회사

• 소스파일 : [출제유형05]−정복05_문제03.show   • 정답파일 : [출제유형05]−정복05_완성03.show

◆ [슬라이드 4] 《표 슬라이드》 (80점)

(1) 도형과 표 작성 기능을 이용하여 슬라이드를 작성한다(글꼴 : 맑은 고딕, 18pt).

세부조건

① **상단 도형 :**
　2개 도형의 조합으로 작성
② **좌측 도형 :**
　그라데이션 효과(선형 위쪽)
③ **표 스타일 :**
　보통 스타일 4 – 강조 1

II. CO2 배출권 무상할당방식

	무역 노출도	탄소 집중도
개념	해당 산업의 해외시장에 노출된 점 도로서 원가상승 고려	해당 산업의 단위 생산당 탄소 배출 정도로서 구매부담
미국	무역 노출도가 15% 이상인 기업에 무상할당	에너지 집중도가 5% 이상인 기업에 무상할당
유럽	무역 노출도가 30% 이상인 기업에 무상할당	부가가치의 30% 이상이 규제로 인해 손실을 입는 경우 지원
호주	무역 노출도가 10% 이상인 기업에 무상할당	온실가스 집중도 2,000t 이상 구매의무의 94.5% 지원

23주식회사

(1) 차트 작성 기능을 이용하여 슬라이드를 작성한다.
(2) 차트 : 유형(묶은 세로 막대형), 글꼴(맑은 고딕, 16pt), 외곽선
(3) 표 : 차트 하단에 이미지와 같이 표 그리기

세부조건

※ 차트설명
- 차트제목 : 궁서, 20pt,
  진하게, 채우기(하양), 테두리,
  그림자(대각선 오른쪽 아래)
- 범례 위치 : 오른쪽
- 전체배경 : 채우기(노랑)
- 값 표시 : 낮(dB(V)) 계열
① 도형 편집
  – 스타일 : 밝은 계열 – 강조4
  – 글꼴 : 굴림, 16pt

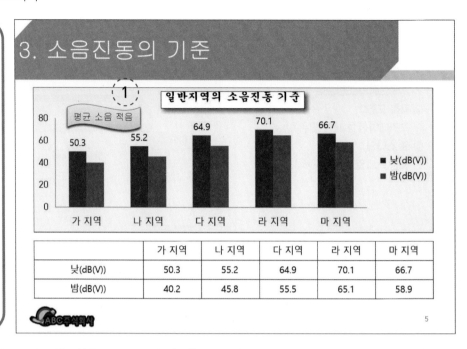

(1) 슬라이드와 같이 도형을 배치한다(글꼴 : 맑은 고딕, 18pt).
(2) 애니메이션 순서 : ① ⇒ ②

세부조건

① 도형 편집
  – 그룹화 후 애니메이션 효과
    : 실선 무늬(세로)
② 도형 편집
  – 그룹화 후 애니메이션 효과
    : 흩어뿌리기

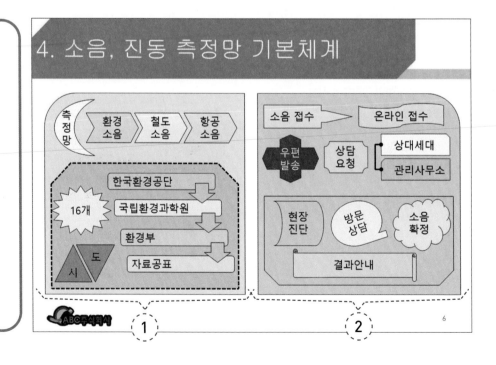

04 문제지의 지시사항 및 세부조건을 참고하여 《출력형태》에 알맞게 작업하시오.

• 소스파일 : [출제유형05]−정복05_문제04.show • 정답파일 : [출제유형05]−정복05_완성04.show

◆ **[슬라이드 4] 《표 슬라이드》 (80점)**

(1) 도형과 표 작성 기능을 이용하여 슬라이드를 작성한다(글꼴 : 맑은 고딕, 18pt).

세부조건
① **상단 도형** : 　2개 도형의 조합으로 작성 ② **좌측 도형** : 　그라데이션 효과(선형 왼쪽) ③ **표 스타일** : 　보통 스타일 4 – 강조 5

B. 소비자 정책의 범위

	주요 법령	관련 기관
규제 행정	공정거래법, 표시광고법, 할부 거래법, 방문판매법, 약관규제법, 전자상거래법, 소비자보호법 등	공정위, 지식경제부
	소비자기본법	복지부(식약청), 지식경제부
지원 행정	표시광고법	공정위, 소비자원
	소비자기본법	각 부처 공통
	소비자기본법, 제조물책임법	공정위, 소비자원, 법원

(ABC주식회사)

---

05 문제지의 지시사항 및 세부조건을 참고하여 《출력형태》에 알맞게 작업하시오.

• 소스파일 : [출제유형05]−정복05_문제05.show • 정답파일 : [출제유형05]−정복05_완성05.show

◆ **[슬라이드 4] 《표 슬라이드》 (80점)**

(1) 도형과 표 작성 기능을 이용하여 슬라이드를 작성한다(글꼴 : 맑은 고딕, 18pt).

세부조건
① **상단 도형** : 　2개 도형의 조합으로 작성 ② **좌측 도형** : 　그라데이션 효과(선형 아래쪽) ③ **표 스타일** : 　보통 스타일 4 – 강조 3

ⅱ. 2019년 최저임금실태 분석

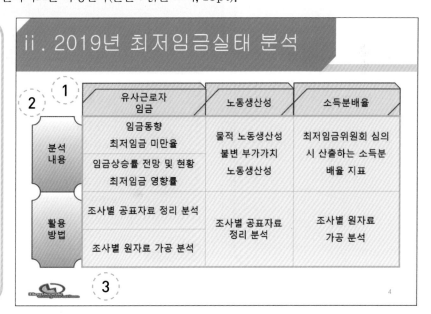

	유사근로자 임금	노동생산성	소득분배율
분석 내용	임금동향 최저임금 미만율 임금상승률 전망 및 현황 최저임금 영향률	물적 노동생산성 불변 부가가치 노동생산성	최저임금위원회 심의 시 산출하는 소득분 배율 지표
활용 방법	조사별 공표자료 정리 분석 조사별 원자료 가공 분석	조사별 공표자료 정리 분석	조사별 원자료 가공 분석

[슬라이드 3] ≪텍스트/동영상 슬라이드≫   60점

(1) 텍스트 작성 : 글머리 기호 사용(✓, ■)

　✓문단(굴림, 24pt, 굵게, 줄간격 : 1.5줄), ■문단(굴림, 20pt, 줄간격 : 1.5줄)

세부조건

① 동영상 삽입 :
　– 「내 PC₩문서₩ITQ₩Picture₩
　　동영상.wmv」
　– 자동실행, 반복재생 설정

---

1. 소음의 발생 원인 및 영향

✓ **Impact adn Damage of Noise**

　■ Physiological and psychological effects on the human body and lowering of work efficiency

　■ Short-term effects include a derease in heart rate and skin peripheral vasoconstriction, increase in respiratory size

✓ **소음의 발생 원인**

　■ 가정에서 사용하는 TV, 피아노, 세탁기 등이 유발하는 생활소음, 자동차, 철도, 비행기와 같은 교통 수단의 이동에서 나오는 소음, 공장에서 나는 기계음

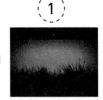

ABC중식회사

3

[슬라이드 4] ≪표 슬라이드≫   80점

(1) 도형과 표 작성 기능을 이용하여 슬라이드를 작성한다(글꼴 : 맑은 고딕, 18pt).

세부조건

① 상단 도형 :
　2개 도형의 조합으로 작성

② 좌측 도형 :
　그라데이션 효과(선형 위쪽)

③ 표 스타일 :
　보통 스타일 4 – 강조 3

---

2. 환경소음 측정기기의 점검항목

	점검내용	점검방법	점검주기
마이크로폰	감도 확인 케이블 전선 상태	소음교정기 사용 육안 점검	월1회 동작 불량 시 수시
삼각대	안정성 검사 노후 정도 파악	육안의 점검을 통한 상태 점검	수시
방풍망	방풍망의 경화 정도 방풍망 파손 여부	육안 및 촉수에 의한 노후 정도 파악, 빛의 투과 정도 에 따라 교환 주기 파악	분기 1회 수시

ABC중식회사

4

[슬라이드 5] 《차트 슬라이드》

○ 차트 작성 및 편집하기
○ 차트 안에 도형 작성하기

· 문제 미리보기 ·   · 소스파일 : [출제유형06]- 유형06_문제.show   · 정답파일 : [출제유형06]- 유형06_완성.show

◆ [슬라이드 5] 《차트 슬라이드》 (100점)

(1) 차트 작성 기능을 이용하여 슬라이드를 작성한다.

(2) 차트 : 유형(묶은 세로 막대형), 글꼴(맑은 고딕, 16pt), 외곽선

(3) 표 : 차트 하단에 이미지와 같이 표 그리기   새롭게 변경된 시험에서는 '묶은 세로 막대형'과
'표식이 있는 꺾은선형'이 출제될 수 있습니다.

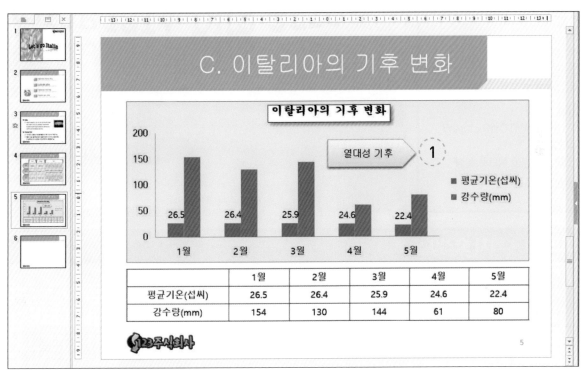

	1월	2월	3월	4월	5월
평균기온(섭씨)	26.5	26.4	25.9	24.6	22.4
강수량(mm)	154	130	144	61	80

◆ 세부 조건

※ 차트설명

· 차트제목 : 궁서, 20pt, 진하게, 채우기(하양), 테두리, 그림자(대각선 오른쪽 아래)

· 범례 위치 : 오른쪽   · 전체배경 : 채우기(노랑)

· 값 표시 : 평균기온(섭씨) 계열

① 도형 편집

– 스타일 : 밝은 계열 – 강조 4

– 글꼴 : 굴림, 16pt

[전체구성] 60점

(1) 슬라이드 크기 및 순서 : 크기를 A4 용지로 설정하고 슬라이드 순서에 맞게 작성한다.

(2) 슬라이드 마스터 : 2~6슬라이드의 제목, 하단 로고, 슬라이드 번호는 슬라이드 마스터를 이용하여 작성한다.

　　– 제목 글꼴(굴림, 40pt, 흰색), 왼쪽 정렬, 도형(선 없음)

　　– 하단 로고(「내 PC₩문서₩ITQ₩Picture₩로고1.jpg」, 배경(회색) 투명색으로 설정)

[슬라이드 1] ≪표지 디자인≫ 40점

(1) 표지 디자인 : 도형, 워드숍 및 그림을 이용하여 작성한다.

세부조건
① 도형 편집 　– 도형에 그림 채우기 : 　　「내 PC₩문서₩ITQ₩Picture₩ 　　그림1.jpg」, 투명도 50% 　– 도형 효과 : 옅은 테두리 5pt ② 워드숍 　– 변환 : 휘어 내려가기 　– 글꼴 : 궁서, 진하게 　– 반사 : 1/3크기, 근접 ③ 그림 삽입 　–「내 PC₩문서₩ITQ₩Picture₩ 　　로고1.jpg」 　– 배경(회색) 투명한 색으로 설정

[슬라이드 2] ≪목차 슬라이드≫ 60점

(1) 출력형태와 같이 도형을 이용하여 목차를 작성한다(글꼴 : 맑은 고딕, 24pt).

(1) 도형 : 선 없음

세부조건
① 텍스트에 하이퍼링크 적용 　→ '슬라이드 5' ② 그림 삽입 　–「내 PC₩문서₩ITQ₩Picture₩ 　　그림4.jpg」 　– 자르기 기능 이용

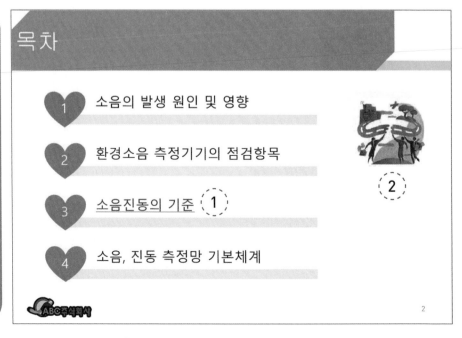

유형 01　차트 작성하기

(2) 차트 : 유형(묶은 세로 막대형)

① '유형06_문제.show' 파일을 불러와 [슬라이드 5]를 클릭한 후 작업합니다.

　※ 파일 불러오기 : [파일]–[불러오기](Ctrl + O)를 클릭한 후 [불러오기] 대화상자에서 파일을 선택합니다.

② 슬라이드 상단에 '제목을 입력하십시오'를 클릭한 후 'C. **이탈리아의 기후 변화**'를 입력합니다.

③ '내용을 입력하십시오' 글상자의 테두리를 클릭한 후 Delete 키를 눌러 삭제합니다.

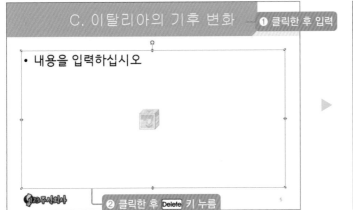 

④ [입력] 탭에서 '차트'–'**묶은 세로 막대형**'을 클릭합니다.

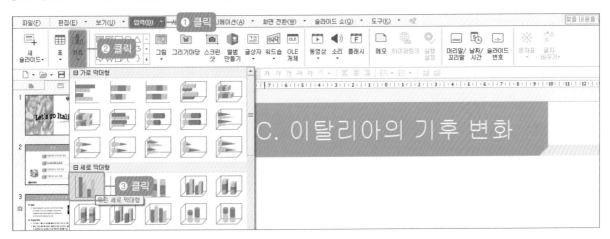

⑤ 차트가 삽입되고 [차트 데이터 편집] 대화상자가 나오면 '**선택한 열 지우기(**📊x**)**'를 누릅니다.

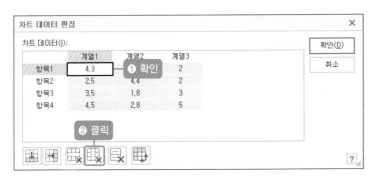

과목	코드	문제유형	시험시간	수험번호	성명
한쇼	1141	A	60분		

한컴 오피스

·수험자 유의사항·

● 수험자는 문제지를 받는 즉시 문제지와 <u>수험표상의 시험과목(프로그램)이 동일한지 반드시 확인</u>하여야 합니다.
● 파일명은 본인의 "수험번호–성명"으로 입력하여 답안폴더(내 PC₩문서₩ITQ)에 하나의 파일로 저장해야하며, 답안 문서 파일명이 "수험번호–성명"과 일치하지 않거나, 답안파일을 전송하지 않아 미제출로 처리될 경우 실격 처리합니다 (예 : 12345678–홍길동.show).
● 답안 작성을 마치면 파일을 저장하고, '답안 전송' 버튼을 선택하여 감독위원 PC로 답안을 전송하십시오. 수험생 정보와 저장한 파일명이 다를 경우 전송되지 않으므로 주의하시기 바랍니다.
● 답안 작성 중에도 <u>주기적으로 저장하고, '답안 전송'</u>하여야 문제 발생을 줄일 수 있습니다. 작업한 내용을 저장하지 않고 전송할 경우 이전에 저장된 내용이 전송되오니 이점 유의하시기 바랍니다.
● 답안문서는 지정된 경로 외의 다른 보조기억장치에 저장하는 경우, 지정된 시험 시간 외에 작성된 파일을 활용할 경우, 기타 통신수단(이메일, 메신저, 네트워크 등)을 이용하여 타인에게 전달 또는 외부 반출하는 경우는 부정 처리합니다.
● 시험 중 부주의 또는 고의로 시스템을 파손한 경우는 수험자가 변상해야 하며, 〈수험자 유의사항〉에 기재된 방법대로 이행하지 않아 생기는 불이익은 수험생 당사자의 책임임을 알려 드립니다.
● 문제의 조건은 한컴오피스 NEO(2016) 버전으로 설정되어 있으니 유의하시기 바랍니다.
● 시험을 완료한 수험자는 답안파일이 전송되었는지 확인한 후 감독위원의 지시에 따라 문제지를 제출하고 퇴실합니다.

·답안 작성요령·

● 온라인 답안 작성 절차
  수험자 등록 ⇒ 시험 시작 ⇒ 답안파일 저장 ⇒ 답안 전송 ⇒ 시험 종료
● 슬라이드의 크기는 A4 Paper로 설정하여 작성합니다.
● 슬라이드의 총 개수는 6개로 구성되어 있으며 슬라이드 1부터 순서대로 작업하고 반드시 문제와 세부 조건대로 합니다.
● 별도의 지시사항이 없는 경우 출력형태를 참조하여 글꼴색은 검정 또는 흰색으로 작성하고, 기타사항은 전체적인 균형을 고려하여 작성합니다.
● 슬라이드 도형 및 개체에 출력형태와 다른 스타일(그림자, 외곽선 등)을 적용했을 경우 감점처리 됩니다.
● 슬라이드 번호를 작성합니다(슬라이드 1에는 생략).
● 2~6번 슬라이드 제목 도형과 하단 로고는 슬라이드 마스터를 이용하여 출력형태와 동일하게 작성합니다(슬라이드 1에는 생략).
● 문제와 세부조건, 세부조건 번호 ◌(점선원)는 입력하지 않습니다.
● 각 개체의 위치는 오른쪽의 슬라이드와 동일하게 구성합니다.
● 그림 삽입 문제의 경우 반드시 「내 PC₩문서₩ITQ₩Picture」 폴더에서 정확한 파일을 선택하여 삽입하십시오.
● 각 슬라이드를 각각의 파일로 작업해서 저장할 경우 실격 처리됩니다.

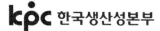

kpc 한국생산성본부

⑥ [차트 데이터 편집] 대화상자에서 '계열2', '계열3'을 차례로 클릭한 후 **'평균기온(섭씨)', '강수량(mm)'**을 입력합니다.

⑦ [차트 데이터 편집] 대화상자에서 '항목1'을 클릭한 후 **'행 추가하기( )'**를 클릭합니다. 이어서, 데이터를 입력하고 〈확인〉 단추를 클릭합니다.

 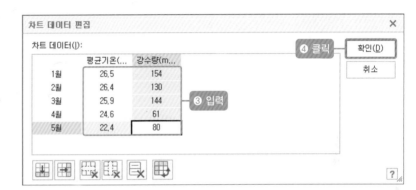

⑧ 《출력형태》를 참고하여 차트의 크기 및 위치를 조절합니다.

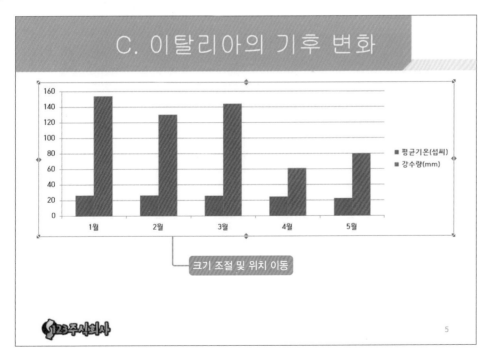

(1) 차트 작성 기능을 이용하여 슬라이드를 작성한다.
(2) 차트 : 유형(표식이 있는 꺾은선형), 글꼴(맑은 고딕, 16pt), 외곽선
(3) 표 : 차트 하단에 이미지와 같이 표 그리기

세부조건

※ 차트설명
- 차트제목 : 궁서, 20pt,
  진하게, 채우기(하양), 테두리,
  그림자(대각선 오른쪽 아래)
- 범례 위치 : 아래쪽
- 전체배경 : 채우기(노랑)
- 값 표시 : 2017년 계열의 대전 요소만
① 도형 편집
  – 스타일 : 밝은 계열 – 강조4
  – 글꼴 : 굴림, 16pt

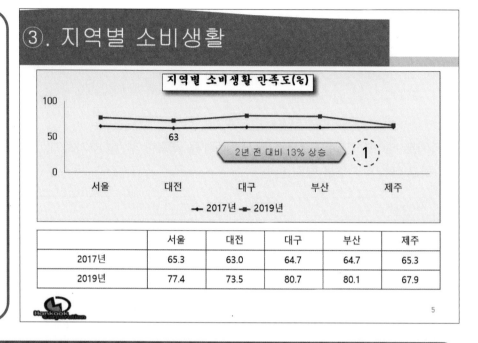

3. 지역별 소비생활

지역별 소비생활 만족도(%)

	서울	대전	대구	부산	제주
2017년	65.3	63.0	64.7	64.7	65.3
2019년	77.4	73.5	80.7	80.1	67.9

(1) 슬라이드와 같이 도형을 배치한다(글꼴 : 맑은 고딕, 18pt).
(2) 애니메이션 순서 : ① ⇒ ②

세부조건

① 도형 편집
  – 그룹화 후 애니메이션 효과
    : 바운드
② 도형 편집
  – 그룹화 후 애니메이션 효과
    : 시계 방향 회전

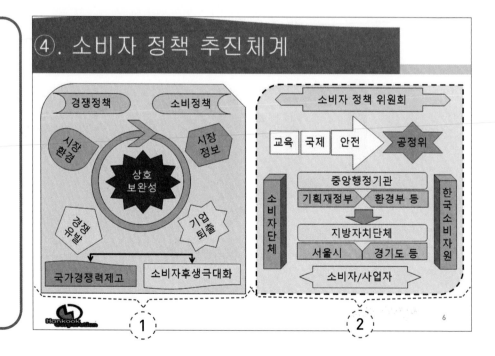

4. 소비자 정책 추진체계

⑨ [차트 디자인(📊)] 탭에서 '차트 레이아웃'–'**레이아웃1**'을 클릭합니다.

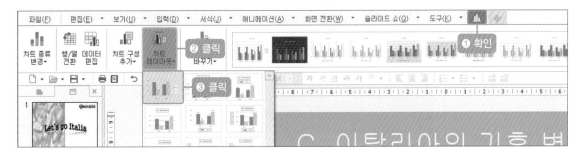

⑩ [차트 디자인(📊)] 탭에서 '차트 구성 추가'–'차트 제목'–"**위쪽**"을 클릭합니다.

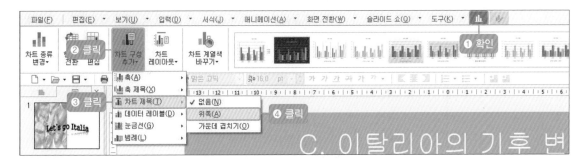

⑪ 《출력형태》와 같이 주 눈금선을 없애기 위해 [차트 디자인(📊)] 탭에서 '차트 구성 추가'–'눈금선'–'**주 가로**'
를 클릭하여 선택 표시를 해제합니다.

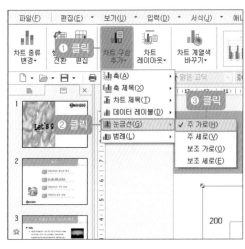

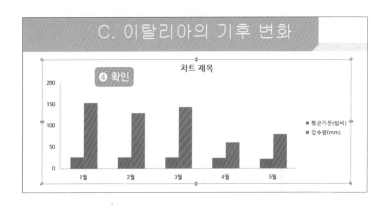

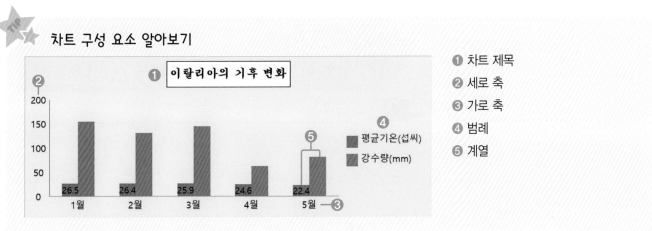

차트 구성 요소 알아보기

① 차트 제목
② 세로 축
③ 가로 축
④ 범례
⑤ 계열

(1) 텍스트 작성 : 글머리 기호 사용(◆, ✓)

    ◆문단(굴림, 24pt, 굵게, 줄간격 : 1.5줄), ✓문단(굴림, 20pt, 줄간격 : 1.5줄)

세부조건

① 동영상 삽입 :
- 「내 PC\문서\ITQ\Picture\동영상.wmv」
- 자동실행, 반복재생 설정

①. 소비자 정책

◆ **Consumer law**

  ✓ Consumer law is considered as an area of law that regulates private law reationships between individual consumers and the businesses that sell those goods and services

◆ **소비자 정책**

  ✓ 시장경제에서 소비자문제를 해결하기 위하여 정부가 법과 제도를 통하여 시장에 직/간접적을 개입하는 일련의 과정

  ✓ 보호론적 관점에서 소비자가 자주적으로 문제를 해결할 수 있도록 지원해 주는 주권론적 관점으로 패러다임이 전환

3

(1) 도형과 표 작성 기능을 이용하여 슬라이드를 작성한다(글꼴 : 맑은 고딕, 18pt).

세부조건

① 상단 도형 :
  2개 도형의 조합으로 작성

② 좌측 도형 :
  그라데이션 효과(선형 위쪽)

③ 표 스타일 :
  보통 스타일 4 – 강조 6

②. 소비자 정책 범위

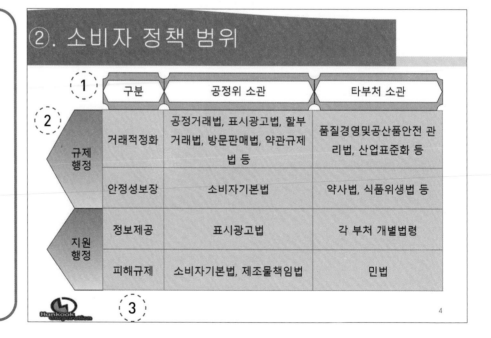

구분		공정위 소관	타부처 소관
규제행정	거래적정화	공정거래법, 표시광고법, 할부거래법, 방문판매법, 약관규제법 등	품질경영및공산품안전 관리법, 산업표준화 등
	안정성보장	소비자기본법	약사법, 식품위생법 등
지원행정	정보제공	표시광고법	각 부처 개별법령
	피해규제	소비자기본법, 제조물책임법	민법

4

글꼴(맑은 고딕, 16pt), 외곽선

■ 차트 전체 글꼴 변경하기

❶ 차트에서 범례를 클릭합니다. 서식 도구 상자에서 '**글꼴(맑은 고딕), 글자 크기(16)**'를 선택합니다.

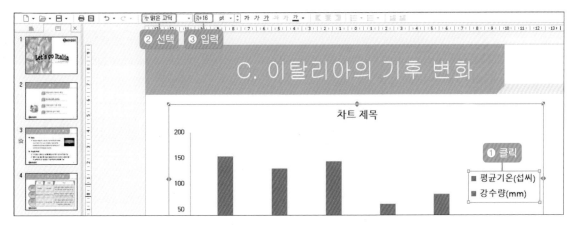

TIP

범례 위치 변경하기

시험에서 범례 위치가 '아래쪽'으로 지정된 경우에는 [차트 디자인( )] 탭에서 '차트 구성 추가'-'범례'-'아래쪽'을 클릭합니다.

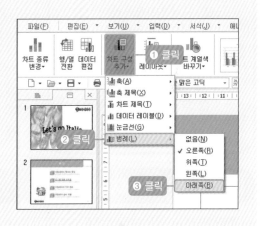

❷ 차트에서 가로 축을 클릭합니다. 서식 도구 상자에서 '**글꼴(맑은 고딕), 글자 크기(16)**'를 선택합니다.

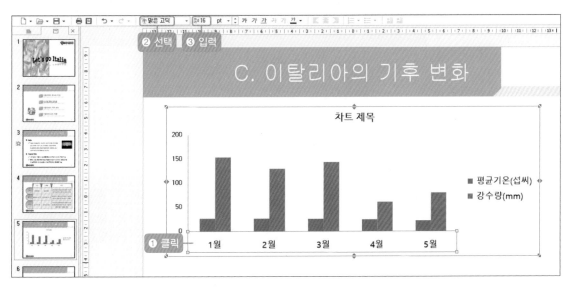

[전체구성] 60점

(1) 슬라이드 크기 및 순서 : 크기를 A4 용지로 설정하고 슬라이드 순서에 맞게 작성한다.

(2) 슬라이드 마스터 : 2~6슬라이드의 제목, 하단 로고, 슬라이드 번호는 슬라이드 마스터를 이용하여 작성한다.
 – 제목 글꼴(굴림, 40pt, 흰색), 왼쪽 정렬, 도형(선 없음)
 – 하단 로고(「내 PC\문서\ITQ\Picture\로고3.jpg」, 배경(연보라) 투명색으로 설정)

[슬라이드 1] ≪표지 디자인≫ 40점

(1) 표지 디자인 : 도형, 워드숍 및 그림을 이용하여 작성한다.

세부조건

① 도형 편집
 – 도형에 그림 채우기 :
  「내 PC\문서\ITQ\Picture\
  그림2.jpg」, 투명도 50%
 – 도형 효과 : 옅은 테두리 5pt

② 워드숍
 – 변환 : 위로 기울기
 – 글꼴 : 궁서, 진하게
 – 반사 : 1/2크기, 4 pt

③ 그림 삽입
 –「내 PC\문서\ITQ\Picture\
  로고3.jpg」
 – 배경(연보라) 투명한 색으로 설정

[슬라이드 2] ≪목차 슬라이드≫ 60점

(1) 출력형태와 같이 도형을 이용하여 목차를 작성한다(글꼴 : 맑은 고딕, 24pt).

(2) 도형 : 선 없음

세부조건

① 텍스트에 하이퍼링크 적용
 → '슬라이드 6'

② 그림 삽입
 –「내 PC\문서\ITQ\Picture\
  그림4.jpg」
 – 자르기 기능 이용

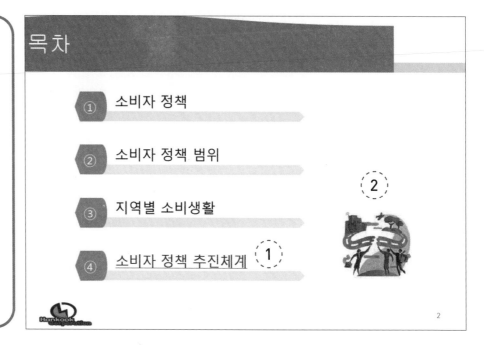

③ 차트에서 세로 축을 클릭합니다. 서식 도구 상자에서 '**글꼴(맑은 고딕), 글자 크기(16)**'를 선택합니다.

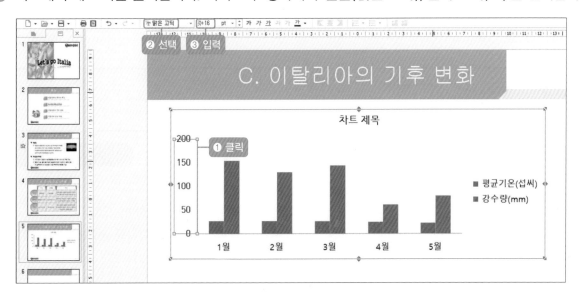

■ 외곽선 지정하기

① 외곽선을 지정하기 위해 차트 테두리 선을 더블 클릭합니다.

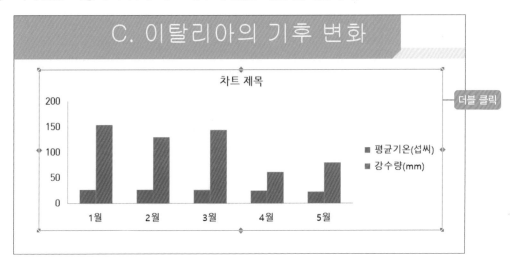

② [개체 속성] 대화상자가 나오면 [선] 탭을 클릭합니다. '선' 항목의 '선 종류'에서 '**실선**'을 선택하고 〈설정〉 단추를 클릭합니다.

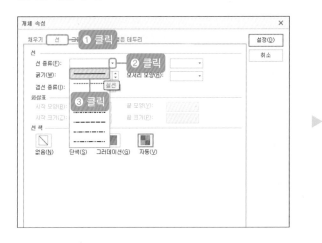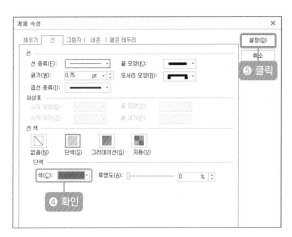

과목	코드	문제유형	시험시간	수험번호	성명
한쇼	1141	A	60분		

한컴 오피스

·수험자 유의사항·

- 수험자는 문제지를 받는 즉시 문제지와 **수험표상의 시험과목(프로그램)이 동일한지 반드시 확인**하여야 합니다.
- 파일명은 본인의 "수험번호-성명"으로 입력하여 답안폴더(내 PC\문서\ITQ)에 하나의 파일로 저장해야하며, 답안 문서 파일명이 "수험번호-성명"과 일치하지 않거나, 답안파일을 전송하지 않아 미제출로 처리될 경우 실격 처리합니다 (예 : 12345678-홍길동.show).
- 답안 작성을 마치면 파일을 저장하고, '답안 전송' 버튼을 선택하여 감독위원 PC로 답안을 전송하십시오. 수험생 정보와 저장한 파일명이 다를 경우 전송되지 않으므로 주의하시기 바랍니다.
- 답안 작성 중에도 **주기적으로 저장하고, '답안 전송'**하여야 문제 발생을 줄일 수 있습니다. 작업한 내용을 저장하지 않고 전송할 경우 이전에 저장된 내용이 전송되오니 이점 유의하시기 바랍니다.
- 답안문서는 지정된 경로 외의 다른 보조기억장치에 저장하는 경우, 지정된 시험 시간 외에 작성된 파일을 활용할 경우, 기타 통신수단(이메일, 메신저, 네트워크 등)을 이용하여 타인에게 전달 또는 외부 반출하는 경우는 부정 처리합니다.
- 시험 중 부주의 또는 고의로 시스템을 파손한 경우는 수험자가 변상해야 하며, 〈수험자 유의사항〉에 기재된 방법대로 이행하지 않아 생기는 불이익은 수험생 당사자의 책임임을 알려 드립니다.
- 문제의 조건은 한컴오피스 NEO(2016) 버전으로 설정되어 있으니 유의하시기 바랍니다.
- 시험을 완료한 수험자는 답안파일이 전송되었는지 확인한 후 감독위원의 지시에 따라 문제지를 제출하고 퇴실합니다.

·답안 작성요령·

- 온라인 답안 작성 절차
  수험자 등록 ⇒ 시험 시작 ⇒ 답안파일 저장 ⇒ 답안 전송 ⇒ 시험 종료
- 슬라이드의 크기는 A4 Paper로 설정하여 작성합니다.
- 슬라이드의 총 개수는 6개로 구성되어 있으며 슬라이드 1부터 순서대로 작업하고 반드시 문제와 세부 조건대로 합니다.
- 별도의 지시사항이 없는 경우 출력형태를 참조하여 글꼴색은 검정 또는 흰색으로 작성하고, 기타사항은 전체적인 균형을 고려하여 작성합니다.
- 슬라이드 도형 및 개체에 출력형태와 다른 스타일(그림자, 외곽선 등)을 적용했을 경우 감점처리 됩니다.
- 슬라이드 번호를 작성합니다(슬라이드 1에는 생략).
- 2~6번 슬라이드 제목 도형과 하단 로고는 슬라이드 마스터를 이용하여 출력형태와 동일하게 작성합니다(슬라이드 1에는 생략).
- 문제와 세부조건, 세부조건 번호 ⟨점선원⟩는 입력하지 않습니다.
- 각 개체의 위치는 오른쪽의 슬라이드와 동일하게 구성합니다.
- 그림 삽입 문제의 경우 반드시 「내 PC\문서\ITQ\Picture」 폴더에서 정확한 파일을 선택하여 삽입하십시오.
- 각 슬라이드를 각각의 파일로 작업해서 저장할 경우 실격 처리됩니다.

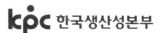
kpc 한국생산성본부

■ 차트 제목 작성하기

❶ 차트에서 차트 제목을 마우스 오른쪽 단추를 눌러 바로 가기 메뉴가 나오면 [제목 편집]을 클릭합니다.

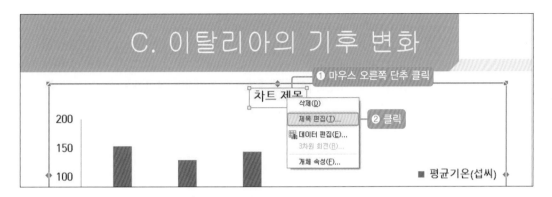

❷ [제목 편집] 대화상자가 나오면 Delete 키를 눌러 '내용'에 입력된 '차트 제목'을 삭제하고, '내용'에 **'이탈리아의 기후 변화'**를 입력합니다. '글꼴(궁서), 글자 크기(20pt), 진하게(**가**)'를 선택하고 〈설정〉 단추를 클릭합니다.

 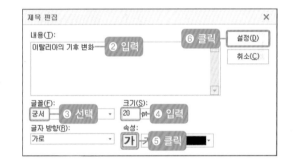

❸ 차트 제목을 다시 마우스 오른쪽 단추를 눌러 바로 가기 메뉴가 나오면 [개체 속성]을 클릭합니다.

❹ [개체 속성] 대화상자가 나오면 [채우기] 탭에서 '종류'–**'단색'**을 클릭하고 '단색'의 '색'에서 **'본문/배경 – 밝은 색 1 하양**(RGB: 255, 255, 255)'를 선택합니다.

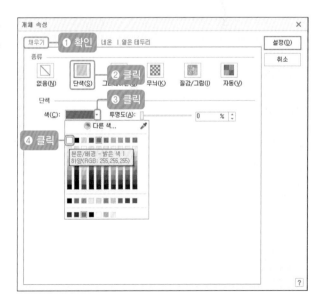

[슬라이드 5] ≪차트 슬라이드≫   100점

(1) 차트 작성 기능을 이용하여 슬라이드를 작성한다.
(2) 차트 : 유형(묶은 세로 막대형), 글꼴(맑은 고딕, 16pt), 외곽선
(3) 표 : 차트 하단에 이미지와 같이 표 그리기

세부조건

※ 차트설명
- 차트제목 : 궁서, 20pt,
  진하게, 채우기(하양), 테두리,
  그림자(대각선 오른쪽 아래)
- 범례 위치 : 오른쪽
- 전체배경 : 채우기(노랑)
- 값 표시 : 참가국 계열
① 도형 편집
  - 스타일 : 밝은 계열 – 강조3
  - 글꼴 : 굴림, 16pt

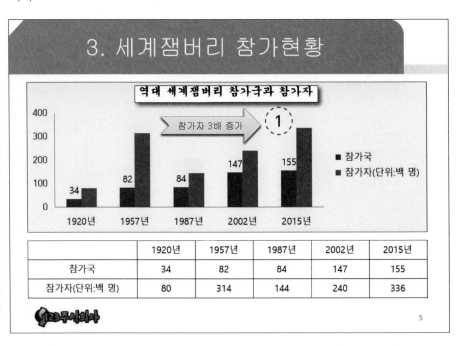

[슬라이드 6] ≪도형 슬라이드≫   100점

(1) 슬라이드와 같이 도형을 배치한다(글꼴 : 맑은 고딕, 18pt).
(2) 애니메이션 순서 : ① ⇒ ②

세부조건

① 도형 편집
  - 그룹화 후 애니메이션 효과
    : 밝기 변화
② 도형 편집
  - 그룹화 후 애니메이션 효과
    : 사각형(밖으로)

⑤ [개체 속성] 대화상자에서 [선] 탭을 클릭합니다. '선'에서 '선 종류'–**'실선'**을 클릭하고 '선 색'의 '단색'에서 '색'– **'검정(RGB: 0, 0, 0)'**을 선택합니다.

⑥ [개체 속성] 대화상자에서 [그림자] 탭을 클릭합니다. 그림자 효과 목록에서 **'대각선 오른쪽 아래'**를 선택하고 〈설정〉 단추를 클릭합니다.

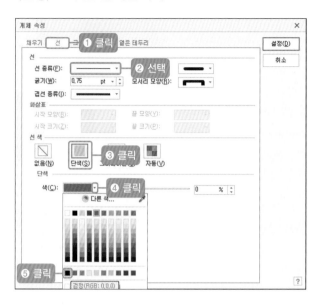 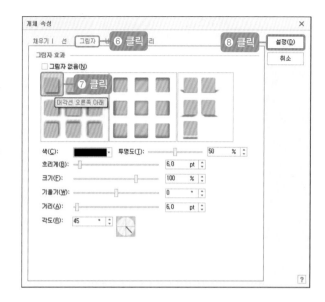

■ 차트의 전체 배경 채우기

전체 배경 : 채우기(노랑)

① **Esc** 키를 눌러 차트 제목 선택을 취소합니다.

② 전체 배경을 채우기 위해 차트 테두리 선을 더블 클릭합니다.

③ [개체 속성] 대화상자가 나오면 [채우기] 탭에서 '종 류'–**'단색'**, '단색'의 '색'에서 **'노랑(RGB: 255,255,0)'**을 선택하고 〈설정〉 단추를 클릭합니다.

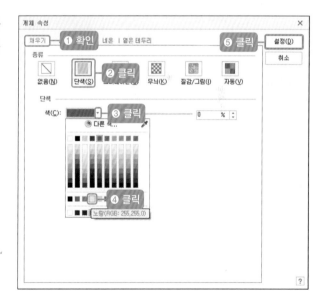

[슬라이드 3] ≪텍스트/동영상 슬라이드≫ 60점

(1) 텍스트 작성 : 글머리 기호 사용(❖, •)

❖문단(굴림, 24pt, 굵게, 줄간격 : 1.5줄), •문단(굴림, 20pt, 줄간격 : 1.5줄)

세부조건

① 동영상 삽입 :
- 「내 PC₩문서₩ITQ₩Picture₩ 동영상.wmv」
- 자동실행, 반복재생 설정

1. 세계잼버리

❖ **World Jamboress**
- Held in the Boy Scouts camp competition
- In 1920, Olympia, London, England camp help in the first international tournament first international jamboree called first, it is

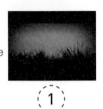

❖ **세계잼버리대회**
- 1920년 영국의 런던 올림피아에서 제1회를 개최한 이후 매 4년마다 개최되는 민족, 문화 그리고 정치적인 이념을 초월하여 국제 이해와 우애를 다지는 보이스카우트의 세계야영대회

123주식회사

3

[슬라이드 4] ≪표 슬라이드≫ 80점

(1) 도형과 표 작성 기능을 이용하여 슬라이드를 작성한다(글꼴 : 맑은 고딕, 18pt).

세부조건

① 상단 도형 :
2개 도형의 조합으로 작성
② 좌측 도형 :
그라데이션 효과(선형 위쪽)
③ 표 스타일 :
보통 스타일 4 - 강조 1

2. 역대 주요 개최국

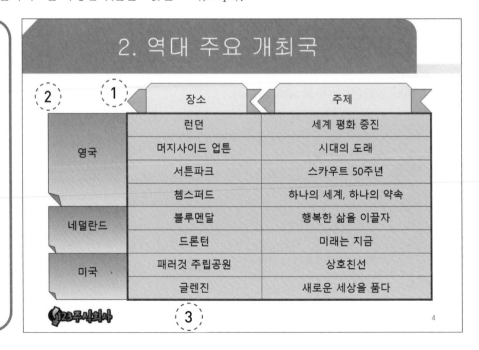

	장소	주제
영국	런던	세계 평화 증진
	머지사이드 업튼	시대의 도래
	서튼파크	스카우트 50주년
	쳄스퍼드	하나의 세계, 하나의 약속
네덜란드	블루멘달	행복한 삶을 이끌자
	드론턴	미래는 지금
미국	패러컷 주립공원	상호친선
	글렌진	새로운 세상을 품다

123주식회사

4

❶ 차트의 '평균기온(섭씨)' 계열 위에서 마우스 오른쪽 단추를 눌러 바로 가기 메뉴가 나오면 **[데이터 레이블 추가]**를 클릭합니다.

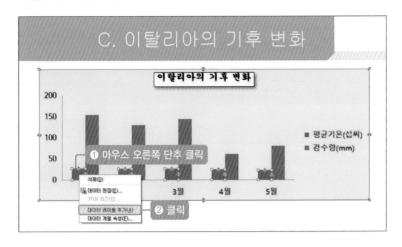

❷ 계열 값을 클릭하고 서식 도구 상자에서 '**글꼴(맑은 고딕), 글자 크기(16pt)**'를 지정합니다.

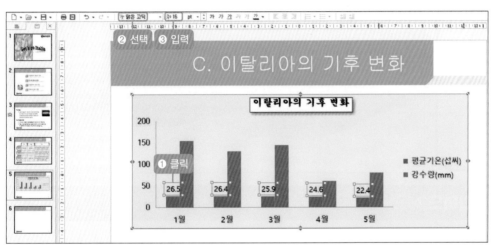

계열 값 표시하기

● 새롭게 변경된 시험에서는 계열 값 표시에서 전체 계열에 값을 표시하시거나, 특정 요소만 값을 표시하는 문제가 출제됩니다.

● 특정 요소만 값을 표시하는 경우에는 마우스 오른쪽 단추를 눌러 바로 가기 메뉴가 나오면 [데이터 레이블 추가]를 클릭하여 전체 계열 값을 표시합니다. 그 다음, 필요 없는 요소 값을 마우스로 한 더 클릭하여 선택한 후 Delete 키를 눌러 삭제합니다.

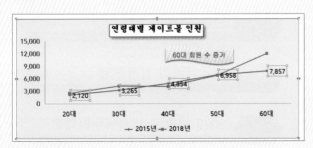

▲ 계열 값 표시

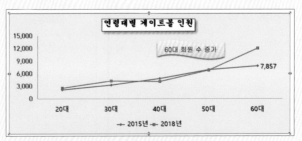

▲ 필요 없는 계열 값을 선택한 후 Delete 키를 눌러 삭제

[전체구성]   60점

(1) 슬라이드 크기 및 순서 : 크기를 A4 용지로 설정하고 슬라이드 순서에 맞게 작성한다.

(2) 슬라이드 마스터 : 2~6슬라이드의 제목, 하단 로고, 슬라이드 번호는 슬라이드 마스터를 이용하여 작성한다.

    – 제목 글꼴(굴림, 40pt, 흰색), 가운데 정렬, 도형(선 없음)

    – 하단 로고(「내 PC₩문서₩ITQ₩Picture₩로고2.jpg」, 배경(회색) 투명색으로 설정)

[슬라이드 1] ≪표지 디자인≫   40점

(1) 표지 디자인 : 도형, 워드숍 및 그림을 이용하여 작성한다.

세부조건

① 도형 편집
  – 도형에 그림 채우기 :
   「내 PC₩문서₩ITQ₩Picture₩
   그림2.jpg」, 투명도 50%
  – 도형 효과 : 옅은 테두리 5pt
② 워드숍
  – 변환 : 역갈매기형 수장
  – 글꼴 : 궁서, 진하게
  – 반사 : 1/2크기, 근접
③ 그림 삽입
  –「내 PC₩문서₩ITQ₩Picture₩
   로고2.jpg」
  – 배경(회색) 투명한 색으로 설정

[슬라이드 2] ≪목차 슬라이드≫   60점

(1) 출력형태와 같이 도형을 이용하여 목차를 작성한다(글꼴 : 맑은 고딕, 24pt).

(2) 도형 : 선 없음

세부조건

① 텍스트에 하이퍼링크 적용
  → '슬라이드 4'
② 그림 삽입
  –「내 PC₩문서₩ITQ₩Picture₩
   그림4.jpg」
  – 자르기 기능 이용

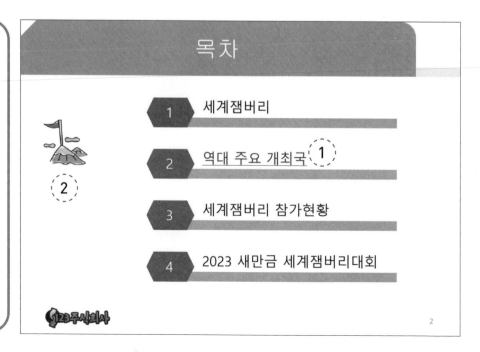

■ 값 표시 위치 변경하기

❶ 계열 값 위에서 마우스 오른쪽 단추를 눌러 바로 가기 메뉴가 나오면 [데이터 레이블 속성]을 클릭합니다.

❷ [개체 속성] 대화상자가 나오면 [데이터 레이블] 탭의 '레이블 위치'에서 값 표시 위치를 선택하고 〈설정〉 단추를 클릭합니다.

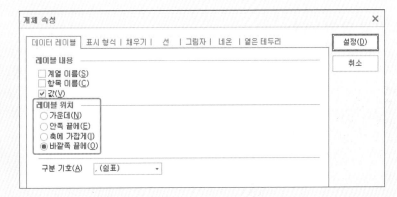

■ 계열 값에 콤마(,) 표시하기

❶ 계열 값 위에서 마우스 오른쪽 단추를 눌러 바로 가기 메뉴가 나오면 [데이터 레이블 속성]을 클릭합니다.

❷ [개체 속성] 대화상자가 나오면 [표시 형식] 탭에서 '구분'-'숫자', '소수 자릿수'-'0'을 입력하고 〈설정〉 단추를 클릭합니다.

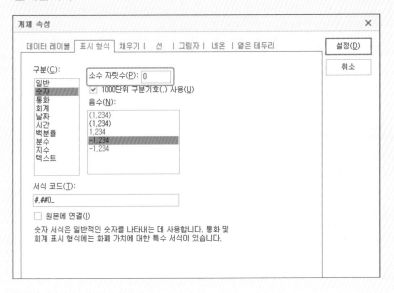
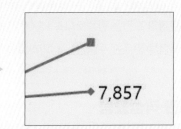

과목	코드	문제유형	시험시간	수험번호	성명
한쇼	1141	A	60분		

한컴 오피스

·수험자 유의사항·

- 수험자는 문제지를 받는 즉시 문제지와 **수험표상의 시험과목(프로그램)이 동일한지 반드시 확인**하여야 합니다.
- 파일명은 본인의 "수험번호–성명"으로 입력하여 답안폴더(내 PC₩문서₩ITQ)에 하나의 파일로 저장해야하며, 답안 문서 파일명이 "수험번호–성명"과 일치하지 않거나, 답안파일을 전송하지 않아 미제출로 처리될 경우 실격 처리합니다 (예 : 12345678–홍길동.show).
- 답안 작성을 마치면 파일을 저장하고, '답안 전송' 버튼을 선택하여 감독위원 PC로 답안을 전송하십시오. 수험생 정보와 저장한 파일명이 다를 경우 전송되지 않으므로 주의하시기 바랍니다.
- 답안 작성 중에도 **주기적으로 저장하고, '답안 전송'**하여야 문제 발생을 줄일 수 있습니다. 작업한 내용을 저장하지 않고 전송할 경우 이전에 저장된 내용이 전송되오니 이점 유의하시기 바랍니다.
- 답안문서는 지정된 경로 외의 다른 보조기억장치에 저장하는 경우, 지정된 시험 시간 외에 작성된 파일을 활용할 경우, 기타 통신수단(이메일, 메신저, 네트워크 등)을 이용하여 타인에게 전달 또는 외부 반출하는 경우는 부정 처리합니다.
- 시험 중 부주의 또는 고의로 시스템을 파손한 경우는 수험자가 변상해야 하며, 〈수험자 유의사항〉에 기재된 방법대로 이행하지 않아 생기는 불이익은 수험생 당사자의 책임임을 알려 드립니다.
- 문제의 조건은 한컴오피스 NEO(2016) 버전으로 설정되어 있으니 유의하시기 바랍니다.
- 시험을 완료한 수험자는 답안파일이 전송되었는지 확인한 후 감독위원의 지시에 따라 문제지를 제출하고 퇴실합니다.

·답안 작성요령·

- 온라인 답안 작성 절차
  수험자 등록 ⇒ 시험 시작 ⇒ 답안파일 저장 ⇒ 답안 전송 ⇒ 시험 종료
- 슬라이드의 크기는 A4 Paper로 설정하여 작성합니다.
- 슬라이드의 총 개수는 6개로 구성되어 있으며 슬라이드 1부터 순서대로 작업하고 반드시 문제와 세부 조건대로 합니다.
- 별도의 지시사항이 없는 경우 출력형태를 참조하여 글꼴색은 검정 또는 흰색으로 작성하고, 기타사항은 전체적인 균형을 고려하여 작성합니다.
- 슬라이드 도형 및 개체에 출력형태와 다른 스타일(그림자, 외곽선 등)을 적용했을 경우 감점처리 됩니다.
- 슬라이드 번호를 작성합니다(슬라이드 1에는 생략).
- 2~6번 슬라이드 제목 도형과 하단 로고는 슬라이드 마스터를 이용하여 출력형태와 동일하게 작성합니다(슬라이드 1에는 생략).
- 문제와 세부조건, 세부조건 번호 ⦂⦂(점선원)는 입력하지 않습니다.
- 각 개체의 위치는 오른쪽의 슬라이드와 동일하게 구성합니다.
- 그림 삽입 문제의 경우 반드시 「내 PC₩문서₩ITQ₩Picture」 폴더에서 정확한 파일을 선택하여 삽입하십시오.
- 각 슬라이드를 각각의 파일로 작업해서 저장할 경우 실격 처리됩니다.

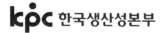

kpc 한국생산성본부

❶ [입력] 탭에서 '도형' 이미지 꾸러미의 자세히 단추(⬇)를 눌러 '블록 화살표'–'**오각형(▷)**'을 클릭합니다.

❷ 마우스 포인터가 ＋ 모양으로 변경되면 드래그하여 도형을 삽입합니다. 이어서, 조절점(◀▶)을 드래그하여 《출력형태》와 같이 크기를 조절한 후 위치를 변경합니다.

❸ '**열대성 기후**'를 입력한 후 **Esc** 키를 누릅니다.

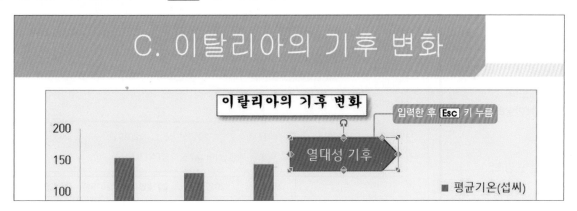

❹ 도형 스타일을 지정하기 위해 [도형(▨)] 탭에서 도형 스타일의 자세히 단추(⬇)를 눌러 '**밝은 계열 – 강조4**' 를 클릭합니다.

※ 반드시 도형이 선택된 상태에서 작업합니다.

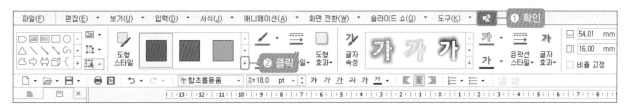

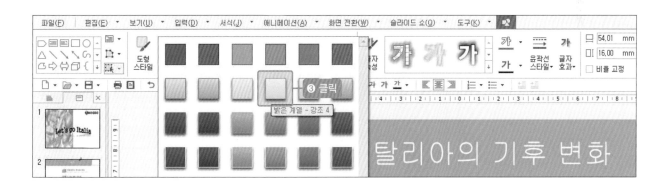

(1) 차트 작성 기능을 이용하여 슬라이드를 작성한다.
(2) 차트 : 유형(표식이 있는 꺾은선형), 글꼴(맑은 고딕, 16pt), 외곽선
(3) 표 : 차트 하단에 이미지와 같이 표 그리기

세부조건

※ 차트설명
- 차트제목 : 궁서, 20pt, 진하게, 채우기(하양), 테두리, 그림자(대각선 오른쪽 아래)
- 범례 위치 : 아래쪽
- 전체배경 : 채우기(노랑)
- 값 표시 : 매출액(백만달러) 계열의 2020년 요소만
① 도형 편집
 - 스타일 : 밝은 계열 – 강조5
 - 글꼴 : 굴림, 16pt

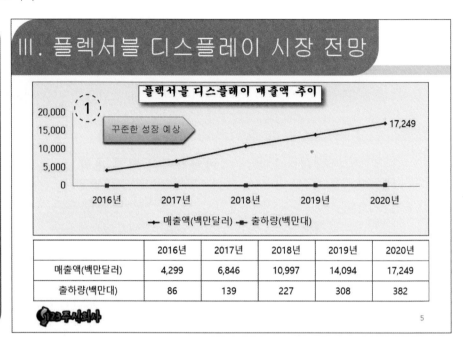

	2016년	2017년	2018년	2019년	2020년
매출액(백만달러)	4,299	6,846	10,997	14,094	17,249
출하량(백만대)	86	139	227	308	382

(1) 슬라이드와 같이 도형을 배치한다(글꼴 : 함초롬돋움, 18pt).
(2) 애니메이션 순서 : ① ⇒ ②

세부조건

① 도형 편집
 - 그룹화 후 애니메이션 효과
  : 실선 무늬
② 도형 편집
 - 그룹화 후 애니메이션 효과
  : 시계 방향 회전

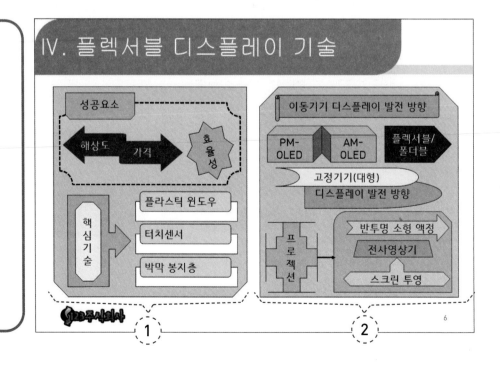

⑤ 서식 도구 상자에서 '글꼴(굴림), 글자 크기(16pt)'를 지정합니다.

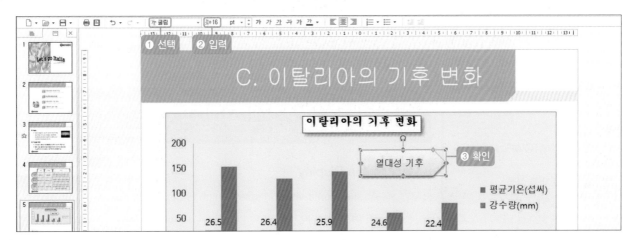

세로 축 지정하기

《출력형태》와 세로 축의 최댓값과 큰 눈금선이 다를 경우에는 아래의 방법으로 세로 축을 지정합니다.

❶ 세로 축 위에서 마우스 오른쪽 단추를 눌러 바로 가기 메뉴가 나오면 [축 속성]을 클릭합니다.
❷ [개체 속성] 대화상자가 나오면 [값 축] 탭의 '축 옵션'에서 '최댓값'과 '주 단위'를 '고정'을 선택하고 '200'과 '50'을 입력하고 〈설정〉 단추를 클릭합니다.

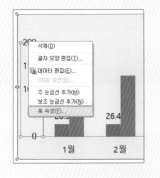 

유형 05 표 작성하기

(3) 표 : 차트 하단에 이미지와 같이 표 그리기

❶ [입력] 탭에서 '표(▦)'를 클릭합니다. [표 만들기] 대화상자가 나오면 《출력형태》를 참고하여 '줄 수(3)'와 '칸 수(6)'을 입력한 후 〈만들기〉 단추를 클릭합니다.

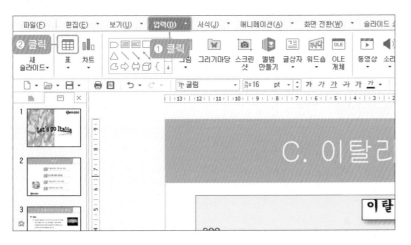 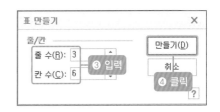

(1) 텍스트 작성 : 글머리 기호 사용(◆, ✓)

    ◆문단(굴림, 24pt, 굵게, 줄간격 : 1.5줄), ✓문단(굴림, 20pt, 줄간격 : 1.5줄)

세부조건

① 동영상 삽입 :
- 「내 PC₩문서₩ITQ₩Picture₩동영상.wmv」
- 자동실행, 반복재생 설정

Ⅰ. 플렉서블 디스플레이 개요

◆ Flexible Display
- ✓ An electronic visual display which is flexible in nature as opposed to the more prevalent traditional flat screen displays used in most electronics devices

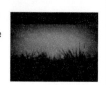

◆ 플렉서블 디스플레이
- ✓ 평면 디스플레이와 달리 접거나 휠 수 있는 등 형태를 변형시킬 수 있는 차세대 디스플레이를 지칭
- ✓ 스마트폰, 웨어러블 스마트 기기, 자동차용 디스플레이, 디지털 사이니지 등에 활용됨

3

(1) 도형과 표 작성 기능을 이용하여 슬라이드를 작성한다(글꼴 : 맑은 고딕, 18pt).

세부조건

① 상단 도형 :
 2개 도형의 조합으로 작성
② 좌측 도형 :
 그라데이션 효과(선형 위쪽)
③ 표 스타일 :
 보통 스타일 4 – 강조 3

Ⅱ. 구동방식에 따른 유형

	플렉서블 OLED	플렉서블 LCD	플렉서블 E-Paper
장점	완전한 플렉서블 디스플레이 구현, 보조 광원 불필요	구동방식 및 제조방식이 간단하며 수분이나 산소에 민감하지 않음	완전한 플렉서블 디스플레이 구현, 모바일에 유리
단점	수분이나 산소에 민감하며 구동방식이 복잡	완전한 플렉서블 디스플레이 구현이 어려우며 보조 광원의 개발 필요	컬러 재현 구현이 어렵고 느린 응답속도로 동영상 구현이 어려움

4

② 표가 만들어지면 표 테두리를 드래그하여 차트 아래쪽으로 위치를 이동하고 《출력형태》와 같이 크기를 변경합니다.

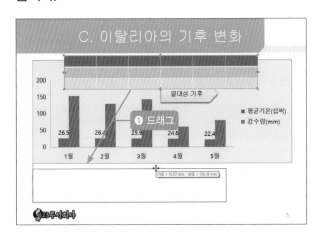
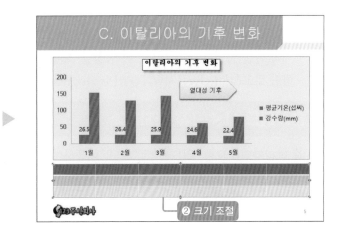

③ [표(⊞)] 탭에서 '테두리'의 목록 단추(테두리▾)를 눌러 '**모든 테두리(⊞)**'를 클릭합니다.

④ [표(⊞)] 탭에서 '채우기 색(♦ ▾)'의 목록 단추(▾)를 눌러 '**색 없음**'을 클릭합니다.

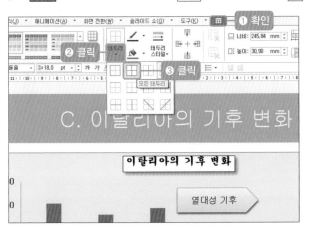
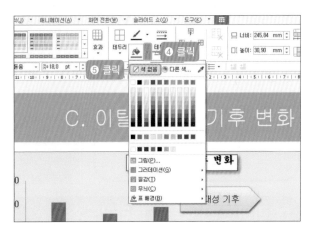

⑤ [표(⊞)] 탭에서 '**머리글 행**', '**줄무늬 행**'을 클릭하여 체크 표시(☐)를 해제합니다.

⑥ 표 테두리를 클릭한 후 서식 도구 상자에서 '**글꼴(맑은 고딕), 글자 크기(16pt), 가운데 정렬**'을 지정합니다.

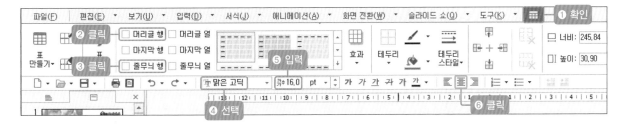

[전체구성] 60점

(1) 슬라이드 크기 및 순서 : 크기를 A4 용지로 설정하고 슬라이드 순서에 맞게 작성한다.
(2) 슬라이드 마스터 : 2~6슬라이드의 제목, 하단 로고, 슬라이드 번호는 슬라이드 마스터를 이용하여 작성한다.
   – 제목 글꼴(굴림, 40pt, 흰색), 왼쪽 정렬, 도형(선 없음)
   – 하단 로고(「내 PC₩문서₩ITQ₩Picture₩로고2.jpg」, 배경(회색) 투명색으로 설정)

[슬라이드 1] ≪표지 디자인≫ 40점

(1) 표지 디자인 : 도형, 워드숍 및 그림을 이용하여 작성한다.

세부조건

① 도형 편집
   – 도형에 그림 채우기 :
     「내 PC₩문서₩ITQ₩Picture₩
     그림1.jpg」, 투명도 50%
   – 도형 효과 : 옅은 테두리 5pt
② 워드숍
   – 변환 : 아래쪽 수축
   – 글꼴 : 궁서, 진하게
   – 반사 : 1/2크기, 4 pt
③ 그림 삽입
   – 「내 PC₩문서₩ITQ₩Picture₩
     로고2.jpg」
   – 배경(회색) 투명한 색으로 설정

[슬라이드 2] ≪목차 슬라이드≫ 60점

(1) 출력형태와 같이 도형을 이용하여 목차를 작성한다(글꼴 : 맑은 고딕, 24pt).
(2) 도형 : 선 없음

세부조건

① 텍스트에 하이퍼링크 적용
   → '슬라이드 5'
② 그림 삽입
   – 「내 PC₩문서₩ITQ₩Picture₩
     그림5.jpg」
   – 자르기 기능 이용

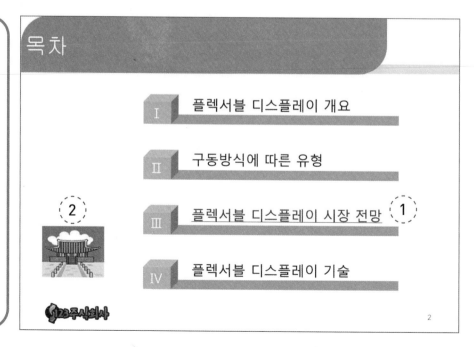

⑦ [표(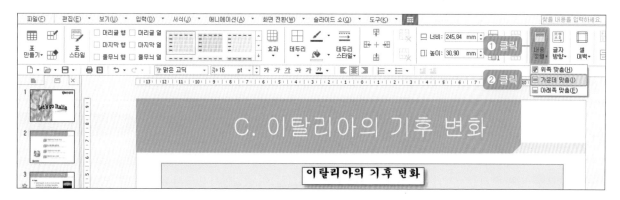)] 탭에서 '내용 정렬'–'**가운데 맞춤**'을 클릭합니다.

※ 정렬에 대한 별도의 지시사항이 없기 때문에 《출력형태》를 참고하여 작업합니다.

⑧ 첫 번째 열에 내용을 입력합니다. 왼쪽 세로선 위에 마우스 포인터를 위치한 후 마우스 포인터가 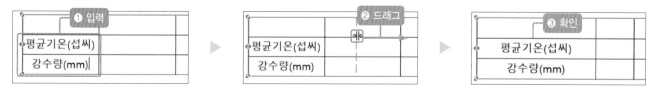 모양으로 변경되면 오른쪽으로 드래그하여 셀의 너비를 조절합니다.

⑨ 《출력형태》와 같이 나머지 셀의 너비를 같게 만들기 위해 그림과 같이 나머지 셀을 드래그하여 블록으로 지정하고 [표(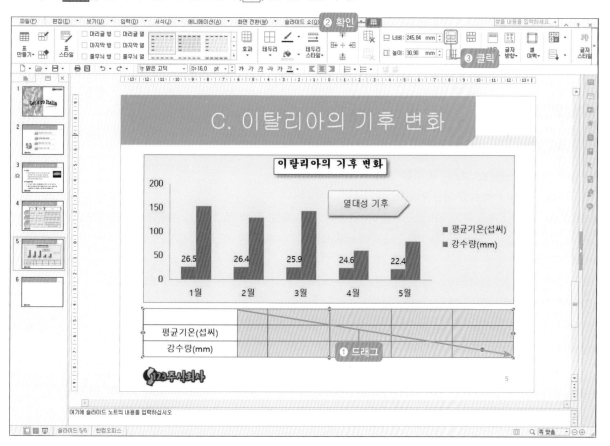)] 탭에서 '**셀 너비를 같게(▥)**'를 클릭합니다.

제 02 회 정보기술자격(ITQ) 출제예상 모의고사

과목	코드	문제유형	시험시간	수험번호	성명
한쇼	1141	A	60분		

한컴 오피스

·수험자 유의사항·

- 수험자는 문제지를 받는 즉시 문제지와 **수험표상의 시험과목(프로그램)이 동일한지 반드시 확인**하여야 합니다.
- 파일명은 본인의 "수험번호-성명"으로 입력하여 답안폴더(내 PC₩문서₩ITQ)에 하나의 파일로 저장해야하며, 답안 문서 파일명이 "수험번호-성명"과 일치하지 않거나, 답안파일을 전송하지 않아 미제출로 처리될 경우 실격 처리합니다 (예 : 12345678-홍길동.show).
- 답안 작성을 마치면 파일을 저장하고, '답안 전송' 버튼을 선택하여 감독위원 PC로 답안을 전송하십시오. 수험생 정보와 저장한 파일명이 다를 경우 전송되지 않으므로 주의하시기 바랍니다.
- 답안 작성 중에도 **주기적으로 저장하고, '답안 전송'**하여야 문제 발생을 줄일 수 있습니다. 작업한 내용을 저장하지 않고 전송할 경우 이전에 저장된 내용이 전송되오니 이점 유의하시기 바랍니다.
- 답안문서는 지정된 경로 외의 다른 보조기억장치에 저장하는 경우, 지정된 시험 시간 외에 작성된 파일을 활용할 경우, 기타 통신수단(이메일, 메신저, 네트워크 등)을 이용하여 타인에게 전달 또는 외부 반출하는 경우는 부정 처리합니다.
- 시험 중 부주의 또는 고의로 시스템을 파손한 경우는 수험자가 변상해야 하며, 〈수험자 유의사항〉에 기재된 방법대로 이행하지 않아 생기는 불이익은 수험생 당사자의 책임임을 알려 드립니다.
- 문제의 조건은 한컴오피스 NEO(2016) 버전으로 설정되어 있으니 유의하시기 바랍니다.
- 시험을 완료한 수험자는 답안파일이 전송되었는지 확인한 후 감독위원의 지시에 따라 문제지를 제출하고 퇴실합니다.

·답안 작성요령·

- 온라인 답안 작성 절차
  수험자 등록 ⇒ 시험 시작 ⇒ 답안파일 저장 ⇒ 답안 전송 ⇒ 시험 종료
- 슬라이드의 크기는 A4 Paper로 설정하여 작성합니다.
- 슬라이드의 총 개수는 6개로 구성되어 있으며 슬라이드 1부터 순서대로 작업하고 반드시 문제와 세부 조건대로 합니다.
- 별도의 지시사항이 없는 경우 출력형태를 참조하여 글꼴색은 검정 또는 흰색으로 작성하고, 기타사항은 전체적인 균형을 고려하여 작성합니다.
- 슬라이드 도형 및 개체에 출력형태와 다른 스타일(그림자, 외곽선 등)을 적용했을 경우 감점처리 됩니다.
- 슬라이드 번호를 작성합니다(슬라이드 1에는 생략).
- 2~6번 슬라이드 제목 도형과 하단 로고는 슬라이드 마스터를 이용하여 출력형태와 동일하게 작성합니다(슬라이드 1에는 생략).
- 문제와 세부조건, 세부조건 번호 ⊙(점선원)는 입력하지 않습니다.
- 각 개체의 위치는 오른쪽의 슬라이드와 동일하게 구성합니다.
- 그림 삽입 문제의 경우 반드시 「내 PC₩문서₩ITQ₩Picture」 폴더에서 정확한 파일을 선택하여 삽입하십시오.
- 각 슬라이드를 각각의 파일로 작업해서 저장할 경우 실격 처리됩니다.

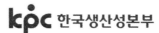

⑩ **Esc** 키를 눌러 블록 지정을 해제하고 내용을 입력합니다.

	1월	2월	3월	4월	5월
평균기온(섭씨)	26.5	26.4	25.9	24.6	22.4
강수량(mm)	154	130	144	61	80

⑪ [파일]-[저장하기](**Ctrl**+**S**) 또는 서식 도구 상자에서 '**저장하기(日)**'를 클릭합니다.

※ 실제 시험을 볼 때 작업 도중에 수시로(10분에 한 번 정도) 저장을 하는 것이 좋습니다.

시험
분석

[슬라이드 5] 《차트 슬라이드》

- 차트 모양 : 새롭게 변경된 시험에서는 '묶은 세로 막대형'과 '표식이 있는 꺾은선형'이 출제될 수 있습니다.

- 차트 도형 : 차트 도형에는 다양한 도형이 출제되고 있기 때문에 도형의 모양과 위치를 잘 알고 있어야 합니다. 도형의 노란색 마름모 모양의 조절점(◇)을 이용하여 도형의 모양을 변형하는 문제가 출제됩니다.

- 계열 값 표시하기 : 새롭게 변경된 시험에서는 계열 값 표시에서 전체 계열에 값을 표시하시거나, 특정 요소만 값을 표시하는 문제가 출제되므로 《출력형태》를 잘 확인하여 작업합니다.

(1) 차트 작성 기능을 이용하여 슬라이드를 작성한다.
(2) 차트 : 유형(묶은 세로 막대형), 글꼴(맑은 고딕, 16pt), 외곽선
(3) 표 : 차트 하단에 이미지와 같이 표 그리기

세부조건

※ 차트설명
 ■ 차트제목 : 궁서, 20pt,
  진하게, 채우기(하양), 테두리,
  그림자(대각선 오른쪽 아래)
 ■ 범례 위치 : 아래쪽
 ■ 전체배경 : 채우기(노랑)
 ■ 값 표시 : 고위험(%) 계열
① 도형 편집
 – 스타일 : 밝은 계열 – 강조4
 – 글꼴 : 굴림, 16pt

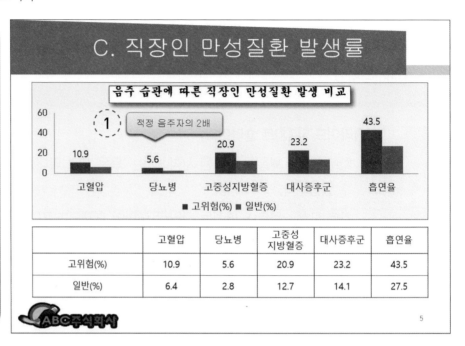

	고혈압	당뇨병	고중성지방혈증	대사증후군	흡연율
고위험(%)	10.9	5.6	20.9	23.2	43.5
일반(%)	6.4	2.8	12.7	14.1	27.5

(1) 슬라이드와 같이 도형을 배치한다(글꼴 : 맑은 고딕, 18pt).
(2) 애니메이션 순서 : ① ⇒ ②

세부조건

① 도형 편집
 – 그룹화 후 애니메이션 효과
  : 블라인드(세로)
② 도형 편집
 – 그룹화 후 애니메이션 효과
  : 날아오기(아래로)

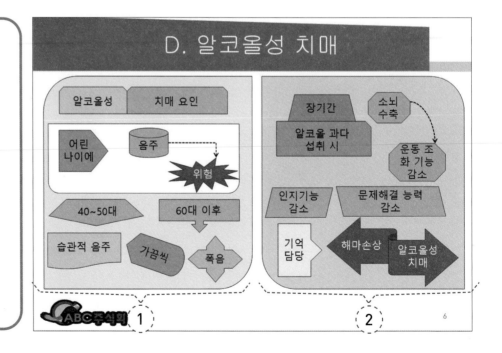

[슬라이드 5] 《차트 슬라이드》

01 문제지의 지시사항 및 세부조건을 참고하여 《출력형태》에 알맞게 작업하시오.

• 소스파일 : [출제유형06]-정복06_문제01.show   • 정답파일 : [출제유형06]-정복06_완성01.show

◆ [슬라이드 5] 《차트 슬라이드》 (100점)

(1) 차트 작성 기능을 이용하여 슬라이드를 작성한다.

(2) 차트 : 유형(표식이 있는 꺾은선형), 글꼴(맑은 고딕, 16pt), 외곽선

(3) 표 : 차트 하단에 이미지와 같이 표 그리기

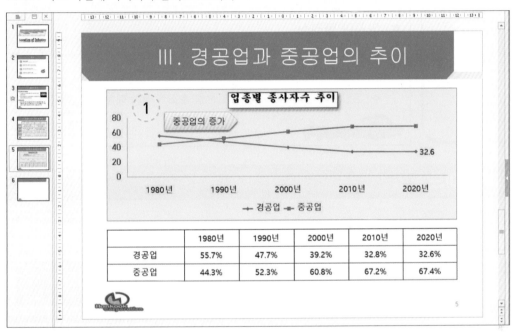

◆ 세부 조건

※ 차트설명

• 차트제목 : 궁서, 20pt, 진하게,
  채우기(하양), 테두리,
  그림자(대각선 오른쪽 아래)
• 범례 위치 : 아래쪽

• 전체배경 : 채우기(노랑)
• 값 표시 : 경공업 계열의 2020
  년 요소만

① 도형 삽입

  – 스타일 : 밝은 계열 – 강조 3
  – 글꼴 : 굴림, 16pt

TIP

경공업 계열의 2020년 요소만 값 표시하기

❶ 경공업 계열 위에서 마우스 오른쪽 단추를 눌러 바로 가기 메뉴가 나오면 [데이터 레이블 추가]를 클릭하여 전체 계열 값을 표시합니다.

❷ 필요 없는 요소 값을 마우스로 한 더 클릭하여 선택한 후 Delete 키를 눌러 삭제합니다.

[슬라이드 3] ≪텍스트/동영상 슬라이드≫ 60점

(1) 텍스트 작성 : 글머리 기호 사용(●, ❖)
  - ●문단(굴림, 24pt, 굵게, 줄간격 : 1.5줄), ❖문단(굴림, 20pt, 줄간격 : 1.5줄)

세부조건

① 동영상 삽입 :
  - 「내 PC₩문서₩ITQ₩Picture₩
    동영상.wmv」
  - 자동실행, 반복재생 설정

A. 알코올과 건강

● **Alcohol And Health**

  ❖ In addition to having fewer heart attacks and strokes, moderate consumers of alcohlic beverages are generally less likely to suffer hypertension or peripheral artery disease, and the common cold

● **아시아 플러싱**

  ❖ 플러싱은 술을 먹으면 얼굴이 빨갛게 홍조를 띠는 현상을 말하며, 동양인에게 특히 많이 나타나 아시안 플러싱이라는 용어 등장

  ❖ 동양인이 선천적으로 알코올 분해 효소가 적기 때문에 발생하는 현상

ABC주식회사

3

[슬라이드 4] ≪표 슬라이드≫ 80점

(1) 도형과 표 작성 기능을 이용하여 슬라이드를 작성한다(글꼴 : 맑은 고딕, 18pt).

세부조건

① 상단 도형 :
  2개 도형의 조합으로 작성

② 좌측 도형 :
  그라데이션 효과(선형 위쪽)

③ 표 스타일 :
  보통 스타일 4 – 강조 1

B. 알코올 과다 섭취의 영향

	뇌	심장
구강, 식도, 근육, 간, 위	전두엽 앞쪽 신경기능 감소로 충동조절 능력 상실	심장 근육이 흐물거리는 확장성 심근염 발생 증가
	해마 손상으로 기억력 감퇴, 알코올성 치매 유발	심실 박동이 불규칙해지는 부정맥 발생 증가
췌장, 혈액, 대장, 난소	소뇌 위축으로 운동실조증 발생 증가	과량 섭취 시 돌연사 위험증가
	우울증과 불안 초조 증세, 수면장애 증가	관상동맥협착증 위험 증가

ABC주식회사

4

문제지의 지시사항 및 세부조건을 참고하여 《출력형태》에 알맞게 작업하시오.

• 소스파일 : [출제유형06]-정복06_문제02.show   • 정답파일 : [출제유형06]-정복06_완성02.show

◆ [슬라이드 5] 《차트 슬라이드》 (100점)

(1) 차트 작성 기능을 이용하여 슬라이드를 작성한다.

(2) 차트 : 유형(묶은 세로 막대형), 글꼴(맑은 고딕, 16pt), 외곽선

(3) 표 : 차트 하단에 이미지와 같이 표 그리기

세부조건	

※ **차트설명**
• 차트제목 : 궁서, 20pt, 진하게, 채우기(하양), 테두리, 그림자(대각선 오른쪽 아래)
• 범례 위치 : 오른쪽
• 전체배경 : 채우기(노랑)
• 값 표시 : 결제금액(백만원) 계열
 	
① **도형 삽입**
  – 스타일 : 밝은 계열 – 강조 1
  – 글꼴 : 굴림, 16pt
	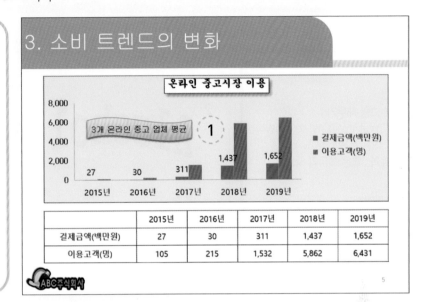

문제지의 지시사항 및 세부조건을 참고하여 《출력형태》에 알맞게 작업하시오.

• 소스파일 : [출제유형06]-정복06_문제03.show   • 정답파일 : [출제유형06]-정복06_완성03.show

◆ 슬라이드 5] 《차트 슬라이드》 (100점)

(1) 차트 작성 기능을 이용하여 슬라이드를 작성한다.

(2) 차트 : 유형(표식이 있는 꺾은선형), 글꼴(맑은 고딕, 16pt), 외곽선

(3) 표 : 차트 하단에 이미지와 같이 표 그리기

세부조건	

※ **차트설명**
• 차트제목 : 궁서, 20pt, 진하게, 채우기(하양), 테두리, 그림자(대각선 오른쪽 아래)
• 범례 위치 : 아래쪽
• 전체배경 : 채우기(노랑)
• 값 표시 : 2018년 계열의 이란 요소만
 	
① **도형 삽입**
  – 스타일 : 밝은 계열 – 강조 4
  – 글꼴 : 굴림, 16pt
	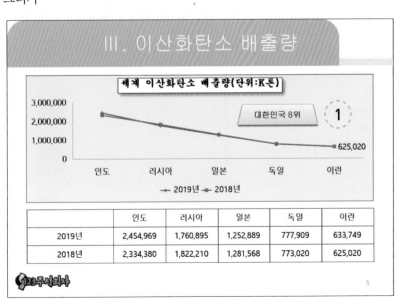

(1) 슬라이드 크기 및 순서 : 크기를 A4 용지로 설정하고 슬라이드 순서에 맞게 작성한다.

(2) 슬라이드 마스터 : 2~6슬라이드의 제목, 하단 로고, 슬라이드 번호는 슬라이드 마스터를 이용하여 작성한다.

    – 제목 글꼴(굴림, 40pt, 흰색), 가운데 정렬, 도형(선 없음)

    – 하단 로고(「내 PC₩문서₩ITQ₩Picture₩로고1.jpg」, 배경(회색) 투명색으로 설정)

[슬라이드 1] ≪표지 디자인≫   40점

(1) 표지 디자인 : 도형, 워드숍 및 그림을 이용하여 작성한다.

세부조건

① 도형 편집
   – 도형에 그림 채우기 :
     「내 PC₩문서₩ITQ₩Picture₩
     그림3.jpg」, 투명도 50%
   – 도형 효과 : 옅은 테두리 5pt

② 워드숍
   – 변환 : 물결 1
   – 글꼴 : 궁서, 진하게
   – 반사 : 1/2크기, 근접

③ 그림 삽입
   – 「내 PC₩문서₩ITQ₩Picture₩
     로고1.jpg」
   – 배경(회색) 투명한 색으로 설정

[슬라이드 2] ≪목차 슬라이드≫   60점

(1) 출력형태와 같이 도형을 이용하여 목차를 작성한다(글꼴 : 맑은 고딕, 24pt).

(2) 도형 : 선 없음

세부조건

① 텍스트에 하이퍼링크 적용
   → '슬라이드 6'

② 그림 삽입
   – 「내 PC₩문서₩ITQ₩Picture₩
     그림5.jpg」
   – 자르기 기능 이용

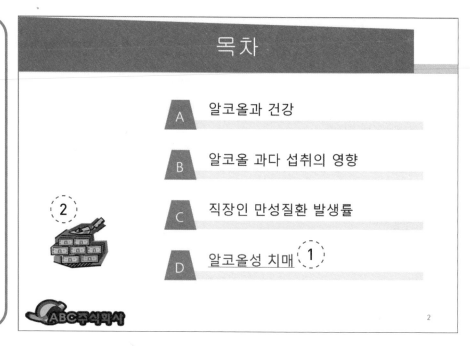

04 문제지의 지시사항 및 세부조건을 참고하여 《출력형태》에 알맞게 작업하시오.

· 소스파일 : [출제유형06]-정복06_문제04.show   · 정답파일 : [출제유형06]-정복06_완성04.show

◆ [슬라이드 5] 《차트 슬라이드》 (100점)

(1) 차트 작성 기능을 이용하여 슬라이드를 작성한다.

(2) 차트 : 유형(묶은 세로 막대형), 글꼴(맑은 고딕, 16pt), 외곽선

(3) 표 : 차트 하단에 이미지와 같이 표 그리기

세부조건

※ **차트설명**
• 차트제목 : 궁서, 20pt,
  진하게, 채우기(하양), 테두리,
  그림자(대각선 오른쪽 아래)
• 범례 위치 : 오른쪽
• 전체배경 : 채우기(노랑)
• 값 표시 : 불만족 계열
 	
① **도형 삽입**
– 스타일 : 밝은 계열 – 강조 3
– 글꼴 : 굴림, 16pt

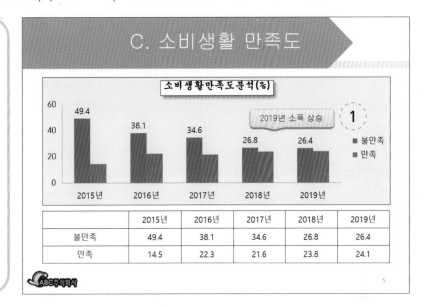

05 문제지의 지시사항 및 세부조건을 참고하여 《출력형태》에 알맞게 작업하시오.

· 소스파일 : [출제유형06]-정복06_문제05.show   · 정답파일 : [출제유형06]-정복06_완성05.show

◆ [슬라이드 5] 《차트 슬라이드》 (100점)

(1) 차트 작성 기능을 이용하여 슬라이드를 작성한다.

(2) 차트 : 유형(표식이 있는 꺾은선형), 글꼴(맑은 고딕, 16pt), 외곽선

(3) 표 : 차트 하단에 이미지와 같이 표 그리기

세부조건

※ **차트설명**
• 차트제목 : 궁서, 20pt,
  진하게, 채우기(하양), 테두리,
  그림자(대각선 오른쪽 아래)
• 범례 위치 : 아래쪽
• 전체배경 : 채우기(노랑)
• 값 표시 : 최저임금(원) 계열의
  2020년 요소만
 	
① **도형 삽입**
– 스타일 : 밝은 계열 – 강조 4
– 글꼴 : 굴림, 16pt

iii. 최저임금액 현황

연도별 최저임금 결정 현황

1 인상률 상승

8,590

2015년   2017년   2018년   2019년   2020년

→ 최저임금(원) → 인상률(%)

	2016년	2017년	2018년	2019년	2020년
최저임금(원)	6,030	6,470	7,530	8,350	8,590
인상률(%)	8.1%	7.3%	16.4%	10.9%	2.9%

제 01 회 　정보기술자격(ITQ) 출제예상 모의고사

과목	코드	문제유형	시험시간	수험번호	성명
한쇼	1141	A	60분		

한컴 오피스

·수험자 유의사항·

- 수험자는 문제지를 받는 즉시 문제지와 **수험표상의 시험과목(프로그램)이 동일한지 반드시 확인**하여야 합니다.
- 파일명은 본인의 "수험번호-성명"으로 입력하여 답안폴더(내 PC₩문서₩ITQ)에 하나의 파일로 저장해야하며, 답안문서 파일명이 "수험번호-성명"과 일치하지 않거나, 답안파일을 전송하지 않아 미제출로 처리될 경우 실격 처리합니다 (예 : 12345678-홍길동.show).
- 답안 작성을 마치면 파일을 저장하고, '답안 전송' 버튼을 선택하여 감독위원 PC로 답안을 전송하십시오. 수험생 정보와 저장한 파일명이 다를 경우 전송되지 않으므로 주의하시기 바랍니다.
- 답안 작성 중에도 **주기적으로 저장하고, '답안 전송'**하여야 문제 발생을 줄일 수 있습니다. 작업한 내용을 저장하지 않고 전송할 경우 이전에 저장된 내용이 전송되오니 이점 유의하시기 바랍니다.
- 답안문서는 지정된 경로 외의 다른 보조기억장치에 저장하는 경우, 지정된 시험 시간 외에 작성된 파일을 활용할 경우, 기타통신수단(이메일, 메신저, 네트워크 등)을 이용하여 타인에게 전달 또는 외부 반출하는 경우는 부정 처리합니다.
- 시험 중 부주의 또는 고의로 시스템을 파손한 경우는 수험자가 변상해야 하며, 〈수험자 유의사항〉에 기재된 방법대로 이행하지 않아 생기는 불이익은 수험생 당사자의 책임임을 알려 드립니다.
- 문제의 조건은 한컴오피스 NEO(2016) 버전으로 설정되어 있으니 유의하시기 바랍니다.
- 시험을 완료한 수험자는 답안파일이 전송되었는지 확인한 후 감독위원의 지시에 따라 문제지를 제출하고 퇴실합니다.

·답안 작성요령·

- 온라인 답안 작성 절차
  수험자 등록 ⇒ 시험 시작 ⇒ 답안파일 저장 ⇒ 답안 전송 ⇒ 시험 종료
- 슬라이드의 크기는 A4 Paper로 설정하여 작성합니다.
- 슬라이드의 총 개수는 6개로 구성되어 있으며 슬라이드 1부터 순서대로 작업하고 반드시 문제와 세부 조건대로 합니다.
- 별도의 지시사항이 없는 경우 출력형태를 참조하여 글꼴색은 검정 또는 흰색으로 작성하고, 기타사항은 전체적인 균형을 고려하여 작성합니다.
- 슬라이드 도형 및 개체에 출력형태와 다른 스타일(그림자, 외곽선 등)을 적용했을 경우 감점처리 됩니다.
- 슬라이드 번호를 작성합니다(슬라이드 1에는 생략).
- 2~6번 슬라이드 제목 도형과 하단 로고는 슬라이드 마스터를 이용하여 출력형태와 동일하게 작성합니다(슬라이드 1에는 생략).
- 문제와 세부조건, 세부조건 번호 ⚬(점선원)는 입력하지 않습니다.
- 각 개체의 위치는 오른쪽의 슬라이드와 동일하게 구성합니다.
- 그림 삽입 문제의 경우 반드시 「내 PC₩문서₩ITQ₩Picture」 폴더에서 정확한 파일을 선택하여 삽입하십시오.
- 각 슬라이드를 각각의 파일로 작업해서 저장할 경우 실격 처리됩니다.

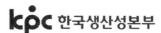

kpc 한국생산성본부

[슬라이드 6] 《도형 슬라이드》

- 다양한 도형 작성하기
- 애니메이션 효과 설정하기
- 그룹 지정하기

· 문제 미리보기 ·

· 소스파일 : [출제유형07]– 유형07_문제.show　· 정답파일 : [출제유형07]– 유형07_완성.show

◆ [슬라이드 6] 《도형 슬라이드》 (100점)

　(1) 슬라이드와 같이 도형을 배치한다(글꼴 : 맑은 고딕, 18pt)

　(2) 애니메이션 순서 : ① ⇒ ②

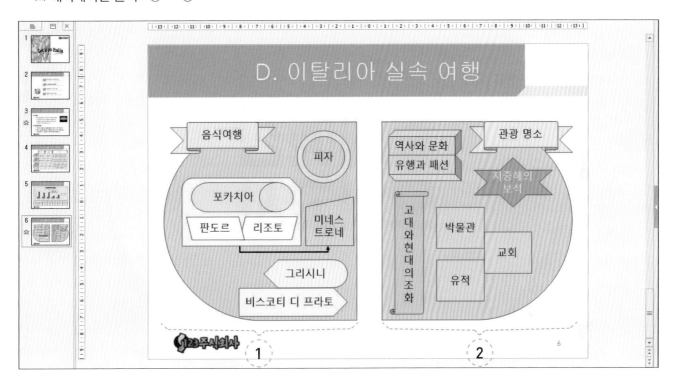

◆ 세부 조건

　① **도형 편집**

　　– 그룹화 후 애니메이션 효과 :
　　　밝기 변화

　② **도형 편집**

　　– 그룹화 후 애니메이션 효과 :
　　　날아오기(아래로)

PART 03

출제예상
모의고사

■ **오른쪽 배경 도형 작성하기**

① '유형07_문제.show' 파일을 불러와 [슬라이드 6]를 클릭한 후 작업합니다.

※ 파일 불러오기 : [파일]–[불러오기]([Ctrl]+[O])를 클릭한 후 [불러오기] 대화상자에서 파일을 선택합니다.

② 슬라이드 상단에 '제목을 입력하십시오'를 클릭한 후 'D. **이탈리아 실속 여행**'을 입력합니다.

③ '내용을 입력하십시오' 글상자의 테두리를 클릭한 후 [Delete] 키를 눌러 삭제합니다.

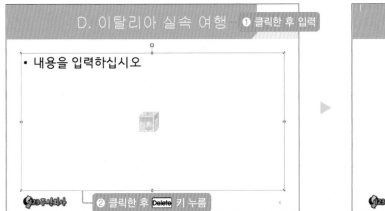 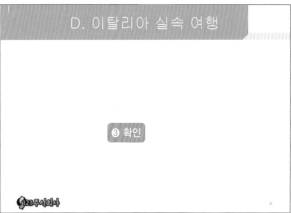

④ [입력] 탭에서 '도형' 이미지 꾸러미의 자세히 단추([↓])를 눌러 '순서도'–'**순서도: 지연([D])**'을 클릭합니다.

⑤ 마우스 포인터가 [+] 모양으로 변경되면 드래그하여 도형을 삽입합니다. 이어서, 조절점([↘])을 드래그하여 《출력형태》와 같이 크기를 조절한 후 위치를 변경합니다.

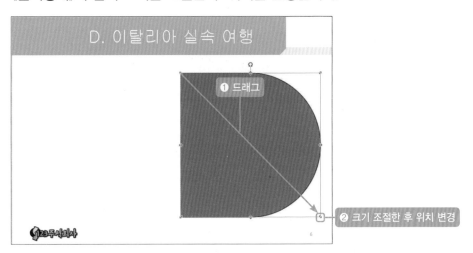

★ **[슬라이드 6] 도형 작성 요령**
[슬라이드 6]에서는 배경 도형을 먼저 작성하는 것이 편리합니다. 배경 도형은 《출력형태》를 참고하여 슬라이드의 절반 정도로 크기 및 위치를 조절합니다.

MEMO

⑥ [도형()] 탭에서 '채우기 색()'의 목록 단추(▼)를 눌러 '강조 3 노른자색(RGB: 233, 174,43) 60% 밝게' 를 클릭합니다.

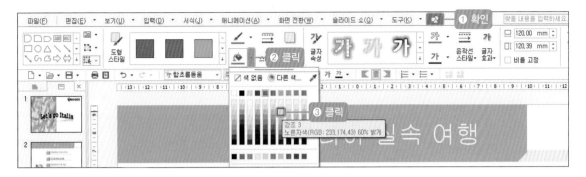

⑦ [도형()] 탭에서 '선 스타일'–'선 굵기'–'1pt'를 클릭합니다.

■ 왼쪽 배경 도형 작성하기

① 오른쪽 배경 도형을 클릭한 후 **Ctrl**+**Shift** 키를 누른 채 도형을 왼쪽으로 드래그하여 복사합니다.

② 《출력형태》와 같이 도형을 회전하기 위해 [도형()] 탭에서 '회전'–'좌우 대칭'을 클릭합니다.

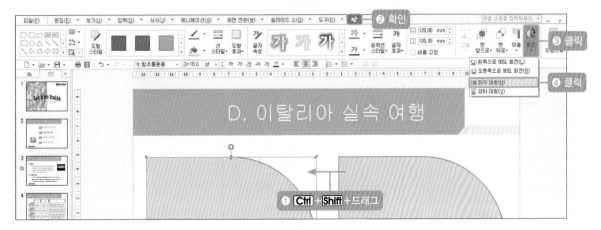

04 문제지의 지시사항 및 세부조건을 참고하여 《출력형태》에 알맞게 작업하시오.

• 소스파일 : [출제유형07]-정복07_문제04.show   • 정답파일 : [출제유형07]-정복07_완성04.show

◆ [슬라이드 6] 《도형 슬라이드》 (100점)

　(1) 슬라이드와 같이 도형을 배치한다(글꼴 : 맑은 고딕, 18pt)

　(2) 애니메이션 순서 : ① ⇒ ②

세부조건
① **도형 편집** 　- 그룹화 후 애니메이션 효과 : 　　밝기 변화 ② **도형 편집** 　- 그룹화 후 애니메이션 효과 : 　　날아오기(아래로)

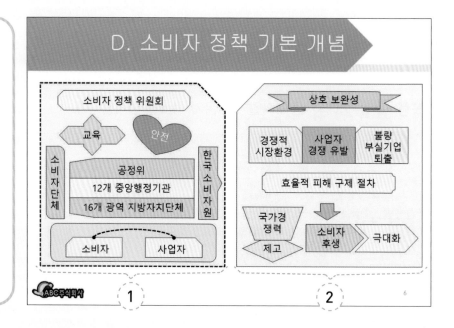

05 문제지의 지시사항 및 세부조건을 참고하여 《출력형태》에 알맞게 작업하시오.

• 소스파일 : [출제유형07]-정복07_문제05.show   • 정답파일 : [출제유형07]-정복07_완성05.show

◆ [슬라이드 6] 《도형 슬라이드》 (100점)

　(1) 슬라이드와 같이 도형을 배치한다(글꼴 : 맑은 고딕, 18pt)

　(2) 애니메이션 순서 : ① ⇒ ②

세부조건
① **도형 편집** 　- 그룹화 후 애니메이션 효과 : 　　블라인드(세로) ② **도형 편집** 　- 그룹화 후 애니메이션 효과 : 　　시계방향회전

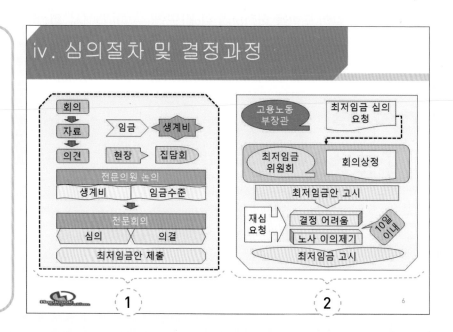

■ '음식여행' 도형 작성하기

① [도형( )] 탭에서 '도형' 이미지 꾸러미의 자세히 단추( )를 눌러 '별 및 현수막'–'**위쪽 리본( )**'을 클릭합니다.

② 마우스 포인터가 모양으로 변경되면 드래그하여 도형을 삽입합니다. 이어서, 조절점( )을 드래그하여 《출력형태》와 같이 크기를 조절한 후 위치를 변경합니다.

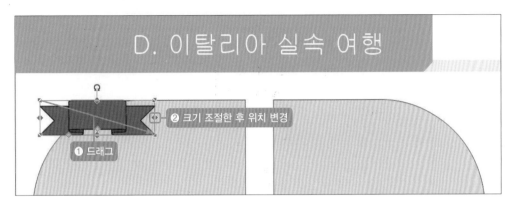

③ 왼쪽 아래 노란색 마름모 모양의 조절점( )을 왼쪽으로 드래그하여 모양을 변경합니다.

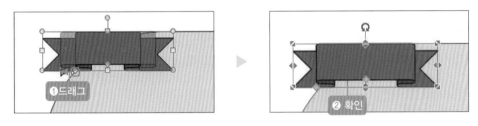

④ [도형( )] 탭에서 '선 스타일'–'선 굵기'–'**1pt**'를 클릭합니다.

문제지의 지시사항 및 세부조건을 참고하여 《출력형태》에 알맞게 작업하시오.

• 소스파일 : [출제유형07]-정복07_문제02.show • 정답파일 : [출제유형07]-정복07_완성02.show

◆ [슬라이드 6] 《도형 슬라이드》 (100점)

(1) 슬라이드와 같이 도형을 배치한다(글꼴 : 맑은 고딕, 18pt)

(2) 애니메이션 순서 : ① ⇒ ②

세부조건
① **도형 편집**
– 그룹화 후 애니메이션 효과 : 흩어뿌리기
② **도형 편집**
– 그룹화 후 애니메이션 효과 : 실선무늬(세로)

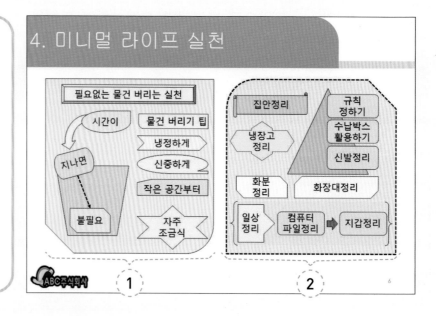

03 **문제지의 지시사항 및 세부조건을 참고하여 《출력형태》에 알맞게 작업하시오.**

• 소스파일 : [출제유형07]-정복07_문제03.show • 정답파일 : [출제유형07]-정복07_완성03.show

◆ [슬라이드 6] 《도형 슬라이드》 (100점)

(1) 슬라이드와 같이 도형을 배치한다(글꼴 : 맑은 고딕, 18pt)

(2) 애니메이션 순서 : ① ⇒ ②

세부조건
세부조건
① **도형 편집**
– 그룹화 후 애니메이션 효과 : 바운드
② **도형 편집**
– 그룹화 후 애니메이션 효과 : 사각형(밖으로)

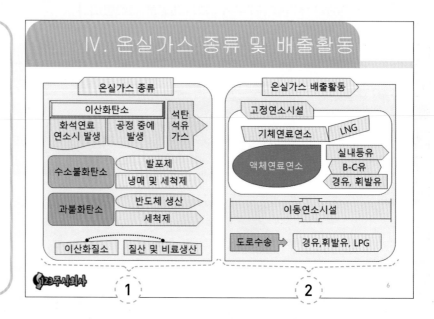

⑤ 서식 도구 상자에서 '글꼴(맑은 고딕), 글꼴 크기(18pt), 글꼴 색(검정(RGB: 0, 0, 0))'을 지정합니다.

※ 반드시 도형이 선택된 상태에서 작업합니다.

⑥ 도형 위에서 마우스 오른쪽 단추를 눌러 바로 가기 메뉴가 나오면 [기본 도형으로 설정]을 클릭합니다.

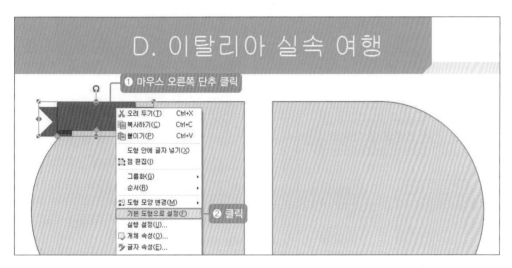

 기본 도형으로 설정

[슬라이드 6]에서 글꼴을 조건에 맞게 변경한 후 기본 도형으로 설정해 놓으면 작업 시간을 단축할 수 있습니다.

⑦ [도형(　　)] 탭에서 '채우기 색(　　)'의 목록 단추(▼)를 눌러 '강조 3 노른자색(RGB: 233, 174,43) 80% 밝게'를 클릭합니다. 이어서, '음식여행'을 입력합니다.

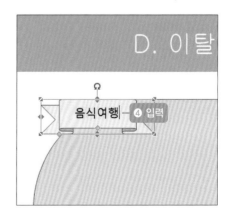

[슬라이드 6] 《도형 슬라이드》

01 문제지의 지시사항 및 세부조건을 참고하여 《출력형태》에 알맞게 작업하시오.

• 소스파일 : [출제유형07]−정복07_문제01.show • 정답파일 : [출제유형07]−정복07_완성01.show

◆ [슬라이드 6] 《도형 슬라이드》(100점)

(1) 슬라이드와 같이 도형을 배치한다(글꼴 : 맑은 고딕, 18pt)

(2) 애니메이션 순서 : ① ⇒ ②

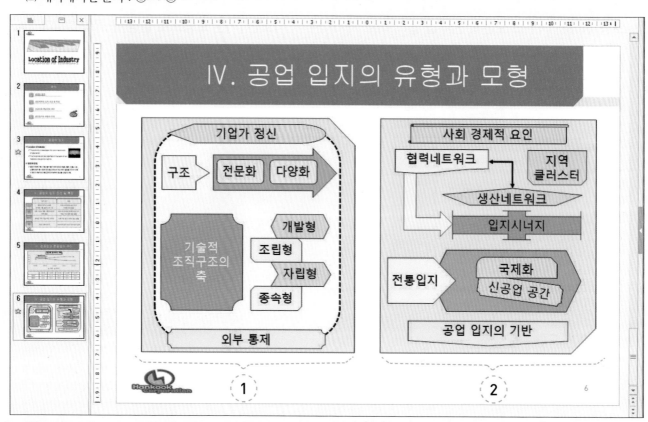

◆ 세부 조건

① 도형 편집

– 그룹화 후 애니메이션 효과 :
밝기 변화

② 도형 편집

– 그룹화 후 애니메이션 효과 :
사각형(밖으로)

■ '피자' 도형 작성하기

❶ [도형( )] 탭에서 '도형' 이미지 꾸러미의 자세히 단추( )를 눌러 '기본 도형'–'**도넛**( )'을 클릭합니다.

❷ 마우스 포인터가 + 모양으로 변경되면 드래그하여 도형을 삽입합니다. 이어서, 조절점( )을 드래그하여 《출력형태》와 같이 크기를 조절한 후 위치를 변경합니다.

❸ 노란색 마름모 모양의 조절점( )을 왼쪽으로 드래그하여 모양을 변경합니다.

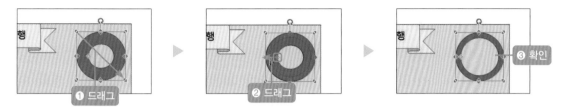

❹ [도형( )] 탭에서 '채우기 색( )'의 목록 단추( )를 눌러 '**강조 5 에메랄드 블루**(RGB: 53, 135, 145) **80% 밝게**'를 클릭합니다. 이어서, '**피자**'를 입력합니다.

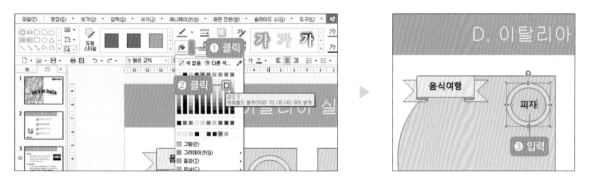

■ '포카치아' 도형 작성하기

❶ [도형( )] 탭에서 '도형' 이미지 꾸러미의 자세히 단추( )를 눌러 '사각형'–'**한쪽 모서리는 잘리고 다른 쪽 모서리는 둥근 사각형**( )'을 클릭합니다.

❷ 마우스 포인터가 + 모양으로 변경되면 드래그하여 도형을 삽입합니다. 이어서, 조절점( )을 드래그하여 《출력형태》와 같이 크기를 조절한 후 위치를 변경합니다.

❸ [도형( )] 탭에서 '채우기 색( )'의 목록 단추( )를 눌러 '**강조 4 멜론색**(RGB: 105, 155, 55) **90% 밝게**'를 클릭합니다.

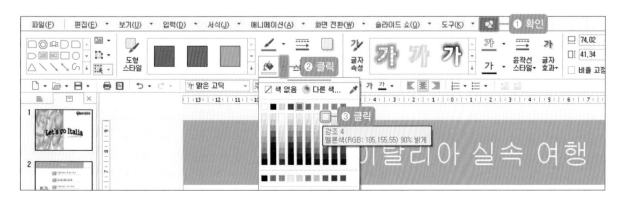

⑥ [파일]-[저장하기]($Ctrl$+S) 또는 서식 도구 상자에서 '**저장하기**(日)'를 클릭합니다.

※ 실제 시험을 볼 때 작업 도중에 수시로(10분에 한 번 정도) 저장을 하는 것이 좋습니다.

시험 분석	**[슬라이드 6]《도형 슬라이드》** • 도형 삽입 : [슬라이드 6]에서 처음 도형을 삽입하여 글꼴을 변경한 후 [기본 도형으로 설정]을 지정합니다(배경 도형 및 테두리가 변경된 도형 제외). 최근 시험에서는 도형의 조절점이나 회전 등을 이용한 변형 도형이 출제되고 있기 때문에 모양을 잘 알고 있어야하며, 회전된 도형에 텍스트를 입력할 때는 글상자를 이용합니다. • 애니메이션 : 애니메이션 효과로 '실선 무늬, 시계 방향 회전, 닦아내기, 바운드, 밝기 변화, 수직 분할, 흩어 뿌리기' 등이 출제되었습니다. 애니메이션 효과에서 [효과 설정]를 이용하여 방향 등을 변경하는 문제도 출제됩니다.

④ [도형(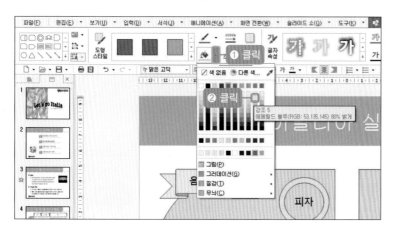)] 탭에서 '도형' 이미지 꾸러미의 자세히 단추(⬇)를 눌러 '순서도'–'순서도: 직접 액세스 저장소(▢)'를 클릭합니다.

⑤ 마우스 포인터가 ＋ 모양으로 변경되면 드래그하여 도형을 삽입합니다. 이어서, 조절점(◀▶)을 드래그하여 《출력형태》와 같이 크기를 조절한 후 위치를 변경합니다.

⑥ [도형( )] 탭에서 '채우기 색(🖌 ·)'의 목록 단추(▼)를 눌러 '**강조 5 에메랄드 블루(RGB: 53, 135, 145) 80% 밝게**'를 클릭합니다. 이어서, '**포카치아**'를 입력합니다.

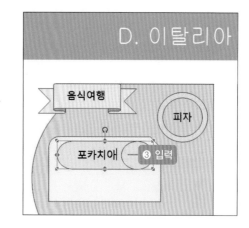

■ '판도르', '리조토' 도형 작성하기

❶ [도형( )] 탭에서 '도형' 이미지 꾸러미의 자세히 단추(⬇)를 눌러 '기본 도형'–'**평행 사변형(▱)**'를 클릭합니다.

❷ 마우스 포인터가 ＋ 모양으로 변경되면 드래그하여 도형을 삽입합니다. 이어서, 조절점(◀▶)을 드래그하여 《출력형태》와 같이 크기를 조절한 후 위치를 변경합니다.

❸ [도형( )] 탭에서 '채우기 색(🖌 ·)'의 목록 단추(▼)를 눌러 '**본문/배경 – 밝은 색 1 하양(RGB : 255, 255, 255)**'를 클릭합니다. 이어서, '**리조토**'를 입력합니다.

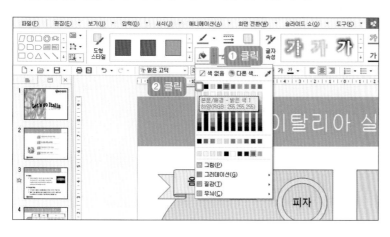

④ 그룹화된 오른쪽 도형을 클릭합니다. [애니메이션] 탭의 애니메이션 효과 목록에서 '**날아오기**'를 클릭합니다.

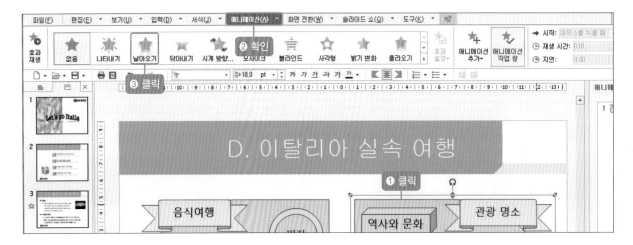

⑤ [애니메이션] 탭에서 '효과 설정'-'**아래로**'를 클릭합니다.

 애니메이션 효과

● [애니메이션] 탭의 애니메이션 효과 목록에 문제지에 제시된 조건에 맞는 효과가 없는 경우에는 자세히 단추(⬇)를 '나타
내기 다른 효과'를 클릭합니다.

● [나타내기 애니메이션 효과 변경] 대화상자에서 원하는 효과를 선택하고 〈적용〉 단추를 클릭합니다.

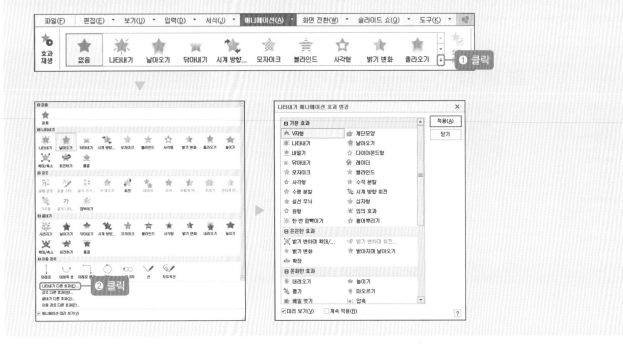

④ 도형이 선택된 상태에서 **Ctrl**+**Shift** 키를 누른 채 도형을 왼쪽으로 드래그하여 복사합니다.

⑤ 《출력형태》와 같이 도형을 회전하기 위해 [도형()] 탭에서 '회전'–'**좌우 대칭**'을 클릭합니다. 이어서, '**판도르**'를 입력합니다.

■ 나머지 도형 작성하기

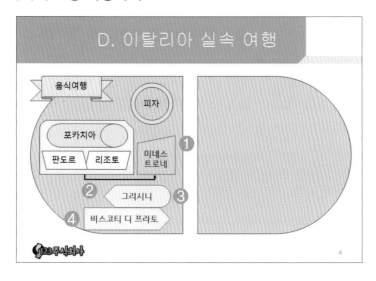

① '순서도–순서도: 수동 입력(⬜)' 그리기 → 채우기 색(강조 2 루비색(RGB : 199, 82, 82) 80% 밝게) 지정 → '미네스트로네' 입력

② '선–꺾인 화살표 연결선(⌐)' 클릭 → 왼쪽 도형 위에서 연결선의 시작점 클릭 → ①번 도형으로 드래그하여 연결선 끝점 클릭 → '선 스타일'–'선 굵기'–'2.25pt' 지정 → '선 스타일'–'화살표 모양'–'⟶' 지정 → 선 색(검정) 지정

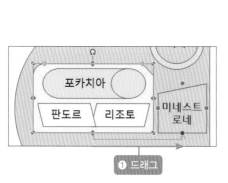

② 다음 그림과 같이 마우스를 드래그하여 오른쪽 도형을 모두 선택합니다. 도형 위에서 마우스 오른쪽 단추를 눌러 바로 가기 메뉴가 나오면 [그룹화]–[개체 묶기]를 클릭합니다.

※ 오른쪽 도형을 선택할 때는 오른쪽 하단의 '페이지 번호 글상자(6)'가 선택되지 않도록 주의합니다.

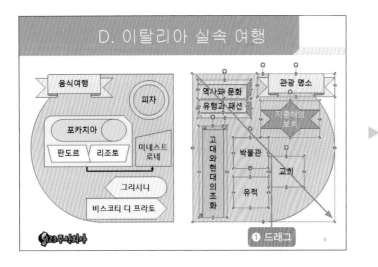
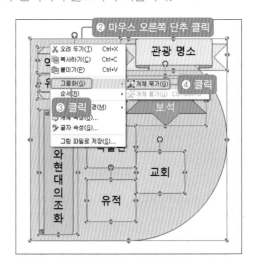

③ 그룹화된 왼쪽 도형을 클릭합니다. [애니메이션] 탭의 애니메이션 효과 목록에서 '**밝기 변화**'를 클릭합니다.

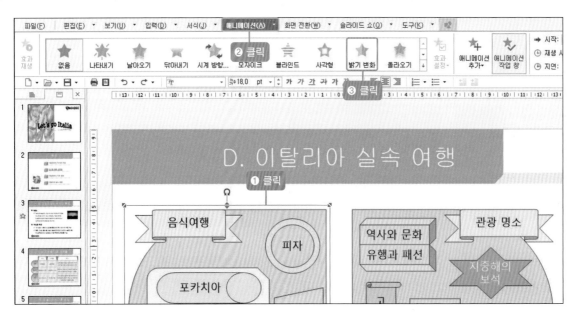

애니메이션 효과를 잘못 지정한 경우

애니메이션 효과를 잘못 지정한 경우에는 오른쪽에서 나타난 [애니메이션] 창에서 잘못 선택한 애니메이션 효과를 선택하고 Delete 키를 눌러 삭제한 후 다시 애니메이션 효과를 지정합니다.

❸ '순서도–순서도: 화면 표시(⬭)' 그리기 → 채우기 색(강조 3 노른자색(RGB : 233, 174, 43) 90% 밝게) 지정 → '그리시니' 입력

❹ '블록 화살표–오각형(▷)' 그리기 → 채우기 색(강조 4 멜론색(RGB : 105, 155, 55) 90% 밝게) 지정 → '비스코티 디 프라토' 입력

유형 03 오른쪽 도형 작성하기

■ 《출력형태》를 참고하여 상단 도형을 작성한 후 임의의 색을 지정하고 내용 입력하기

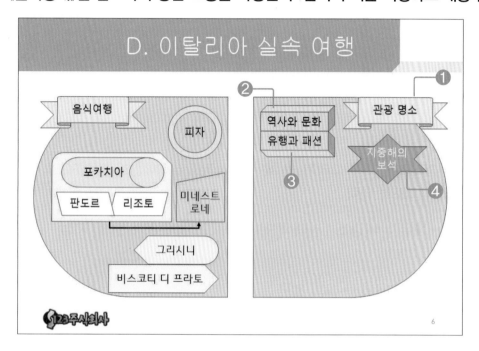

❶ 왼쪽 '음식 여행' 도형 복사(Ctrl+D) → '관광 명소' 입력

❷ '기본 도형–정육면체(⬙)' 그리기 → 채우기 색(강조 6 진달래색(RGB : 202, 86, 167) 80% 밝게) 지정 → '역사와 문화' 입력

❸ '역사와 문화' 도형 복사(Ctrl+D) → 내용 지우기 → 회전(상하 대칭) → '기본 도형–가로 글상자(▤)'을 선택한 후 내용을 입력할 위치 클릭 → '유행과 패션' 입력 → 서식 도구 상자에서 '글꼴(맑은 고딕), 글자 크기(18pt)' 지정

❹ '별 및 현수막–포인트가 6개인 별(✡)' 그리기 → 채우기 색(강조 5 에메랄드 블루(RGB : 53, 135, 145) 20% 밝게) 지정 → '지중해의 보석' 입력 → 서식 도구 상자에서 '글자 색(하양)' 지정

■ 《출력형태》를 참고하여 나머지 도형을 작성한 후 임의의 색을 지정하고 내용 입력하기

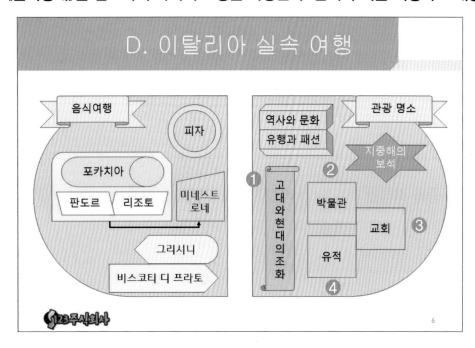

① '별 및 현수막–세로로 말린 두루마리 모양(▯)' 그리기 → 채우기 색(강조 5 에메랄드 블루(RGB : 53, 135, 145) 60% 밝게) 지정 → '고대와현대의조화' 입력

② '사각형–직사각형(▢)' 그리기 → 채우기 색(강조 1 바다색(RGB : 49, 95, 151) 80% 밝게) 지정 → '박물관' 입력

③ '박물관' 도형 복사(**Ctrl**+**D**) → 내용 지우기 → '교회' 입력

④ '박물관' 도형 복사(**Ctrl**+**D**) → 내용 지우기 → '유적' 입력

유형 04 그룹화한 후 애니메이션 지정하기

① 도형 편집 – 그룹화 후 애니메이션 효과 : 밝기 변화
② 도형 편집 – 그룹화 후 애니메이션 효과 : 날아오기(아래로)

① 다음 그림과 같이 마우스를 드래그하여 왼쪽 도형을 모두 선택합니다. 도형 위에서 마우스 오른쪽 단추를 눌러 바로 가기 메뉴가 나오면 [그룹화]–[개체 묶기]를 클릭합니다.

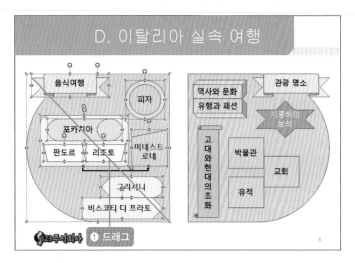

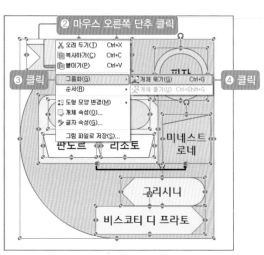

정보기술자격(ITQ) 시험　한컴오피스

과 목	코 드	문제유형	시험시간	수험번호	성 명
한쇼	1141	A	60분		

수험자 유의사항

● 수험자는 문제지를 받는 즉시 문제지와 **수험표상의 시험과목(프로그램)이 동일한지 반드시 확인**하여야 합니다.

● 파일명은 본인의 "수험번호-성명"으로 입력하여 답안폴더(내 PC₩문서₩ITQ)에 하나의 파일로 저장해야 하며, 답안 문서 파일명이 "수험번호-성명"과 일치하지 않거나, 답안파일을 전송하지 않아 미제출로 처리될 경우 실격 처리합니다 (예:12345678-홍길동.show).

● 답안 작성을 마치면 파일을 저장하고, '답안 전송' 버튼을 선택하여 감독위원 PC로 답안을 전송하십시오. 수험생 정보와 저장한 파일명이 다를 경우 전송되지 않으므로 주의하시기 바랍니다.

● 답안 작성 중에도 **주기적으로 저장하고, '답안 전송'**하여야 문제 발생을 줄일 수 있습니다. 작업한 내용을 저장하지 않고 전송할 경우 이전에 저장된 내용이 전송되오니 이점 유의하시기 바랍니다.

● 답안문서는 지정된 경로 외의 다른 보조기억장치에 저장하는 경우, 지정된 시험 시간 외에 작성된 파일을 활용할 경우, 기타 통신수단(이메일, 메신저, 네트워크 등)을 이용하여 타인에게 전달 또는 외부 반출하는 경우는 부정 처리합니다.

● 시험 중 부주의 또는 고의로 시스템을 파손한 경우는 수험자가 변상해야 하며, <수험자 유의사항>에 기재된 방법대로 이행하지 않아 생기는 불이익은 수험생 당사자의 책임임을 알려 드립니다.

● 문제의 조건은 한컴오피스 NEO(2016) 버전으로 설정되어 있으니 유의하시기 바랍니다.

● 시험을 완료한 수험자는 답안파일이 전송되었는지 확인한 후 감독위원의 지시에 따라 문제지를 제출하고 퇴실합니다.

답안 작성요령

● **온라인 답안 작성 절차** : 수험자 등록 ⇒ 시험 시작 ⇒ 답안파일 저장 ⇒ 답안 전송 ⇒ 시험 종료

● 슬라이드의 크기는 A4 Paper로 설정하여 작성합니다.

● 슬라이드의 총 개수는 6개로 구성되어 있으며 슬라이드 1부터 순서대로 작업하고 반드시 문제와 세부 조건대로 합니다.

● 별도의 지시사항이 없는 경우 출력형태를 참조하여 글꼴색은 검정 또는 흰색으로 작성하고, 기타사항은 전체적인 균형을 고려하여 작성합니다.

● 슬라이드 도형 및 개체에 출력형태와 다른 스타일(그림자, 외곽선 등)을 적용했을 경우 감점처리 됩니다.

● 슬라이드 번호를 작성합니다(슬라이드 1에는 생략).

● 2~6번 슬라이드 제목 도형과 하단 로고는 슬라이드 마스터를 이용하여 출력형태와 동일하게 작성합니다 (슬라이드 1에는 생략).

● 문제와 세부조건, 세부조건 번호 ⚬(점선원)는 입력하지 않습니다.

● 각 개체의 위치는 오른쪽의 슬라이드와 동일하게 구성합니다.

● 그림 삽입 문제의 경우 반드시 「내 PC₩문서₩ITQ₩Picture」 폴더에서 정확한 파일을 선택하여 삽입 하십시오.

● 각 슬라이드를 각각의 파일로 작업해서 저장할 경우 실격 처리됩니다.

[슬라이드 5] ≪차트 슬라이드≫ ───────── (100점)

(1) 차트 작성 기능을 이용하여 슬라이드를 작성한다.

(2) 차트 : 유형(표식이 있는 꺾은선형), 글꼴(굴림, 16pt), 외곽선

(3) 표 : 차트 하단에 이미지와 같이 표 그리기

세부조건

※ **차트설명**

■ 차트제목 : 궁서, 20pt,
  진하게, 채우기(하양), 테두리,
  그림자(대각선 오른쪽 아래)
■ 범례 위치 : 아래쪽
■ 전체배경 : 채우기(노랑)
■ 값 표시 : 신규설비용량 계열만

① **도형 삽입**

  – 스타일 : 밝은 계열 – 강조1
  – 글꼴 : 맑은 고딕, 18pt

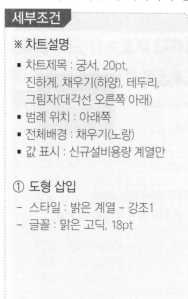
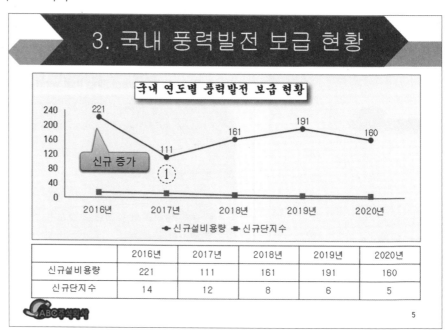

	2016년	2017년	2018년	2019년	2020년
신규설비용량	221	111	161	191	160
신규단지수	14	12	8	6	5

[슬라이드 6] ≪도형 슬라이드≫ ───────── (100점)

(1) 슬라이드와 같이 도형을 배치한다(글꼴 : 맑은 고딕, 18pt).

(2) 애니메이션 순서 : ① ⇒ ②

세부조건

① **도형 편집**

  – 그룹화 후 애니메이션 효과 :
    바운드

② **도형 편집**

  – 그룹화 후 애니메이션 효과 :
    닦아내기(왼쪽으로)

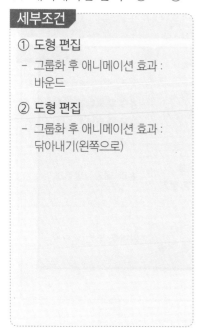
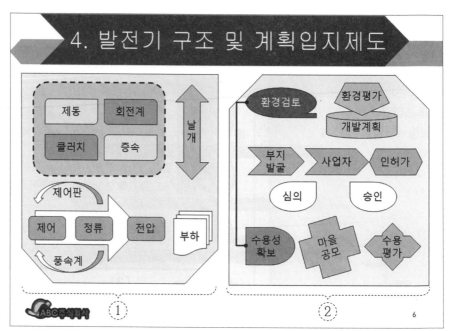

정보기술자격(ITQ) 시험

한컴오피스

과 목	코 드	문제유형	시험시간	수험번호	성 명
한쇼	1141	B	60분		

수험자 유의사항

● 수험자는 문제지를 받는 즉시 문제지와 **수험표상의 시험과목(프로그램)이 동일한지 반드시 확인**하여야 합니다.

● 파일명은 본인의 "수험번호-성명"으로 입력하여 답안폴더(내 PC₩문서₩ITQ)에 하나의 파일로 저장해야 하며, 답안 문서 파일명이 "수험번호-성명"과 일치하지 않거나, 답안파일을 전송하지 않아 미제출로 처리될 경우 실격 처리합니다 (예:12345678-홍길동.show).

● 답안 작성을 마치면 파일을 저장하고, '답안 전송' 버튼을 선택하여 감독위원 PC로 답안을 전송하십시오. 수험생 정보와 저장한 파일명이 다를 경우 전송되지 않으므로 주의하시기 바랍니다.

● 답안 작성 중에도 **주기적으로 저장하고, '답안 전송'**하여야 문제 발생을 줄일 수 있습니다. 작업한 내용을 저장하지 않고 전송할 경우 이전에 저장된 내용이 전송되오니 이점 유의하시기 바랍니다.

● 답안문서는 지정된 경로 외의 다른 보조기억장치에 저장하는 경우, 지정된 시험 시간 외에 작성된 파일을 활용할 경우, 기타 통신수단(이메일, 메신저, 네트워크 등)을 이용하여 타인에게 전달 또는 외부 반출하는 경우는 부정 처리합니다.

● 시험 중 부주의 또는 고의로 시스템을 파손한 경우는 수험자가 변상해야 하며, <수험자 유의사항>에 기재된 방법대로 이행하지 않아 생기는 불이익은 수험생 당사자의 책임임을 알려 드립니다.

● 문제의 조건은 한컴오피스 NEO(2016) 버전으로 설정되어 있으니 유의하시기 바랍니다.

● 시험을 완료한 수험자는 답안파일이 전송되었는지 확인한 후 감독위원의 지시에 따라 문제지를 제출하고 퇴실합니다.

답안 작성요령

● **온라인 답안 작성 절차** : 수험자 등록 ⇒ 시험 시작 ⇒ 답안파일 저장 ⇒ 답안 전송 ⇒ 시험 종료

● 슬라이드의 크기는 A4 Paper로 설정하여 작성합니다.

● 슬라이드의 총 개수는 6개로 구성되어 있으며 슬라이드 1부터 순서대로 작업하고 반드시 문제와 세부 조건대로 합니다.

● 별도의 지시사항이 없는 경우 출력형태를 참조하여 글꼴색은 검정 또는 흰색으로 작성하고, 기타사항은 전체적인 균형을 고려하여 작성합니다.

● 슬라이드 도형 및 개체에 출력형태와 다른 스타일(그림자, 외곽선 등)을 적용했을 경우 감점처리 됩니다.

● 슬라이드 번호를 작성합니다(슬라이드 1에는 생략).

● 2~6번 슬라이드 제목 도형과 하단 로고는 슬라이드 마스터를 이용하여 출력형태와 동일하게 작성합니다 (슬라이드 1에는 생략).

● 문제와 세부조건, 세부조건 번호 ◌(점선원)는 입력하지 않습니다.

● 각 개체의 위치는 오른쪽의 슬라이드와 동일하게 구성합니다.

● 그림 삽입 문제의 경우 반드시 「내 PC₩문서₩ITQ₩Picture」 폴더에서 정확한 파일을 선택하여 삽입 하십시오.

● 각 슬라이드를 각각의 파일로 작업해서 저장할 경우 실격 처리됩니다.

[전체구성] ━━━━━━━━━━━━━━━━━━━━━━━━━━━━━━━━━━━ (60점)

(1) 슬라이드 크기 및 순서 : 크기를 A4 용지로 설정하고 슬라이드 순서에 맞게 작성한다.

(2) 슬라이드 마스터 : 2~6슬라이드의 제목, 하단 로고, 슬라이드 번호는 슬라이드 마스터를 이용하여 작성한다.
    - 제목 글꼴(굴림, 40pt, 흰색), 가운데 정렬, 도형(선 없음)
    - 하단 로고(「내 PC₩문서₩ITQ₩Picture₩로고2.jpg」, 배경(회색) 투명색으로 설정)

[슬라이드 1] ≪표지 디자인≫ ━━━━━━━━━━━━━━━━━━━━━ (40점)

(1) 표지 디자인 : 도형, 워드숍 및 그림을 이용하여 작성한다.

세부조건

① 도형 편집
- 도형에 그림 채우기 :
  「내 PC₩문서₩ITQ₩Picture₩
  그림2.jpg」, 투명도 50%
- 도형 효과 : 옅은 테두리 5pt

② 워드숍
- 변환 : 갈매기형 수장
- 글꼴 : 궁서, 진하게
- 반사 : 1/3 크기, 근접

③ 그림 삽입
- 「내 PC₩문서₩ITQ₩Picture₩
  로고2.jpg」
- 배경(회색) 투명한 색으로 설정

[슬라이드 2] ≪목차 슬라이드≫ ━━━━━━━━━━━━━━━━━━━ (60점)

(1) 출력형태와 같이 도형을 이용하여 목차를 작성한다(글꼴 : 맑은 고딕, 24pt).

(2) 도형 : 선 없음

세부조건

① 텍스트에 하이퍼링크 적용
  → '슬라이드 5'

② 그림 삽입
- 「내 PC₩문서₩ITQ₩Picture₩
  그림4.jpg」
- 자르기 기능 이용

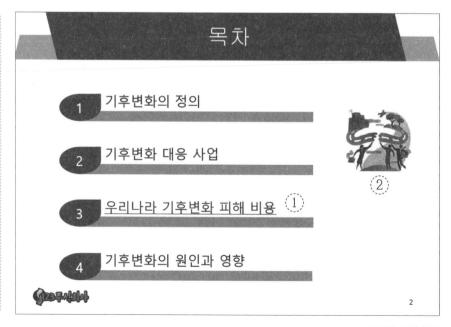

[슬라이드 3] ≪텍스트/동영상 슬라이드≫ ─────────── (60점)

(1) 텍스트 작성 : 글머리 기호 사용(◆, ▪)
　　　◆문단(굴림, 24pt, 굵게, 줄간격 : 1.5줄), ▪문단(굴림, 20pt, 줄간격 : 1.5줄)

세부조건

① 동영상 삽입
- 「내 PC₩문서₩ITQ₩Picture₩
  동영상.wmv」
- 자동실행, 반복재생 설정

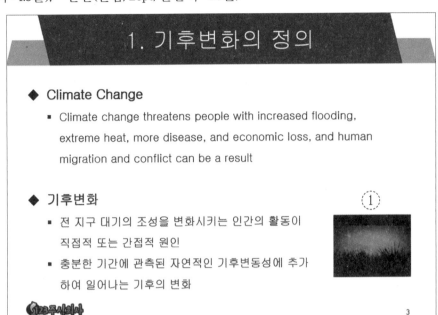

[슬라이드 4] ≪표 슬라이드≫ ───────────── (80점)

(1) 도형과 표 작성 기능을 이용하여 슬라이드를 작성한다(글꼴 : 맑은 고딕, 18pt).

세부조건

① 상단 도형 :
　　2개 도형의 조합으로 작성
② 좌측 노형 :
　　그라데이션 효과(선형 위쪽)
③ 표 스타일 :
　　보통 스타일 4 – 강조 2

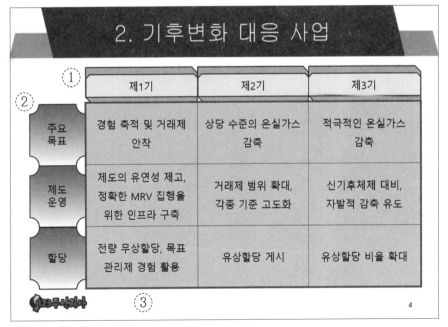

[슬라이드 5] ≪차트 슬라이드≫ ──────────────────── (100점)

(1) 차트 작성 기능을 이용하여 슬라이드를 작성한다.

(2) 차트 : 유형(표식이 있는 꺾은선형), 글꼴(굴림, 16pt), 외곽선

(3) 표 : 차트 하단에 이미지와 같이 표 그리기

세부조건

※ 차트설명
- 차트제목 : 궁서, 20pt,
  진하게, 채우기(하양), 테두리,
  그림자(대각선 오른쪽 아래)
- 범례 위치 : 아래쪽
- 전체배경 : 채우기(노랑)
- 값 표시 : 무대응 계열만

① 도형 삽입
- 스타일 : 밝은 계열 - 강조1
- 글꼴 : 맑은 고딕, 18pt

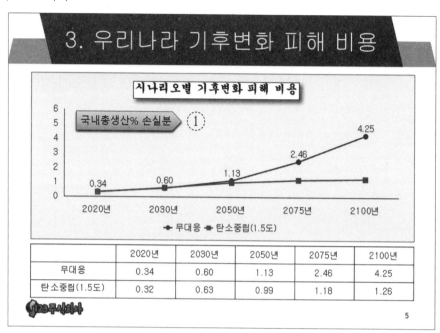

[슬라이드 6] ≪도형 슬라이드≫ ──────────────────── (100점)

(1) 슬라이드와 같이 도형을 배치한다(글꼴 : 맑은 고딕, 18pt).

(2) 애니메이션 순서 : ① ⇒ ②

세부조건

① 도형 편집
- 그룹화 후 애니메이션 효과 :
  바운드

② 도형 편집
- 그룹화 후 애니메이션 효과 :
  블라인드(세로)

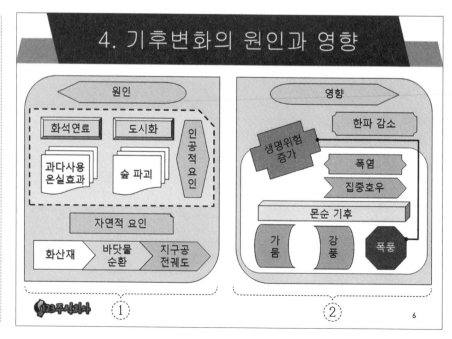

정보기술자격(ITQ) 시험

과 목	코 드	문제유형	시험시간	수험번호	성 명
한쇼	1141	C	60분		

수험자 유의사항

● 수험자는 문제지를 받는 즉시 문제지와 **수험표상의 시험과목(프로그램)이 동일한지 반드시 확인**하여야 합니다.

● 파일명은 본인의 "수험번호-성명"으로 입력하여 답안폴더(내 PC₩문서₩ITQ)에 하나의 파일로 저장해야 하며, 답안 문서 파일명이 "수험번호-성명"과 일치하지 않거나, 답안파일을 전송하지 않아 미제출로 처리될 경우 실격 처리합니다 (예:12345678-홍길동.show).

● 답안 작성을 마치면 파일을 저장하고, '답안 전송' 버튼을 선택하여 감독위원 PC로 답안을 전송하십시오. 수험생 정보와 저장한 파일명이 다를 경우 전송되지 않으므로 주의하시기 바랍니다.

● 답안 작성 중에도 **주기적으로 저장하고, '답안 전송'**하여야 문제 발생을 줄일 수 있습니다. 작업한 내용을 저장하지 않고 전송할 경우 이전에 저장된 내용이 전송되오니 이점 유의하시기 바랍니다.

● 답안문서는 지정된 경로 외의 다른 보조기억장치에 저장하는 경우, 지정된 시험 시간 외에 작성된 파일을 활용할 경우, 기타 통신수단(이메일, 메신저, 네트워크 등)을 이용하여 타인에게 전달 또는 외부 반출하는 경우는 부정 처리합니다.

● 시험 중 부주의 또는 고의로 시스템을 파손한 경우는 수험자가 변상해야 하며, <수험자 유의사항>에 기재된 방법대로 이행하지 않아 생기는 불이익은 수험생 당사자의 책임임을 알려 드립니다.

● 문제의 조건은 한컴오피스 NEO(2016) 버전으로 설정되어 있으니 유의하시기 바랍니다.

● 시험을 완료한 수험자는 답안파일이 전송되었는지 확인한 후 감독위원의 지시에 따라 문제지를 제출하고 퇴실합니다.

답안 작성요령

● **온라인 답안 작성 절차** : 수험자 등록 ⇒ 시험 시작 ⇒ 답안파일 저장 ⇒ 답안 전송 ⇒ 시험 종료

● 슬라이드의 크기는 A4 Paper로 설정하여 작성합니다.

● 슬라이드의 총 개수는 6개로 구성되어 있으며 슬라이드 1부터 순서대로 작업하고 반드시 문제와 세부 조건대로 합니다.

● 별도의 지시사항이 없는 경우 출력형태를 참조하여 글꼴색은 검정 또는 흰색으로 작성하고, 기타사항은 전체적인 균형을 고려하여 작성합니다.

● 슬라이드 도형 및 개체에 출력형태와 다른 스타일(그림자, 외곽선 등)을 적용했을 경우 감점처리 됩니다.

● 슬라이드 번호를 작성합니다(슬라이드 1에는 생략).

● 2~6번 슬라이드 제목 도형과 하단 로고는 슬라이드 마스터를 이용하여 출력형태와 동일하게 작성합니다 (슬라이드 1에는 생략).

● 문제와 세부조건, 세부조건 번호 ⚬(점선원)는 입력하지 않습니다.

● 각 개체의 위치는 오른쪽의 슬라이드와 동일하게 구성합니다.

● 그림 삽입 문제의 경우 반드시 「내 PC₩문서₩ITQ₩Picture」 폴더에서 정확한 파일을 선택하여 삽입 하십시오.

● 각 슬라이드를 각각의 파일로 작업해서 저장할 경우 실격 처리됩니다.

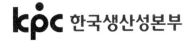

[전체구성] ──────────────── (60점)

(1) 슬라이드 크기 및 순서 : 크기를 A4 용지로 설정하고 슬라이드 순서에 맞게 작성한다.

(2) 슬라이드 마스터 : 2~6슬라이드의 제목, 하단 로고, 슬라이드 번호는 슬라이드 마스터를 이용하여 작성한다.
- 제목 글꼴(굴림, 40pt, 흰색), 가운데 정렬, 도형(선 없음)
- 하단 로고(「내 PC₩문서₩ITQ₩Picture₩로고1.jpg」, 배경(회색) 투명색으로 설정)

[슬라이드 1] ≪표지 디자인≫ ──────────────── (40점)

(1) 표지 디자인 : 도형, 워드숍 및 그림을 이용하여 작성한다.

세부조건

① 도형 편집
- 도형에 그림 채우기 :
「내 PC₩문서₩ITQ₩Picture₩
그림1.jpg」, 투명도 50%
- 도형 효과 : 옅은 테두리 5pt

② 워드숍
- 변환 : 삼각형
- 글꼴 : 궁서, 진하게
- 반사 : 1/3 크기, 4 pt

③ 그림 삽입
- 「내 PC₩문서₩ITQ₩Picture₩
로고2.jpg」
- 배경(회색) 투명한 색으로 설정

[슬라이드 2] ≪목차 슬라이드≫ ──────────────── (60점)

(1) 출력형태와 같이 도형을 이용하여 목차를 작성한다(글꼴 : 맑은 고딕, 24pt).

(2) 도형 : 선 없음

세부조건

① 텍스트에 하이퍼링크 적용
→ '슬라이드 5'

② 그림 삽입
- 「내 PC₩문서₩ITQ₩Picture₩
그림5.jpg」
- 자르기 기능 이용

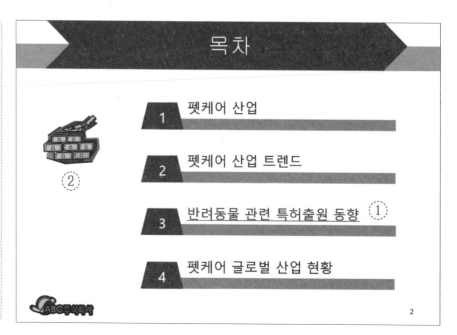

[슬라이드 3] ≪텍스트/동영상 슬라이드≫ ─────────── (60점)

(1) 텍스트 작성 : 글머리 기호 사용(➤, ▪)

    ➤문단(굴림, 24pt, 굵게, 줄간격 : 1.5줄), ▪문단(굴림, 20pt, 줄간격 : 1.5줄)

세부조건

① 동영상 삽입
- 「내 PC₩문서₩ITQ₩Picture₩ 동영상.wmv」
- 자동실행, 반복재생 설정

[슬라이드 4] ≪표 슬라이드≫ ─────────── (80점)

(1) 도형과 표 작성 기능을 이용하여 슬라이드를 작성한다(글꼴 : 맑은 고딕, 18pt).

세부조건

① 상단 도형 :
    2개 도형의 조합으로 작성
② 좌측 도형 :
    그라데이션 효과(선형 위쪽)
③ 표 스타일 :
    보통 스타일 4 – 강조 4

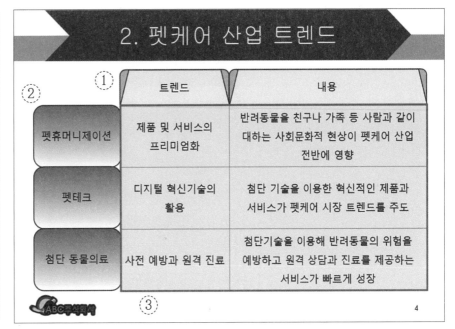

[슬라이드 5] ≪차트 슬라이드≫ ──────────── (100점)

(1) 차트 작성 기능을 이용하여 슬라이드를 작성한다.

(2) 차트 : 유형(표식이 있는 꺾은선형), 글꼴(굴림, 16pt), 외곽선

(3) 표 : 차트 하단에 이미지와 같이 표 그리기

세부조건

※ 차트설명
- 차트제목 : 궁서, 20pt, 진하게, 채우기(하양), 테두리, 그림자(대각선 오른쪽 아래)
- 범례 위치 : 아래쪽
- 전체배경 : 채우기(노랑)
- 값 표시 : 출원건수 계열만

① 도형 삽입
- 스타일 : 밝은 계열 – 강조1
- 글꼴 : 맑은 고딕, 18pt

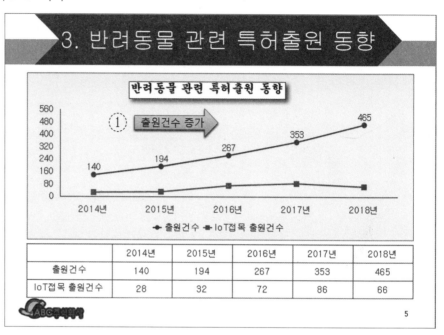

	2014년	2015년	2016년	2017년	2018년
출원건수	140	194	267	353	465
IoT접목 출원건수	28	32	72	86	66

[슬라이드 6] ≪도형 슬라이드≫ ──────────── (100점)

(1) 슬라이드와 같이 도형을 배치한다(글꼴 : 맑은 고딕, 18pt).

(2) 애니메이션 순서 : ① ⇒ ②

세부조건

① 도형 편집
- 그룹화 후 애니메이션 효과 : 날아오기(왼쪽으로)

② 도형 편집
- 그룹화 후 애니메이션 효과 : 바운드

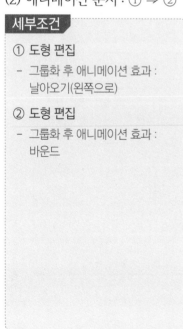

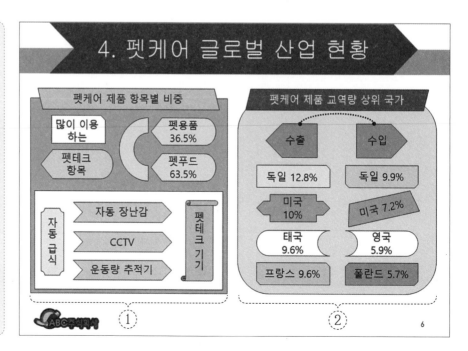